Stundenblätter
»Macbeth«

Ingrid Benecke

# Stundenblätter
# »Macbeth«

46 Seiten Beilage

Ernst Klett Verlag
Stuttgart Düsseldorf Leipzig

Reihe: Stundenblätter Englisch

Als Textausgabe für dieses Heft wurde The Alexander Shakespeare „Macbeth"
von Collins, Glasgow zugrundegelegt.
Im Ernst Klett Verlag ist folgende Textausgabe erschienen:
William Shakespeare „Macbeth" (Klettbuch 57623).

Die Deutsche Bibliothek – CIP-Einheitsaufnahme
Ein Titeldatensatz für diese Publikation ist bei
Der Deutschen Bibliothek erhältlich

9 783129 251652

1. Auflage   1  10  9  8  7    |  2007  2006

Alle Rechte vorbehalten.
Fotomechanische Wiedergabe nur mit Genehmigung des Verlages
© Ernst Klett Verlag GmbH, Stuttgart 1985
Internetadresse: http://www.klett-verlag.de
E-Mail: klett-kundenservice@klett-mail.de
Satz: G. Müller, Heilbronn
Druck: Medien Druck Unterland, Flein
Einbandgestaltung: Zembsch' Werkstatt, München
ISBN 3-12-925165-0

# Inhalt

# Vorwort

An *Macbeth* scheiden sich die Geister. Wenn Shakespeare an der Oberstufe gelesen wird, wie die Lehrpläne bundesweit vorschlagen, wird das Stück so oft gewählt, daß viele Kollegen zu Recht dagegen protestieren, das dramatische Werk des Dichters immer nur auf *Macbeth* zu reduzieren. Sie halten dieses Drama nicht für repräsentativ für seine Tragödien, sehen in ihm mehr oder weniger nur eine Aufreihung von politischen Morden und viel grausames Blutvergießen, aber keine Darstellung von Problemen, die uns heute noch besonders angehen. In ihren Augen lohnt sich die Mühe nicht, mit den Schülern die vielfach schwierigen Formulierungen der oft zerrissenen Verse und der langen Monologe zu erarbeiten.

Wer *Macbeth* mag und deutschen Oberstufenschülern Shakespeare mittels dieses Dramas vorstellt, führt praktische wie literarische Gründe ins Feld. *Macbeth* ist als Schulausgabe leicht erhältlich. Es ist zudem das kürzeste Drama Shakespeares – bei dem hohen Anspruchsniveau der Lektüre ein echter didaktischer Vorteil. Wir bewundern die ungewöhnliche poetische Schönheit vieler Aussagen und die kompakte, doch präzise Menschendarstellung.

Obwohl *Macbeth* also an den Schulen bestens eingeführt ist, habe ich mich zum Erstellen der vorliegenden Stundenblätter entschlossen, weil die Schwierigkeiten bei der Deutung des Werkes noch lange nicht ausgeräumt sind. Meine Ausführungen skizzieren eine in sich geschlossene Interpretation des *Macbeth,* die auf den Ergebnissen der wissenschaftlichen Untersuchungen aufbaut, aber einen Neuansatz darstellt, der aus der Arbeit an der Schule erwachsen ist und mehrfach im Leistungskurs Englisch durchgeführt worden ist. Da meine Schüler jedesmal motiviert mitgearbeitet und an Shakespeare Gefallen gefunden haben, stelle ich meine Unterrichtsmaterialien zur Verfügung; vielleicht helfen sie, die gegensätzlichen Meinungen über *Macbeth* als Schullektüre zu versöhnen, geben dem einen oder anderen Kollegen einen neuen Grund, das Werk – nicht nur aus Routine – zu behandeln, und helfen einem anderen, es doch einmal mit *Macbeth* an der Schule zu versuchen.

Mein Dank gilt Dr and Mrs John Smeed in Durham für die Durchsicht des Manuskripts und meiner Familie, die für diese den Alltag belastende, zusätzliche Aufgabe großes Verständnis gezeigt hat.

# Zu Konzeption und Aufbau der Unterrichtseinheit

## Zur didaktischen Konzeption

Die folgenden Überlegungen führen den Fachkollegen, der die *Stundenblätter Macbeth* für seinen Unterricht übernehmen will, in die didaktische Grundlegung der Unterrichtseinheit ein, damit er seinen eigenen Standpunkt klären und das Modell dementsprechend, wenn notwendig, an seine spezielle Unterrichtssituation anpassen kann. Sie legen die Zielsetzung und ihre methodisch-didaktischen Konsequenzen dar.

Das Richtziel der Unterrichtssequenz zu *Macbeth* ist es nicht, den Schüler mit den vorhandenen wissenschaftlichen Interpretationen des Werkes bekannt zu machen oder einer von ihnen den Vorzug zu geben und diese in Unterricht umzusetzen. Vielmehr ist es unsere Aufgabe, den Schüler so an den Text selbst heranzuführen, daß er ihn versteht: Er muß den außerliterarischen historischen Kontext kennenlernen, in den *Macbeth* eingebettet ist; dann muß er sich die Details des Werkes nach und nach erarbeiten und sie zu einem sinnvollen Ganzen zusammenfügen; auf diese Weise lernt er das Drama im Detail wie als Ganzes als dichterische Gestaltung zeitgenössischer – d. h. Shakespearescher – wie auch seiner eigenen – des Rezipienten – Lebenserfahrung zu begreifen. Historische Themen wie die Darstellung des Königsmords in der Feudalgesellschaft, desgleichen aber auch die klassisch zeitlosen Aspekte z. B. der Psychologie des Verbrechers, der Perversion der Werte aus falschem Ehrgeiz stehen deshalb im Mittelpunkt der Textbehandlung.

Dabei gilt es einerseits, das Textverständnis sukzessiv – Zeile für Zeile, Szene für Szene – zu fördern, wobei wir uns an der Schule sowohl vor philologischer Akribie wie vor zu oberflächlicher sprachlicher Erarbeitung des Textes hüten. Die Anmerkungen zu *Macbeth* in der *Klett Textausgabe* zusammen mit denen der (New)Arden- und Cambridge-Ausgabe sind dabei eine unentbehrliche Hilfe. Andererseits geht es darum, den Text als in sich geschlossenes System, einer Aufführung vergleichbar, vor dem Schüler aufzurollen. Dabei versucht die vorliegende Interpretation einen Neuansatz, der den obengenannten kritischen Ausgaben sowie den Arbeiten von Tillyard und Wilson Knight verpflichtet ist.

Unser Hauptanliegen ist, dem Werk Shakespeares gleichermaßen gerecht zu werden wie unseren Schülern, jungen Lesern von heute mit eigener Erfahrung, die von der des frühen 17. Jahrhunderts in vielem abweicht, sich in wichtigen Aspekten aber noch immer mit ihr deckt. Letztere werden hauptsächlich Gegenstand unseres gemeinsamen Bemühens. Dabei geht es nicht um einen vereinfachenden Kompromiß bei der Deutung des Dramas. Wohl bleiben heute nur noch historisch wichtige Gesichtspunkte – z.B. Dover Wilsons Forschungsergebnis, Macbeth handele wie ein vom Teufel Besessener (Dover Wilson [ed.], Macbeth, pp. LXI ff.) – ebenso auf der Strecke wie etwa Jan Kotts anachronistische Interpretation Macbeths als eines Mannes, der durch das Töten überhaupt erst zum Manne wird (Kott, S. 129–143); denn wir unternehmen den ehrlichen Versuch, Shakespeare aus seiner eigenen Zeit heraus zu verstehen, wählen dafür aber den zentralen Aspekt des Stückes, der uns auch heute noch tiefreichende und tragfähige Einsichten erlaubt. Der Schwerpunkt der Textanalyse liegt im Hinblick auf eine solche in sich geschlossene und doch offene Interpretation des Werkes auf folgendem: Wir konzentrieren uns auf den Königsmord, seine Vorbereitung und seine Folgen; wir ergründen seine philosophische wie politische Bedeutung im feudalen Kontext, betrachten dagegen die psychologischen Auswirkungen auf Macbeth und Lady Macbeth unter der allgemein menschlichen Perspektive; diese erscheinen uns als liebende Ehepartner, die an dem gemeinsam begangenen Mord zerbrechen.

Mit der Wahl des eben skizzierten Schwerpunktes für unser Unterrichtsmodell sind eine Reihe von methodisch-didaktischen Konsequenzen verbunden. Zunächst geht es nicht darum, den Text in allen Einzelheiten gleichermaßen intensiv zu erfassen, sondern die Kernstellen zum gewählten Thema aufzusuchen und ansonsten den Mut zur Lücke zu beweisen. Extensive Textbehandlung und Detailanalyse wechseln sich ab. Da wir es mit einem Dramentext zu tun haben, dessen Englisch den deutschen Schüler vor besonders hohe Schwierigkeiten stellt, müssen wir uns das Werk mittels einer gut annotierten Ausgabe sukzessiv erarbeiten. Beim chronologischen Vorgehen im Unterricht stehen dann aufführungsbezogene Aspekte, wann immer möglich, im Mittelpunkt, damit der Schüler sich in die Rolle des Zuschauers versetzen und dessen Reaktionen nachempfinden kann. Daneben aber soll er von Beginn der Unterrichtsreihe an das Werk als ein strukturiertes Ganzes kennenlernen: Die Formanalyse wird deshalb regelmäßig in die Interpretation einbezogen; die strukturierende Wirkung der dramatischen Form steht dabei – z. B. beim Textvergleich, beim Sammeln von Rückverweisen und Anspielungen wie beim Nachvollziehen von „image clusters" – im Vordergrund, und zwar insofern sie die gehaltliche Aussage des Werkes unterstützt. Das themenorientierte Vorgehen ergänzt schließlich die chronologische Textbehandlung und faßt ganze Handlungsstränge zusammen.

Wenn wir obendrein nicht nur dem Text, sondern ebenso dem Schüler gerecht werden wollen, muß uns dessen Motivation gleich wichtig sein wie die Werktreue: Wir suchen ihm deshalb das sprachliche Verstehen zu erleichtern, wo wir können, rücken das geistige Verstehen in den Mittelpunkt des Unterrichts und richten es auf das aus, was auch noch ein junger Mensch von heute aus *Macbeth* lernen kann. Mit sinnvollen Aktivitäten im Unterricht, mit für das Werk zentralen, möglichst oft aufführungsbezogenen Fragestellungen, aber auch mit der Organisation des Lernens auf die Kooperation, die Kommunikation unter den Schülern hin bemühen wir uns, deren Anteilnahme an dem Werk und der Interpretationsarbeit intrinsisch zu verstärken. Indem wir den Lernerfolg des einzelnen wie der Gruppe, z. B. durch Lehrerlob für gelungene Anwendungsaufgaben und für zunehmend geglückte Selbständigkeit, möglichst oft herausstellen, vermitteln wir dem Schüler das Gefühl, daß er auch einen schwierigen Text wie *Macbeth* bewältigen kann, und verbannen die Angst vor Shakespeare aus dem Unterricht, auf daß sich jener nicht das letzte Mal mit diesem Klassiker beschäftigt habe. Damit er sich noch andere Werke Shakespeares erarbeite, müssen wir ihn aber allmählich zur Selbständigkeit bei der Interpretation befähigen. Die Erziehung zur selbstverantwortlichen Arbeit beginnt in den ersten Stunden mit dem Auffinden des zentralen Arbeitsvorhabens durch die Schüler und der Einweisung in die Arbeitstechniken, umschließt die wiederholte Aufforderung, sich durch Hypothesenbildung des eigenen Erwartungshorizonts bewußt zu werden, Lösungen für die selbstgefundenen Probleme zu suchen und diese mit Textstellen zu belegen, verlangt mit der Zusammenfassung ganzer Handlungsstränge stetig umfangreichere, komplexere Kenntnis des Werks und erwartet endlich, daß jeder einzelne die Methoden der Textinterpretation im Schlußteil der Unterrichtsreihe souverän beherrscht und als Referent die Rolle des Lehrers vor seinen Mitschülern übernimmt. Aus Erfahrung wissen wir, wie selten es dabei jedoch um spontane geistige Höhenflüge geht und wie viel von der ausdauernden, redlichen Bemühung um den Text, von der täglichen ‚Knochenarbeit' abhängt, damit ein solches Unterrichtsvorhaben gelingt.

## Shakespeares Sprache – ein methodisches Problem und ein Lösungsvorschlag

Das Globalziel des Englischunterrichts ist in allen Bundesländern, wenn auch unterschiedlich formuliert, der Erwerb der Fähigkeit, auf Englisch in Wort und Schrift zu kommunizieren, und zwar sowohl in der Rolle des Senders wie des Empfängers in all den Situationen und über alle diejenigen Gegenstände, die der jeweilige Lehrplan vorschlägt oder festlegt. Auf den ersten Blick kann die Lektüre eines Dramas von Shakespeare nichts dazu beitragen, die Sprachkompetenz des Schülers zu erweitern. Shakespeares Englisch ist so weitgehend historisch, daß sehr viele seiner Wörter entweder heutzutage ungebräuchlich, weil veraltet, oder nur von äußerst geringer Wertigkeit für den deutschen Schüler sind, weshalb es sich nicht lohnt, sie in den aktiven oder passiven Wortschatz aufzunehmen. Hinzu kommen für heutige Sprecher seltene Themen bzw. Sachfelder wie in *Macbeth* der Königsmord, die Lebensumstände in der feudalen Welt oder die übernatürlichen Erscheinungen. Ungewöhnliche Metaphern und andere Redefiguren, die z. T. metrisch bedingte, schwierige Syntax, und eine hohe Anzahl von Wörtern, denen der deutsche Oberstufenschüler hier zum ersten Mal begegnet, erschweren die Lektüre eines Werkes von Shakespeare ungewöhnlich stark. Aus Erfahrung wissen wir, wie unsere Schüler in Gefahr sind, den Dichter als Sprachmodell zu verwenden und dadurch sogar aus heutiger Sicht Falsches zu lernen. Vor allem seine vom jetzigen Standard abweichende Grammatik – man denke an die noch frei gehandhabte Umschreibung mit ,,to do" in Frage und Verneinung – ist dem Englisch des Schülers oft abträglich, da er sich in seiner eigenen ‚Lernergrammatik' bestätigt sieht.

Wäre es daher vielleicht besser, Shakespeare an der Schule nicht zu lesen? Noch immer gehört die Kenntnis seines Werkes wie selbstverständlich zu unserem Bildungsgut und ist die Voraussetzung dafür, daß wir eine ganze Reihe von Phänomenen in der deutschen, ja der europäischen Literatur verstehen und richtig bewerten. Die Lektüre Shakespeares vermittelt also in erster Linie kulturkundliche Einsichten. Darüber hinaus trägt sie aber immer dann zur Festigung und Erweiterung der fremdsprachlichen Kompetenz der Schüler bei, wenn wir das Gespräch über das Gelesene und die aufgeworfenen Probleme fördern. Der kommunikative Englischunterricht bietet dem Schüler auch während der Behandlung eines *Macbeth* stets die Möglichkeit, sich mündlich wie schriftlich im Gebrauch der Fremdsprache zu üben. Damit das Drama aber Gesprächsthema im Unterricht werden kann, müssen wir dem Schüler über die großen Schwierigkeiten hinweghelfen, die das erste Lesen mit sich bringt. Es gilt also, für ein methodisches Problem Lösungen zu finden.

Fest steht, daß wir unsere Schüler nicht für die Lektüre Shakespeares begeistern, wenn wir von ihnen bis ins kleinste Detail exaktes Verständnis fordern. Sieben Seiten Anmerkungen zu einer Seite Text machen jedem Leser, nicht nur Schülern, Angst, sich mit dem Original auseinanderzusetzen; Jürgen Benekes Vorschlag (vgl. R. Ahrens, Bd. 1, S. 145–180) ist nicht praktikabel. Vielmehr müssen wir den Schwerpunkt unserer gemeinsamen Bemühungen anders legen. Das geistige Verstehen ist unser Ziel, wir gehen inhaltsbezogen vor und stellen die sprachliche Form von Shakespeares Englisch nur heraus, wenn wir ihr eine gehaltliche Aussage abgewinnen können. Das möglichst genaue sprachliche Verständnis ist uns Mittel zum Zweck; mit Hilfe der Anmerkungen zum Text – u. U. auch in anderen Ausgaben als der Klett Textausgabe – erwerben wir es uns ohne große Umstände. Dabei wechseln Aufgaben zum Globalverstehen mit solchen zur Detailanalyse von Kernstellen. Das erste Hören/Lesen zielt nur auf das Grobverständnis ab und stellt den Schüler somit vor eine Anforderung, der er gewachsen ist. Wenn er erfährt, daß er versteht, ohne jedes I-Tüpfelchen deuten zu können, deuten zu müssen, stellt sich ein Erfolgserlebnis ein, das ihm Mut zur weiteren Arbeit macht. Das intensive Lesen, die statarische Lektüre, bleibt auf für die Interpretation unentbehrliche Kernstellen beschränkt, die möglichst zitatwürdig sind und auswendig gelernt werden. So erscheint die Plage der philologischen Feinarbeit notwendig und sinnvoll.

Außerdem müssen wir die günstigsten psychologischen und sozialen Bedingungen schaffen, damit der Schüler die trotz alledem hohen sprachlichen und geistigen Anforderungen, die die Arbeit an *Macbeth* stellt, nicht als bedrückende Last, sondern als stimulierende Herausforderung empfindet. Während des größten Teils der Unterrichtseinheit konfrontieren wir ihn deshalb mit dem neuen Textabschnitt in der Stunde, damit er sich dem Unbekannten zu Hause nicht hilflos ausgesetzt fühlt und resigniert; denn hier ist Hilfe nahe, der Lehrer berät, der Mitschüler weiß eine Lösung. Die entspannte Arbeitsatmosphäre nimmt dem einzelnen die Angst und fördert das kooperative Lernen in Partner- und Gruppenarbeit sowie im Plenum, wobei sich alle zu ihrem Unverständnis bekennen dürfen, ohne dafür getadelt zu werden, solange sie sich nur ehrlich bemühen. Der hohe Schwierigkeitsgrad des Shakespearetextes wirkt sich auf diese Weise nicht so leicht demotivierend auf den Schüler aus. Ganz wesentlich zum Gelingen der Arbeit an *Macbeth* tragen auch die richtigen Medien und ihr optimaler Einsatz bei. So erleichtert die erste Präsentation über Tonträger das Verständnis ungemein (vgl. die Angaben auf S. 8 ff. und zur 11. Stunde), denn die gesprochene (gelesene) Version gestaltet den Sinn des Textes interpretierend; stimmlicher Nachdruck, Tonhöhe, Sprechpausen strukturieren den Sprachfluß. Wenn der jeweilige Abschnitt mit veränderter Aufgabenstellung mehr als einmal gehört wird, eignet sich ihn der Schüler sehr viel leichter an, als wenn er ihn nur still für sich liest. Das Mitlesen allerdings erleichtert ihm das Verstehen noch weiter, da er dabei das Neue über Ohr und Auge aufnimmt. Es stellt für ihn zugleich eine ausgezeichnete Vorübung für das eigene laute Lesen dar.

Wie wichtig eine gute Textausgabe für die Lektüre Shakespeares an der Schule ist, hat L. Hermes (vgl. R. Ahrens, Bd. 1, S. 87–110) zuletzt herausgestellt. Die Alexander Shakespeare Ausgabe von Collins bietet zu vielen schwierigen Versen eine Umschreibung in einfachem modernem Englisch, überträgt sowohl Einzelbegriffe wie ganze Perioden in heutiges Englisch. Wir können um ihrer Anmerkung willen aber weitere Ausgaben von *Macbeth* heranziehen. Einen Schüler erklären wir für jeweils eine von ihnen – z. B. die (New) Arden, New Swan oder Cambridge Edition – zum Experten, der seine Erläuterungen unaufgefordert in den Unterricht einbringt, wenn sie das Verständnis der jeweiligen Textstelle fördern.

Die Anschaffung einer deutschen Übersetzung zu *Macbeth* empfehlen wir zu Beginn der Unterrichtseinheit allen Schülern. Diejenige von D. Tieck und die Prosaübersetzung von B. Rojahn-Deyk sind als Reclamhefte auf dem Markt. Zugleich müssen wir aber davor warnen, das Lesen des Originals durch dasjenige der Übersetzung zu ersetzen, da letztere immer eine Interpretation darstellt. Als solche kann sie uns helfen, komplexe Passagen zu durchschauen und zu erkennen, was Shakespeare mitteilen will.

Eine moderne englische Fassung von *Macbeth* läßt sich zur Erleichterung der Lektüre ebenfalls hin und wieder heranziehen (vgl. 26./27. Stunde), wenn das Verständnis des Originaltextes ohne sie so intensive Arbeit mit dem einsprachigen Wörterbuch erfordert, daß der Schüler entmutigt wird. Das gilt z. B. für Stellen, die aus einer Auflistung von ihm unbekannten Begriffen bestehen wie Teile des Dialogs von IV, 3.

Aber auch die neuenglische Fassung ist nur ein Hilfsmittel und ersetzt die intensive Beschäftigung mit dem Originaltext mit Hilfe der Anmerkungen und des einsprachigen Wörterbuchs nicht. Die zuletzt genannten Hilfsmittel dagegen sind unsere unentbehrlichen Begleiter bei der Arbeit an *Macbeth*. Da unser Ziel nicht darin besteht, Shakespeares Sprache als eine historische Stufe in der Entwicklung des Englischen zu identifizieren, sondern – es sei nochmals betont – darin, den Shakespearetext zu verstehen, die vom Autor intendierten Aussagen wenigstens annähernd zu erfassen, weicht die Arbeit mit dem einsprachigen Wörterbuch notwendigerweise von derjenigen bei der Behandlung von modernen Texten ab. Es ist wenig sinnvoll, vom Schüler zu verlangen, daß er Begriffe Shakespeares mit ihrer heutigen Bedeutung im Vokabelheft auflistet oder solche Wortgleichungen gar auswendig lernt. Was er sich dagegen merken und notieren soll, sind Wörter, die zur Besprechung des Werkes notwendig sind und deshalb immer wieder im Unterricht vorkommen. Dazu gehören bei *Macbeth* z. B. solche aus dem Sachfeld Feudalismus, ebenso Schlüsselbegriffe wie „fair", „foul", „man", „traitor" im Dramentext und selbstverständlich das technische Vokabular, die Bühne, die Aufführung eines Dramas, seine Teile und die literarische Interpretation allgemein betreffend. (Vgl. dazu jeweils die *Notes on Interpretation* sowie die Arbeit mit dem *Dictionary of Literary Terms* in der 6. und 31. Stunde.) Eine solche Beschränkung der Vokabelarbeit während der Lektüre eines Dramas von Shakespeare ist nicht nur aus den genannten Gründen geboten, sondern ermöglicht es uns auch, uns auf das Wesentliche zu konzentrieren und die Behandlung des Werkes in einer überschaubaren Anzahl von Stunden durchzuführen. Schließlich werden wir, um dem Schüler beim Einlesen in Shakespeares Sprache zu helfen, eine Stunde oder einen Teil davon darauf verwenden, die Schwierigkeiten bewußtzumachen und zu systematisieren, damit dadurch ein positiver Transfer entsteht, der die weitere Arbeit am Text erleichtert. Der richtige Zeitpunkt für eine solche sprachgeschichtlich orientierte Stunde ist gekommen, wenn der Schüler bereits das Erfolgserlebnis gehabt hat, daß er versteht, d. h. genügend Erfahrung mit dem Text gesammelt hat und für einige typische linguistische Erscheinungen Beispiele anführen kann. Das ist in unserer Unterrichtsreihe der Fall nach der 12. Stunde, wenn er zum ersten Mal ein Stück Text selbständig erarbeitet und sich mit den beiden Monologen der Lady Macbeth detailliert beschäftigt hat, ja sogar eine moderne englische Prosafassung zu einem der beiden erstellen mußte. Das Ziel einer solchen Stunde liegt nicht im vollständigen Erfassen aller Kennzeichen der Sprache Shakespeares im Unterschied zum heutigen Englisch, sondern darin, dem Schüler die Möglichkeit zu geben, seine Probleme zu artikulieren, sich mit ihnen akzeptiert zu fühlen, ihn für die Abweichungen Shakespeares vom heutigen Standard und die Geschichtlichkeit von Sprache zu sensibilisieren, ihm u. U. darüber hinaus ein wenig Einblick in die Entwicklung der Sprache überhaupt zu gewähren und ein paar für das Shakespeare-Englisch typische Erscheinungen zusammenzustellen.

Eine solche Stunde kann aus folgenden Phasen bestehen:
1. Die Schüler nennen ihre Schwierigkeiten beim Lesen des *Macbeth*/Partnerarbeit oder Plenum.

Die Schülerbeiträge dazu beziehen sich erfahrungsgemäß auf die Metaphern und Bilder, die Wortspiele, komplizierte Syntax und „run-on-lines", die vielen neuen Wörter, auf das stetige Konsultieren der Anmerkungen, das ein flüssiges Lesen unmöglich macht. Die grammatischen Eigenheiten dagegen behindern das Verständnis nicht.

2. Die Schüler sammeln Beispiele in dem ihnen bekannten Text (hier besonders I, 5) für grammatische Phänomene, die Shakespeares Englisch von der modernen Alltagssprache unterscheiden. Folgende Erscheinungen werden z. B. an der Tafel gesammelt.

a) Die Personalpronomina und Possessivadjektive „thou, thee, thy/thine" drücken ein intimeres Verhältnis zum Angesprochenen aus als „you" und „your".

b) Die Personalendungen der Hilfsverben, z. B. „wouldst, dost, art, shalt" sind Reste des mittelalterlichen Englisch, dessen älteste überlieferte Form, das Altenglische, noch stärker flektiert war als das moderne Deutsch. Ein Hinweis auf die gemeinsame Wurzel des Englischen und Deutschen im Germanischen, u. U. mit Beispielen für die etymologische Verwandtschaft vieler Wörter in den beiden Sprachen (*town* / Zaun, *gate* / Gasse, *street* / Straße, *book* / Buche, *beam*/ Baum, usw.) bettet die Beobachtungen in einen allgemeineren Kontext ein.

c) Die Negation – und Frage – ohne Umschreibung mit „to do" steht in Shakespeares Text neben der wie im heutigen Englisch formulierten. Auch die doppelte Verneinung gebraucht Shakespeare noch und dies meist emphatisch, ein Beispiel für seine Zwischenstellung zwischen dem Mittelalter und der Neuzeit, aber auch für die vielfältigen Ausdrucksmöglichkeiten, die dem Dichter zur Verfügung standen und ihm halfen, seinen eleganten Blankvers zu schreiben. Der Gebrauch von „to do" mit emphatischem Charakter kann recht häufig beobachtet werden – „yet do I fear thy nature".

d) „Will/would" werden öfters als Vollverb benutzt, während dieser Sprachgebrauch heute die Ausnahme bildet und das Hilfsverb die alltägliche Funktion des Wortes bildet. Wir erleben sozusagen das Aussterben der Funktion als Vollverb.

e) Shakespeare bildet seine Relativsätze noch nicht nach dem heutigen Muster (u. U. „which" für Personen, „who" auch für Dinge; andere „contact clauses": „the illness should attend it"). Sein Englisch war noch wesentlich weniger formalisiert und festen Regeln unterworfen als das heutige.

f) Shakespeare benützt die Sprache oft kreativ. So ist „unsex me" eine seiner berühmten Prägungen, die aber nicht in den allgemeinen Sprachgebrauch eingegangen ist. Dagegen ist das Wortbildungsmuster der Konversion auch heute noch lebendig.

3. Die Schüler sammeln und kategorisieren in Partnerarbeit Wörter und Redewendungen als Beispiele für Ausdrücke, die heute nicht mehr gebräuchlich sind (*missive = messenger* / *so please you = excuse me*), altmodisch wirken oder nur noch scherzhaft verwendet werden (*to hie = go quickly*), im Alltagsenglisch so selten sind, daß sie vorwiegend dem poetischen Sprachgebrauch angehören (*fell = fierce, ruthless, terrible*), heute eine speziellere Bedeutung angenommen haben (*dun = dark; ne. dull greyish brown* / *to pall = wrap; ne. pall = cloth spread over a coffin*) oder auch diese gänzlich geändert haben (*minister = servant; ne. person at the head of a Department of State, priest of the Presbyterian and Nonconformist Churches* / *sightless = invisible; ne. blind*). Unsere Aufgabenstellung kann dabei entweder allgemein gefaßt sein – „Note down words that are difficult to understand" – oder die Kategorisierung der verschiedenen Verständnisschwierigkeiten vorgeben – „Find examples in the text for the following five categories and use your English/English dictionary" – oder aber die hier in Klammern aufgeführten Wörter vorgeben

und den Schüler mit Hilfe des einsprachigen Wörterbuchs herausfinden lassen, weshalb auch Engländer heute Shakespeares Sprache nicht mehr ohne weiteres verstehen – „Look up the following terms in your English/English dictionary and state the differences in meaning between Shakespeare's usage and the modern usage". Die letzte Aufgabenstellung beansprucht am wenigsten Zeit zur Lösung.

4. Hier schließlich lassen sich auch ein paar allgemeine Bemerkungen des Lehrers über Shakespeares Gebrauch von Prosa einflechten, im allgemeinen die Sprache der weniger vornehmen Personen, des Mannes aus dem Volk, aber auch realistischer Weise die des Briefes (vgl. auch die Pförtner-Szene in II, 3 oder Szene V, 1). Es gilt den Knittelvers der Hexen – „doggerel verse" – als weniger pathetisch-würdevoll im Vergleich zum Blankvers einzustufen, letzteren genauer als 5füßigen reimlosen Jambus mit unterschiedlich langer Senkung zu charakterisieren, auf seine Nähe zum natürlichen Prosafluß der Sprache hinzuweisen, schließlich die für Macbeth typische Zerrissenheit vieler Verse, folglich ihren Staccato-Rhythmus herauszustellen (vgl. den Dialog zwischen Lady Macbeth und Macbeth in I, 5 oder auch später: II, 3; II, 4; III, 4; IV, 2; IV, 3 im letzten Teil). Außerdem machen wir darauf aufmerksam, daß ein paar Stellen den Reim aufweisen und dadurch besonders herausgehoben werden, so z. B. I, 5, ll. 71 f. (I, 4, ll. 48–53). Ob wir dabei auch einen Blick auf die authentische Aussprache des Shakespearetextes werfen und uns auf einen Kommentar zum heute unmöglichen Reim von „step/o'er-leap" beschränken oder weiter ausholen und vielleicht sogar ein Beispiel für einen Vers in Shakespeares Aussprache zu geben versuchen, ist eine Frage der Zeit und des Interesses bei Schülern und Lehrer. (Verse aus *Macbeth* in phonetischer Umschrift finden sich bei Scheler, S. 20–33.)

## Zur Anlage der Unterrichtseinheit

### 1. Zur Länge der Unterrichtseinheit

Dem Unterricht liegt der vollständige Text von *Macbeth* zugrunde; jede Szene wird im Unterricht besprochen – eine Ausnahme bildet lediglich Szene III, 5, die allgemein als Interpolation gilt. Das Maximalprogramm (vgl. S. 23 ff.) ergibt eine Kurslänge von ca. sechs Wochen im Leistungskurs; das setzt für die Behandlung eines Werkes von Shakespeare noch immer ein kompaktes und zielorientiertes Vorgehen voraus. Doch ist dabei einkalkuliert, daß die häufig vorgeschlagene selbständige Auseinandersetzung mit dem Text viel Zeit beansprucht, auch wenn arbeitsteilige Aufgabenstellung andererseits Zeit sparen hilft. Außerdem läßt die hier vorgeschlagene Kurslänge Freiraum für die sprachliche Klärung einzelner Textstellen, falls die Schüler Hilfe brauchen, und für den zusätzlichen Einsatz einer Filmversion, sollte sie zur Verfügung stehen.

Das vorgeschlagene Minimalprogramm (vgl. S. 26) umfaßt dagegen 19 Stunden und ist für den Grundkurs konzipiert. Es werden nur die für das Verständnis des Werkes wichtigsten Szenen im Unterricht besprochen. Das Vorgehen ist im ganzen stärker lehrerzentriert.

### 2. Der Vorspann

Die Hinführung auf *Macbeth* in den Stunden 1–3 beschränkt sich auf das äußerste. Die Vorstellung der Bühne der Shakespearezeit (1. Stunde), die Einführung in die Struktur der Feudalgesellschaft (2. Stunde) und der Hinweis auf Shakespeares Quelle zu *Macbeth* (3. Stunde) versuchen in aller Knappheit, das Drama in seinen historischen Kontext einzubetten und damit die Bedingungen seiner Entstehung zu skizzieren.

Da Shakespeares Biographie und Lebenswerk dem Schüler ebenfalls vorgestellt wer-

14

den sollten, im folgenden ein paar Anmerkungen dazu.

Für die Schule aufbereitetes Material bietet z.B. das Lektüreheft von Dale, V.K.G., *Shakespeare and the Age That Made Him* (Klett, Best. Nr. 5761). Die Abbildungen darin können durch die Diaserie zu Shakespeare (erhältlich über die Landesbildstellen und das Institut für Film und Bild, Grünwald, Best. Nr. 10/0741) ergänzt werden und veranschaulichen das wenige, was wir über Shakespeares Leben und seine Arbeit am Theater wissen. Auf das Wesentliche reduzierte und dennoch klar verständliche Texte zu demselben Thema finden sich in der *Encyclopedia Britannica* und der *Encyclopedia Americana*, die den meisten Kollegen leicht zugänglich sind.

Auch eine umfassendere Einführung in Shakespeares Werk ist wünschenswert. Kurzreferate der Schüler zu einzelnen Stükken des Dichters, das gemeinsame Lesen von Monologen aus verschiedenen Dramen können exemplarisch mit ihm bekanntmachen.

Fast unerläßlich jedoch ist es, daß der Schüler wenigstens eine vage Vorstellung vom elisabethanischen Zeitalter und seinem geistigen Klima erhält, damit er sich annähernd die Bedingungen vorstellen kann, unter denen das künstlerische Schaffen Shakespeares stand. Für die Schule aufbereitete Texte dazu bieten der Hirschgraben Verlag und der Diesterweg Verlag an.

Weiterhin kann ein kurzer Abriß der Theatergeschichte bis zu Shakespeare, wie ihn die Collins Textausgabe enthält, Teil der Hinführung auf die detaillierte Lektüre des Dramas sein.

Wichtig ist aber vor allem, daß der Vorspann seine psychologisch-pädagogische Funktion erfüllt, für die Arbeit an *Macbeth* zu motivieren und zielgerichtet auf sie vorzubereiten. Er darf uns deshalb nicht zu lang geraten und sollte in der einen oder anderen Form das Problem aufreißen, weshalb wir Shakespeare noch heute in der Schule lesen, damit die nachfolgende Lektüre des Werks eine Antwort darauf versuchen kann.

Das Anvisieren eines Theater- oder Kinobesuchs nach Abschluß der Reihe kann viel dazu beitragen, den Unterricht in einen für die Schüler sinnvollen Zusammenhang zu stellen.

Eine wirkliche Hilfe bedeutet es auch, wenn wir *Macbeth* mit modernen Texten in einen themengleichen Zusammenhang bringen, so daß Shakespeares Werk eine – allerdings hervorragende – Lösung unter mehreren für ein gemeinsames Problem anbietet. Dies ist der Fall, wenn sich die vorausgehende Unterrichtsreihe z.B. mit der Jugendkriminalität befaßte, A. Sillitoe, *The Loneliness of the Long Distance Runner* behandelt wurde oder sich der Deutschunterricht ebenfalls mit der Psychologie des Verbrechers beschäftigt.

*3. Zu den wichtigsten Aufbauprinzipien der Unterrichtsreihe*

Zwei grundsätzliche Überlegungen und ihre didaktische Umsetzung seien herausgestellt, weil sie den Charakter des Unterrichtsmodells prägen: die Methodenvielfalt und die Erziehung zur Selbständigkeit.

*Methodenvielfalt*

Der Versuch, eine Reihe von methodischen Ansätzen miteinander zu verbinden, wird aus mehreren Gründen unternommen. Zum einen geht es darum, dem Werk möglichst gerecht zu werden und deshalb jeweils den methodischen Zugang zu finden, der es an den verschiedenen Stellen am besten erschließt. Zum anderen bringt der methodische Wechsel Farbe in den Schulalltag und steigert, weil wir Routine meiden, die Bereitschaft des Schülers, sich im Unterricht einzusetzen. Schließlich übt, wer dem Unterricht aufmerksam folgt, die verschiedenen Ansätze der Literaturbehandlung ein, um sie im folgenden selbständig anzuwenden und hoffentlich auch längerfristig im wissenschaftspropädeutischen Sinn über sie zu verfügen.

So beziehen sich die extensive Textbehandlung und die Detailanalyse, kursorische und statarische Lektüre, stetig aufeinander. Das inhaltsbezogene Vorgehen bei der Textinterpretation umschließt immer das Erarbeiten der gehaltlichen Aussage und die Deutung der dramatischen Form, wobei möglichst viele formale Aspekte aufgegriffen werden. Die Untersuchung der Form um ihrer selbst willen dagegen stößt bei den Schülern selten auf Interesse.

Unterschiedlich stark miteinander verwoben sind das chronologische und das themenorientierte, szenenübergreifende Vorgehen. Während wir bei der Behandlung der Akte I und II dem Verlauf des Dramas Schritt für Schritt folgen, um den Schüler in die Welt des *Macbeth* einzuführen, tritt das themenorientierte Erschließen ganzer Handlungsstränge mit seinen Rückgriffen auf bereits behandelte Textstellen ab dem III. Akt mehrfach in den Vordergrund. Ebenso stellt der Textvergleich eine Abwechslung vom Fortschreiten von Szene zu Szene dar und macht mit der Zusammenschau mehrerer Textstellen oder ganzer Szenen ab I, 5 auf die Entwicklung im Geschehen und die Binnenstrukturierung des Werkes aufmerksam.

Das aufführungsorientierte Vorgehen und der philologische oder der linguistische Ansatz der Textbehandlung sind stets zugunsten des erstgenannten ungleich gewichtet. Damit der Schüler den praktischen Bezug der Dramenlektüre vor Augen hat, führen wir ihn möglichst oft so, daß er theaterbezogene Aufgaben zu lösen hat, z. B. das Problem, ob eine Szene notwendig ist, wie man eine andere auf der Bühne zu arrangieren hat, welche visuellen Symbole für die Gestaltung der Atmosphäre eines Auftritts taugen, welcher Gesten sich die Schauspieler bedienen oder wie sie einen Dialog sprachlich gestalten. Die rollenspezifische Textanalyse beginnt mit dem perspektivischen Hören und mündet mehrfach in das dramatisierte Lesen oder das Spielen einer Szene. Die rezeptionsge-

schichtliche Deutung, an sich überaus eng mit der aufführungsbezogenen Analyse eines Dramas verbunden, unterbleibt hier, weil sie die intensive Kenntnis des Textes voraussetzt, die sich der Schüler ja erst erwerben muß; im Anschluß an die Lektüre kommt sie zum Tragen, wenn J. Thurbers und W. Russells Texte behandelt werden. Die philologische und linguistische Textanalyse ist bei der Schullektüre grundsätzlich fehl am Platz, wenn es z. B. um die Rekonstruktion des authentischen Textes oder um die Deutung jedes, auch des nebensächlichen Details bzw. nur um das Auszählen und Kategorisieren der Phänomene geht. Dagegen ist dieser Ansatz an wenigen, besonders sinnträchtigen Stellen berechtigt; aber auch da sollte er großzügig gehandhabt werden. Schließlich sehen wir im Schüler weitaus eher einen potentiellen Theaterbesucher als einen zukünftigen Literaturwissenschaftler. Wenn es allerdings darum geht zu verstehen, wie Shakespeare Wortgeflechte – „image clusters" – schafft, mit einem Wort spielt – „equivocator" (II, 3), „traitor" (IV, 2) sind Beispiele dafür – oder einen Dialog mit allen Raffinessen der Überredungskunst (I, 7; III, 1) bzw. der Verstellung (IV, 3) ausstattet, dient die linguistische, kommunikationsorientierte Interpretation vornehmlich einem theaterpraktischen Ziel.

Im Mittelpunkt steht folglich die direkte Begegnung und Auseinandersetzung des Schülers mit Shakespeares *Macbeth* im Rahmen der immanenten Interpretation unter Zuhilfenahme der Anmerkungen in der Collins Textausgabe und den oben erwähnten kritischen Ausgaben; denn dem gewählten Globalziel zufolge soll der Schüler das Stück im Original kennenlernen und sich aneignen. Damit das möglich ist, müssen wir an einigen Stellen zusätzliche Informationen geben, das Drama übergreifende Zusammenhänge in der Lebenswirklichkeit Shakespeares und des Mittelalters klären. Wir brauchen solche Kenntnisse und damit die extrinsische oder geistesgeschichtliche Interpretationsmethode, wenn wir z. B. Macbeths Verhältnis zu Duncan, zur Krone allgemein verstehen wollen – die Stellung des Königs in der Feudalgesellschaft (10. Stunde), Gunpowder Plot und Father Garnet (18. Stunde), das Wesen des Tyrannen (21. Stunde), der legitime Aufstand der Barone (24. Stunde), das bellum iustum (30. Stunde) müssen uns bekannt sein, wenn wir dem Werk auch nur annähernd den Sinn entnehmen wollen, den es für die Zeitgenossen Shakespeares tragen konnte.

*Erziehung zur Selbständigkeit*

Das pädagogische und didaktische Ziel der Erziehung zur Selbständigkeit bestimmt den Aufbau der ganzen Unterrichtsreihe. Schon im Vorspann führen wir den Schüler so, daß er an dessen Ende selbst erkennt, was bei der Arbeit an *Macbeth* im Mittelpunkt stehen muß. Die Behandlung des Dramas von I, 1 – II, 1 (4. – 15. Stunde) geht danach bewußt kleinschrittig vor, um die Meinung, Shakespeare sei zu schwierig, als daß wir an ihm Freude haben könnten, gar nicht aufkommen zu lassen und dem Schüler das Einlesen zu erleichtern sowie ihn in die notwendigen unterstützenden Arbeitstechniken und Hilfsmittel einzuweisen. Dabei lassen wir uns Zeit und fordern immer wieder selbständige Leistungen in Einzel-, Partner- und Gruppenarbeit; wir organisieren diese aufgabenteilig, damit die Schüler die Arbeitsergebnisse im Plenum austauschen und die Detailarbeit sich dabei als Baustein eines größeren Ganzen erweist bzw. umgekehrt sich die hypothetische Vorausschau über eine Szene, einen Akt im einzelnen bestätigt oder auch als falsch erweist. Im Mittelteil der Unterrichtsreihe wird der Schüler bei der Erarbeitung von II, 2 – IV, 3 (16.–27. Stunde) mehrfach angeregt, nach der ersten Begegnung mit einer neuen Szene selbst zu entscheiden, worauf sich die Arbeit im folgenden konzentrieren soll, und in aufgabenteiliger Partner- oder Gruppenarbeit

die aufgeworfenen Fragen zu beantworten. Beim Bericht im Plenum, aber auch dem integrierten, möglichst freien Vortrag der Hausaufgabe, stellt sich der einzelne der – hoffentlich – kritischen Aufmerksamkeit seiner Mitschüler, muß seine Meinung am Text belegen und hieb- und stichfest formuliert vortragen. Bei der Zusammenfassung ganzer Handlungsstränge ab III, 1 beweist er sich und den anderen, daß er sich in *Macbeth* auskennt; er stützt sich auf seine Notizen aus früheren Stunden und wendet das Gelernte dabei an.

Zur Behandlung des V. Aktes (28.–30. Stunde) schließlich stellt sich die Gruppe selbst das gemeinsame Thema, das die einzelnen danach in individualisierter Hausaufgabe bearbeiten. Indem sie im folgenden einen Überblick über ihre Szene oder einen Teil daraus geben und die Kernstelle benennen, die alle zusammen detailliert analysieren, wenden sie an einem ihnen bislang unbekannten Ausschnitt die Methode der Textbehandlung selbständig an, die sie im vorausgehenden erlernt haben, und beweisen sich damit selbst, daß sie dem Unterricht erfolgreich gefolgt sind.

Dasselbe Fortschreiten zur selbständigen Auseinandersetzung mit dem Text charakterisiert die Gestaltung der Hausaufgabe. Bis zur 10. Stunde stellt sie ausschließlich nachbereitende, zusammenfassende Aufgaben; danach mischen sich solche mit der Vorbereitung eines noch unbekannten Textabschnitts zu Hause. Während arbeitsteilige Hausaufgaben selten sind, um die Anforderungen für alle gleich zu halten, werden sie zum V. Akt sogar individualisiert vergeben, so daß sich der einzelne nicht nur ein neues Stück Text allein erarbeiten muß, sondern auch mit seinem Beitrag für das Gelingen der folgenden Unterrichtsstunde verantwortlich ist. Die Aufforderung „Prepare the text" schließt dabei grundsätzlich ein, daß der Schüler den Inhalt (unter einer Leitfrage oder ungelenkt) zusammenfassen kann, die Anmerkungen zum Text eingearbeitet hat und unter der ausgeteilten oder unter einer erst im folgenden Unterricht formulierten Fragestellung möglichst frei, aber unter Benützung seiner Notizen, die Ergebnisse der häuslichen Arbeit referiert.

### 4. Das Motto der Akte und die Stundenthemen

Der Entschluß, jeden der fünf Akte unter ein Motto zu stellen und für jede Stunde ein Thema anzugeben, entspringt dem Vorsatz, die Unterrichtseinheit inhaltsbezogen zu strukturieren und das allmähliche Abschreiten des Dramas und des zentralen Arbeitsvorhabens augenfällig zu machen. Auf diese Weise werden zudem die Bausteine der Einzelstunden wie des jeweiligen Aktes in einen sinnvollen Zusammenhang gebracht, wird das, was ihnen gemeinsam ist, herausgestellt, so daß sich Detailuntersuchung und Gesamtbild wechselseitig erhellen. Wir wirken dadurch der Atomisierung durch das Läuten am Ende der Stunde entgegen und erinnern uns stetig an den übergreifenden Kontext der Einzelbeobachtung als Voraussetzung für geistiges Verstehen.

Das Motto des II. – V. Aktes entstammt dem jeweils vorausgehenden Akt; es wird auf unterschiedliche Weise, aber jedesmal ohne großen Aufwand, unter möglichst starker Beteiligung der Schüler gewonnen. Wir verfolgen dabei zugleich, wie Shakespeare den Zuschauer – unbewußt? – zu lenken versteht, so daß letzterer sich einen adäquaten Erwartungshorizont erwirbt und durch die Vorausschau das Werk als genau strukturiertes Ganzes erfährt, dessen Teile untereinander verbunden sind. Wenn wir nach dem – unserer Meinung nach – am besten passenden Motto suchen, richtet sich unser Blick außerdem verstärkt auf die sprachliche Gestaltung des Geschehens; wir lesen bewußter als ohne diese Aufgabe, prägen uns solche zitatwürdigen Verse dabei ein und lernen sie ohne große Mühe auswendig. Vielleicht ermutigt das den einen oder anderen Schüler, sich darüber hinaus noch hier und da einen Vers, eine Passage zu merken.

Das Thema der jeweiligen Stunde ist zunächst als Hinweis für den Lehrer auf das organisierende Prinzip der 45 Minuten gedacht. Der Schüler profitiert natürlich noch mehr, wenn er es erfährt; denn er vermag es nicht immer selbständig aus dem Unterrichtsstoff zu abstrahieren. Er erhält, wenn er das Thema weiß, Einblick in die Planung der Stunde und in die Strukturierung der ganzen Einheit und kann sich dadurch mit dem Planenden – dem Lehrer – leichter identifizieren. Außerdem vollzieht er den Verlauf der Stunde wie der Unterrichtsreihe bewußter nach. Der Lehrer wird deshalb häufig zu Beginn der Stunde das Thema bekanntgeben und es möglicherweise als Überschrift an der Tafel festhalten. Noch mehr im Sinn der Erziehung zur Selbständigkeit und des Methodenlernens ist es jedoch, wenn es der Schüler entweder mit dem Arbeitsvorhaben zusammen zu Beginn der jeweiligen Untersuchung selbst findet oder an deren Schluß abstrahierend als Ergebnis der Arbeit formuliert; denn damit nimmt er an der Planung des Unterrichts teil und wird zum Partner des Lehrers. Die Emanzipation des Schülers in diesem Sinn integriert andererseits den Lehrer in einer Weise in die Lerngruppe, wie wir uns das (auch im Hinblick auf die wissenschaftspropädeutische Funktion unseres Unterrichts) an der Sekundarstufe II wünschen.

### 5. Zu den Hörversionen von Macbeth

Um ein Werk von Shakespeare heutzutage an der Schule kompakt und stimulierend behandeln zu können, bedürfen wir der Medien. Tageslichtprojektor, Kassettenrekorder, u. U. auch der Filmprojektor müssen zur Verfügung stehen. Ohne eine Hörversion sollten wir kein Drama von Shakespeare mehr zur Schullektüre machen; denn liest der

Lehrer alle Rollen laut, langweilen sich die Schüler; lesen die Schüler, ohne zuvor ein dramatisiertes Modell gehört zu haben, den Text laut, entsteht nur im glücklichen Ausnahmefall ein so sinndarstellender akustischer Eindruck, daß die Zuhörer verstehen oder gar Freude am Vortrag ihrer Mitschüler haben. Wenn das dramatisierte Schülerlesen wirklich gelingt, ist es eine Gipfelleistung, die das Verständnis der Szene voraussetzt und deshalb erst am Ende der jeweiligen Unterrichtsphase möglich ist. Den Schüler aber durchgängig zu Hause oder im Unterricht mit dem neuen Textabschnitt in Stillarbeit zu konfrontieren, bedeutet, ihn der mühevollen Kleinarbeit, wenn nicht gar der Hilflosigkeit auszusetzen, die ihm die Lektüre eines Shakespeare verleidet, selbst wenn er eine ausführlich annotierte Ausgabe zu Verfügung hat.

Zwar lernen wir, wenn wir bei der ersten Präsentation des *Macbeth* einer professionellen Aufnahme folgen, den Text bereits interpretiert kennen; doch erleichtert uns die dramatisierte Hörversion das Verständnis außerordentlich, vor allem wenn wir zugleich in der Textausgabe mitlesen. Dies ist der ersten Begegnung mit *Macbeth* in heutigem Englisch oder in deutscher Übersetzung bei weitem vorzuziehen; denn wir beschäftigen uns dabei mit dem Original.

Welche Aufnahme im Unterricht eingesetzt wird, ist meist eine pragmatische Entscheidung; man holt aus dem Medienschrank hervor, was die Schule besitzt. Die vorliegende Unterrichtseinheit arbeitet mit zwei Versionen, die sich stark voneinander unterscheiden, so daß sich auch der Vergleich lohnt. (Vgl. 11. Stunde) Die Aufnahme der Tutor Tape Company (L/3) (nur I, 3 – V, 8 sind auf der Kassette enthalten) ist für weniger geübte Hörer mit anonymen Sprechern inszeniert, die verlangsamt und besonders deutlich sprechen; es fehlen Hintergrundgeräusche, alle Stimmen kommen gleichermaßen deutlich heraus. Von dieser didaktisch reduzierten

Studioaufnahme unterscheidet sich die vollständige, aber häufig eine Szene kürzende Version der Firma Music for Pleasure EMI (TC-LFP 80105, zwei Kassetten) erheblich. Hier sprechen berühmte Schauspieler des Old Vic, als ob sie auf der Bühne aufgenommen würden. Das Sprechtempo ist hoch, die Dynamik des Sprechens erheblich, die Lautstärke und Deutlichkeit der einzelnen Aussagen sehr unterschiedlich; Hintergrundgeräusche mischen sich realistisch mit dem gesprochenen Wort und überdecken es zum Teil.

Dieser Unterschied zwischen den beiden Tonmaterialien läßt sich nutzen. Die didaktisch reduzierte Aufnahme der Tutor Tape Company werden wir im ersten und zweiten Akt vorziehen, sie erleichtert dem Schüler das Einhören. Wenn der Text zweimal vorgespielt werden kann, wird sie für die erste Präsentation der jeweiligen Szene gewählt. Bleibt Zeit für das zusammenfassende Hören eines längeren Abschnitts am Ende einer Stunde, setzen wir die Bühnenversion von Music for Pleasure/EMI ein; denn sie stellt dann keine zu hohen Anforderungen mehr an den deutschen Schüler und erleichtert es ihm zudem, sich das Geschehen auf der Bühne vorzustellen. Je mehr dieser sich außerdem mit fortschreitender Lektüre eingehört hat, um so öfter können wir ihn gleich bei der ersten Präsentation des Textes mit der realistisch gesprochenen Version konfrontieren.

*Macbeth*, ohne große Kürzungen, ist weiterhin auf folgenden Audiokassetten im Handel:
– Caedmon (CP 231, drei Kassetten) gesprochen von Anthony Quayle, Gwen Ffrangcon-Davies, etc.
– Argo (SAY 21, zwei Kassetten) gesprochen von Tony Church, Irene Worth, etc., The Marlowe Dramatic Society
– Royal Shakespeare Theatre, drei Kassetten; zu beziehen über das Institut für Film

und Bild in Wissenschaft und Unterricht, Grünwald, Best. Nr. 20/22 (188–190).

Als Hörversion kann aber auch der Ton einer Videokassette oder eines Filmes eingesetzt werden. Dabei handelt es sich immer um didaktisch nicht reduziert gesprochene Aufnahmen.

Der Film *Macbeth* mit Orson Welles in der Hauptrolle ist schwer erhältlich und der Ton meist sehr verschlissen. Man ist fast auf den glücklichen Zufall angewiesen, der ihn in ein Filmkunststudio bringt.

Die Verfilmung von R. Polanski wird dagegen in unseren Kinos häufig gezeigt. In radikal gekürzter Form, mit Hauptakzent auf den Gruselszenen und dem Blutvergießen, ist dieser Film als Videokassette über den Langenscheidt Verlag erhältlich. Er eignet sich nicht zur Einführung in das Werk, hilft bei der Erarbeitung des Textverständnisses keineswegs. Sein Einsatz kann am Schluß der Unterrichtsreihe didaktisch förderlich werden, wenn er als ein in sich geschlossener Interpretationsversuch des Dramas zur Diskussion gestellt und – wahrscheinlich – von der im Unterricht durchgeführten Deutung abgegrenzt wird. (Die Landesbildstelle Baden-Württemberg verleiht die Videokassette an Schulen.)

Die Inszenierung der BBC, die vor nicht langer Zeit auch im Dritten Programm des deutschen Fernsehens ausgestrahlt wurde, ist über das British Council, Hahnenstr. 6, Köln, auszuleihen. Sie beginnt in der Version des deutschen Fernsehens mit einer sehr brauchbaren Einführung auf deutsch, die die Aufführung später noch einmal unterbricht, enthält alle Szenen, kürzt den Text nur wenig, so daß der Ton gut als Hörversion eingesetzt werden kann. Die charakteristische Hervorhebung der psychologischen Vorgänge mag manchem anachronistisch und leicht übertrieben erscheinen, reizt aber gerade deshalb zur Diskussion und stellt einen lohnenden Interpretationsansatz dar, der den Unterricht zu *Macbeth* in jeder Weise bereichert.

*6. Weiterführende Stunden*

Wie wir auf die Unterrichtseinheit zu *Macbeth* in einem Vorspann hinführen, so soll sie auch nicht abrupt aufhören, sondern in ein bis drei Stunden übergehen, die mit der Behandlung moderner Texte den Bezug des *Macbeth* zu unserer Zeit diskutieren. Damit greifen wir u. a. ein Stück Rezeptionsgeschichte auf. Dies geschieht jedoch nicht, um den Schüler abschließend nochmals mit einem neuen Interpretationsansatz bekannt zu machen, sondern um die Brisanz und Lebendigkeit des Dramas auch in unserem Jahrhundert darzustellen.

Die Textwahl wird vom Interesse der jeweiligen Schülergruppe bestimmt. Die hier aufgezählten Zusatztexte (vgl. 31. Stunde) lassen sich durch viele andere ergänzen. Zugleich sind alle genannten, abgesehen von ihrem Bezug zu *Macbeth*, für sich genommen die Behandlung wert und bringen einen neuen Aspekt in den Unterricht ein. So kommentiert J. Thurber *(The Macbeth Murder Mystery)* nicht nur Shakespeares Werk, sondern zugleich spöttelnd das ahistorische, subjektivistische Literaturverständnis des heutigen Durchschnittslesers. W. Russell sieht *Macbeth* ebenfalls aus der Perspektive des „ungebildeten" Zeitgenossen, dessen Unverständnis dem unserer Schüler so ähnlich ist, daß sich diese leicht mit ihm identifizieren können. Russells Textausschnitt ist ein humorvoll-spöttelnder Kommentar, in dem der gesunde Menschenverstand der trockenen akademischen Belehrung durch den Dozenten Paroli bietet. Beide Texte können außerdem zum Ausgangspunkt einer Diskussion über Sinn und Unsinn der Interpretation überhaupt und über die Funktion der Methode dabei werden.

Schließen wir dagegen an die Lektüre des *Macbeth* mit einem Text über M. Gandhi, M. L. King, A. Sacharow oder B. Russell an, greifen wir einen inhaltlichen Aspekt des Werkes auf und finden zum selben Thema des moralisch begründeten Widerstands gegen die Staatsgewalt Beispiele aus dem 20. Jahrhundert. Das Ethos des Naturwissenschaftlers als Grundlage für den zivilen Widerstand stellt eine neue, moderne Variante des alten Themas dar.

Der Text von Mark Twain ist speziell für historisch interessierte Schülergruppen gedacht. Das Kapitel „Freemen!" aus *A Connecticut Yankee at King Arthur's Court* stellt das Gesellschaftssystem zur Diskussion, in dem *Macbeth* spielt. Hier wird die Feudalgesellschaft entmythisiert und anachronistisch mit den Augen der Aufklärung gesehen. Dieser Realismus hat aber das Pathos und die Liebenswürdigkeit des neuzeitlichen Menschenrechtlers für sich, der zwar auch über den missionarischen Drang des Amerikaners schmunzeln macht, aber in erster Linie die Sympathie unserer jungen Leute durch seine Humanität gewinnt.

Die hier kommentierten Zusatztexte bilden mit anderen Worten Regulative, Korrektive zur Unterrichtsreihe *Macbeth*, wie sie hier durchgeführt wird, indem sie von einem modernen Parallelfall oder einem Gegentext aus Rückschau halten und das Ganze aus dem Abstand heraus evaluieren. Auf diese Weise bildet sich der Schüler sein eigenes Urteil und wird implizit dazu aufgefordert, den Unterricht zu reflektieren, auf daß er sich auch in Zukunft führen, aber nicht „verführen" lasse und zunehmend geistig mündig werde.

Die Aufforderung zum kreativen Schreiben aus Anlaß des *Macbeth* und z. B. der Skizzen von Tomi Ungerer setzt die Mündigkeit des Schülers fast voraus und baut auf sein Problembewußtsein. Sie hat den Abbau der bloß rezeptiven Haltung gegenüber der Literatur zum Ziel, will keinen schwärmerisch bewundernden und bewundernd überwältigten Leser des Klassikers Shakespeare, sondern einen, dem er Vorbild und Stimulans zu eigener Lebensbewältigung und schöpferischer Leistung in der Fremdsprache (oder auch der Muttersprache) ist.

## Zum Aufbau des Buches

Der vorliegende Beitrag folgt der inzwischen gut eingeführten Konzeption der *Stundenblätter* im großen und ganzen: Er besteht aus einem fortlaufenden Teil und dessen „abstract" in den eigentlichen Stundenblättern sowie Vorschlägen für Zusatztexte und Klausuren.

Im fortlaufenden Teil werden häufig mehrere Einzelstunden zusammengruppiert, wenn das vom Drama selbst oder seiner Behandlung im Unterricht her vorteilhaft erscheint und eine kompaktere, ökonomischere Darstellung verspricht. Diese Gruppen von Stunden, die nicht grundsätzlich als Doppelstunden konzipiert sind, teilen die *Didaktischen Vorbemerkungen* und die *Notes on Interpretation*.

Die *Didaktischen Vorbemerkungen* stellen nach einem inhaltlichen Stichwort zu dem Textabschnitt, dessen Behandlung besprochen wird, die wichtigsten grundsätzlichen Überlegungen zum Vorgehen in den Stunden heraus und schließen mit Anmerkungen zur Kurzfassung der Unterrichtsreihe *Macbeth*.

Die *Notes on Interpretation* skizzieren den Erwartungshorizont der jeweiligen Stunde und sind gemäß den Unterrichtsschritten gegliedert. Sie schließen mit ein paar Stichworten zur Hausaufgabe, sofern diese nicht nur den Inhalt der Stunde zusammenfaßt.

Darauf wird der *Verlauf der Stunde* kommentiert. Jede Stunde besteht aus drei bis vier Unterrichtsschritten, die jedesmal einen Aspekt des Stundenthemas abhandeln und u. U. mehr als eine Unterrichtsphase – z. B. Partnerarbeit und Austausch der Ergebnisse – umfassen.

Der fortlaufenden Darstellung geht eine Übersicht über die Unterrichtsreihe voraus, die das jeweilige Stundenthema mit einem didaktischen Stichwort koppelt, und eine solche über die Kurzfassung voraus, mit einer Anmerkung zur Art der Raffung, die in den

*Didaktischen Vorbemerkungen* ausführlicher kommentiert wird.

Die eigentlichen *Stundenblätter* verbinden die Angabe über den jeweiligen „Unterrichtsschritt" mit einem thematischen und didaktischen Stichwort. Unter der Überschrift „Unterrichtsformen / Fragestellungen" wird der Lehrerstimulus formuliert, und zwar als bloßer Vorschlag, da er idealerweise aus dem jeweiligen Unterricht erwächst oder, noch besser, als Impuls der Schüler aus dem vorigen Unterrichtsschritt hervorgeht. Als „Unterrichtsform" wird einmal die Sozialform des Unterrichts angegeben, wobei Partner- und Gruppenarbeit bei kleinen Schülergruppen im Oberstufenunterricht austauschbar sind. Wenn keine Sozialform genannt wird, gehen wir davon aus, daß der Lehrer im fragend-entwickelnden Verfahren die nötigen Stimuli setzt. Sozusagen am anderen Ende desselben Kontinuums befinden wir uns, wenn die Arbeit im Plenum als Unterrichtsgespräch oder Diskussion organisiert ist; denn dann stehen die Schüler/Schüler-Interaktionen im Mittelpunkt, und der Lehrer tritt zurück. Das Unterrichtsgespräch ist dabei stärker durch seine didaktische Zielsetzung, die Diskussion durch ihre Offenheit, die zwar sachgebundene, aber freie Meinungsäußerung und persönliche Stellungnahme der Schüler geprägt. Außerdem fallen unter das Stichwort „Unterrichtsform" die Angaben zur jeweiligen Lernphase, wie Erste Präsentation des Textes (Acquisition), Zweites Hören und selektive Informationsentnahme, Vortrag der Hausaufgabe unter neuer Fragestellung (Festigung, Integration), dramatisiertes Lesen, Diskussion und Evaluation der Ergebnisse aus heutiger Sicht (Anwendung, Transfer). Die Reihenfolge dieser Lernphasen ist im allgemeinen nicht umkehrbar. In der Rubrik „Erwartungen/Ergebnisse" erscheinen die wichtigsten Stichwörter als Antwort auf die Lehrerfrage. Dabei handelt es sich um eine offene Liste von Vorschlägen, die von dem jeweiligen Leistungsniveau der Schüler und der Unterrichtssituation abhängig ist. Die Formulierung dieser Lehrererwartungen richtet sich – wie die *Notes* – lediglich am Unterrichtsgegenstand, nicht am durchschnittlichen sprachlichen Leistungsvermögen unserer Schüler, aus; es handelt sich dabei mit anderen Worten um Vorschläge zum Besprechungswortschatz, oft vielleicht sogar um Begriffe und Formulierungen, die an der Tafel festgehalten und gelernt werden. Auf diese Weise ist das didaktische Gerüst der Stunden leicht nachvollziehbar und läßt sich in englischsprachige Interaktionen zwischen den Schülern und zwischen der Gruppe und dem Lehrer umsetzen.

## Übersicht über die Unterrichtseinheit: Maximalprogramm

| Unit | Text | Thema | didaktisches Stichwort |
|---|---|---|---|
| **I.** | | The stage in Shakespeare's time and the settings in *Macbeth* – a survey | |
| 1. Stunde | | The influence of the Elizabethan theatre on the drama | Kennenlernen der Textausgabe von *Macbeth* |
| **II.** | | The plot of *Macbeth* and its main source – a survey | |
| 2. Stunde | | The dramatis personae in their feudal context | Überblick über die äußere Handlung des Dramas |
| 3. Stunde | | Macbeth's life story in Holinshed's *Chronicle* as compared to Shakespeare's plot | Erarbeiten des zentralen Arbeitsvorhabens |
| **III.** | I, 1–4 | "Fair is foul, and foul is fair": the opening scenes and the main theme of the play | |
| 4. Stunde | I, 1 \ I, 2 | Disorder in nature and in the feudal world | Einführung und Festigung einiger wichtiger Arbeitstechniken |
| 5. Stunde | I, 3 \ ll. 1–38 | The witches creating disorder | das extensive Hören/Lesen und die Detailanalyse |
| 6. Stunde | I, 3 \ ll. 39–89 | Macbeth's and Banquo's differing attitudes towards the witches | das selektive Hören/Lesen, indirekte Charakterisierung |
| 7. Stunde | I, 3 \ ll. 90–159 | Macbeth's increasing confusion: part of the prophecies comes true | Übertragen eines Monologs in modernes Englisch |
| 8. Stunde | I, 4 | Macbeth's double role at court: the loyal vassal and the potential regicide | indirekte und direkte Selbstcharakterisierung |
| 9. Stunde | I, 4 | Regicide creating universal chaos; Duncan as a good king | selektive Entnahme von Informationen |
| 10. Stunde | Zusatztexte | The king in medieval society and the position of regicide | Ergänzung und Deutung der Informationen durch Zusatztexte |
| **IV.** | I, 5–7 | "Partners of greatness": the perversion of marital love; preparing the regicide | |
| 11. Stunde | I, 5 \ ll. 1–30 | Establishing Macbeth's private character: his love for his wife and his ambitions | Vergleich zweier Tonversionen |
| 12. Stunde | I, 5 \ ll. 30–54 \ ll. 54–73 | Lady Macbeth's love for her husband and her ambitions; the first meeting of husband and wife | stilistischer Vergleich zweier Monologe; sinndarstellendes Lesen |
| 13. Stunde | I, 6 \ I, 7 \ ll. 1–28 | Macbeth and Lady Macbeth as feudal hosts and potential regicides: Macbeth's arguments against regicide | aufführungsbezogenes Vorgehen – die Gestaltung der Bühne |

| Unit | Text | Thema | didaktisches Stichwort |
|------|------|-------|------------------------|
| 14. Stunde | I, 7<br>II. 28–83 | Overcoming Macbeth's scruples: love as a means of achieving the wrong end | Analyse der Dialogführung; dramatisiertes Lesen |
| **V.** | II, 1–4 | "Confusion's masterpiece": committing the regicide and the immediate consequences | |
| 15. Stunde | II, 1 | The right conditions; the psychology of a noble criminal | aufführungsbezogenes Vorgehen – die Gestik |
| 16. Stunde | II, 2 | Accomplishing and concealing the regicide | Auffinden des Arbeitsvorhabens durch die Schüler; aufgaben-teilige Gruppenarbeit |
| 17. Stunde | II, 2 | The effect of the crime on the criminal | Schülervorträge; die Bilder-sprache und die Gestik |
| 18. Stunde | II. 3<br>II. 1–20<br>II. 41–55 | Inverness Castle as hell on earth: the discovery of the regicide | das tragikomische Element; die geistesgeschichtliche Methode |
| 19. Stunde | II, 3<br>II. 41–146<br>II, 4 | First suspicions and signs of rising opposition; the people's view of the regicide: chaos in nature | Durchführung und Besprechung des selbstgewählten Arbeitsvor-habens |
| **VI.** | III, 1–6 | "All is but toys": Macbeth proves a tyrant; his growing self-estrangement | |
| 20. Stunde | III, 1–3<br>III, 1<br>II. 1–70 | From friendship to murder | Rückschau und Zusammen-fassung eines Handlungs-stranges |
| 21. Stunde | III, 1<br>II. 71–140 | Macbeth acting as a tyrant | problemorientierte Textanalyse und Klären des Problems durch Zusatztexte |
| 22. Stunde | III, 2 | Macbeth as the dominant partner | Textvergleich I, 5/I, 7 und III, 2 |
| 23. Stunde | III, 4 | "Most admired disorder" – Macbeth gives himself away | aufführungsbezogene Analyse; dramatisiertes Lesen |
| 24. Stunde | III, 6 | Macbeth as the tyrant manifest | stilistische Analyse; Zusatz-information: eine historische Parallele |
| **VII.** | IV, 1–3 | "Things bad begun make strong themselves by ill": the Macduff tragedy | |
| 25. Stunde | IV, 1 | "To know by the worst means the worst" – Macbeth and Macduff as antagonists; Dunsinane Blues | Textvergleich Methodendiskussion/ Entspannungsphase |

| Unit | Text | Thema | didaktisches Stichwort |
|---|---|---|---|
| 26. Stunde | IV, 2 | To do "by the worst means the worst": Macbeth kills Macduff's defenceless family | rollenspezifische Analyse; dramatisiertes Lesen |
| 27. Stunde | IV, 3 | Macduff as a rebellious baron | kommunikationsorientierte Analyse |
| **VIII.** | V, 1–8 | "Macbeth is ripe for shaking": the tyrant's fall and the true king's rise to the throne | |
| 28. Stunde | V, 1–4 | Macbeth's private tragedy | Kurzreferate der Schüler und Interpretation von Kernstellen |
| 29. Stunde | V, 5 | Macbeth's nihilism | Vergleich und Evaluation mehrerer deutscher Übersetzungen |
| 30. Stunde | V, 6–8 | Macbeth's death and Malcolm as the new king | Kurzreferate der Schüler; freie Diskussion und Wertung des Geschehens |
| **IX.** | The structure of the play | | |
| 31. Stunde | | Is *Macbeth* a tragedy? | Strukturanalyse des V. Akts und des ganzen Dramas; Lesen eines Zusatztextes aus dem 20. Jahrhundert |
| 32./33. Stunde | Klausur | Marc van Doren, *Macbeth* The Semi-Literate Shakespeare | Erfolgskontrolle – Kombinierte Textaufgabe |

# Vorschlag eines Minimalprogramms zu Macbeth

| Unterrichtsreihe *Macbeth* | Minimalprogramm | Vorschlag zur Kürzung |
|---|---|---|
| 1. Stunde<br>2. Stunde<br>3. Stunde<br>4. Stunde | 1. Stunde | die 1.–3. Stunde werden in die 4. Stunde integriert: die Schüler lesen die Einleitung und Synopse in der Klett Textausgabe vorbereitend; der Lehrer referiert |
| 5. Stunde<br>6. Stunde | 2. Stunde | die 5. Stunde wird zum 1. U-Schritt der 6. Stunde |
| 7. Stunde<br>8. Stunde | 3. Stunde | die 8. Stunde wird in die 7. Stunde integriert; der 1. und 4. U-Schritt entfällt |
| 9. Stunde<br>10. Stunde | 4. Stunde | die 10. Stunde wird in die 9. Stunde integriert |
| 11. Stunde | 5. Stunde | |
| 12. Stunde | 6. Stunde | |
| 13. Stunde | 7. Stunde | |
| 14. Stunde | 8. Stunde | |
| 15. Stunde<br>16. Stunde | 9. Stunde | die 15. Stunde wird Teil der 16. Stunde/ Lehrervortrag |
| 17. Stunde | 10. Stunde | |
| 18. Stunde<br>19. Stunde | 11. Stunde | die 18. und 19. Stunde werden lehrerzentrierter durchgeführt; die Hausaufgabe der 17. Stunde entfällt |
| 20. Stunde | 12. Stunde | |
| 21. Stunde<br>22. Stunde | 13. Stunde | der 1. und 3. U-Schritt entfällt in beiden Stunden |
| 23. Stunde<br>24. Stunde | 14. Stunde | die 24. Stunde wird als Kurzbericht in die 23. Stunde integriert |
| 25. Stunde<br>26. Stunde | 15. Stunde | die 25. Stunde wird als Inhaltsangabe von IV, 1 in die 26. Stunde eingefügt |
| 27. Stunde | 16. Stunde | |
| 28. Stunde<br>29. Stunde | 17. Stunde | der Übersetzungsvergleich entfällt |
| 30. Stunde | 18. Stunde | |
| 31. Stunde | 19. Stunde | |

# Darstellung der Einzelstunden

## Didaktische Vorbemerkungen zur 1. bis 3. Stunde

Die Unterrichtsreihe zu *Macbeth* beginnt mit einem Vorspann, der zur Lektüre des Dramas hinführt. Zum ersten macht er mit dem historischen Kontext des Werkes bekannt. Der Schüler erfährt, wie die Feudalgesellschaft, in der die Handlung des *Macbeth* spielt, aufgebaut war und funktionierte (2. Stunde). Des weiteren lernt er die konkreten Bedingungen kennen, unter denen zu Shakespeares Zeit Theater gespielt wurde (1. Stunde). Schließlich verfolgt er in einigen wesentlichen Zügen die Stoffgeschichte des Stückes und versetzt sich in den Autor, dessen Intentionen bei der kreativen Umformung des Stoffes er detektivisch aufzuspüren versucht (2. und 3. Stunde). Daß es dabei immer nur um rudimentäre Informationen gehen kann, die den jeweiligen Unterrichtsgegenstand bestenfalls im groben umreißen, versteht sich fast von selbst, da die behandelte Materie überaus komplex ist und eigentlich den Rahmen eines Vorspannes sprengt. Wie stark das hier angegebene Minimalprogramm in der Praxis ausgeweitet wird, hängt von der Wißbegierde der jeweiligen Schülergruppe und der Interessenlage des Fachkollegen ab.

Zum anderen wird der Schüler in die Arbeit mit seiner Textausgabe und in die an *Macbeth* im weiteren Sinne eingeführt. Indem er die Schauplätze des Dramas zusammenstellt (1. Stunde), blättert er zielgerichtet in seinem Buch und lernt sich darin zurechtfinden. Auch indem er die Personenliste genauer liest und die hierarchische Gliederung erkennt (2. Stunde), macht er sich mit den äußeren Bedingungen der detaillierten Arbeit an *Macbeth* im folgenden vertraut, lernt Namen und Personen unterscheiden.

Schließlich soll ihm der Überblick über die äußere Handlung des Dramas (2. und 3. Stunde) bei der Arbeit an den Einzelszenen helfen, die jeweilige Episode, das Detail in den Zusammenhang des Werkes zu stellen und über die Schwierigkeiten des Einlesens in Shakespeares Englisch und in seinen Blankvers nicht zu vergessen, worum es im ganzen geht.

Des weiteren führen wir in einige wesentliche Arbeitstechniken ein und festigen sie. Möglicherweise neu, doch wahrscheinlich wohlbekannt ist dem Schüler die Aufforderung, sich während des Unterrichts Notizen zu machen, die ihm als Ergebnisprotokoll dienen. Seine Notizen müssen auch noch zu Hause lesbar sein, damit sie die Grundlage eines ausformulierten Abschnitts über den Unterrichtsgegenstand bilden können. Die Hausaufgabe der 2. und 3. Stunde weist ihn darauf hin. Ebenso wird sich in den meisten Fällen ein ausdrücklicher Hinweis darauf erübrigen, daß die Schlüsselbegriffe des neuen Stoffes im Vokabelheft zu notieren sind, weil auf diese Weise der Interpretationswortschatz erweitert wird. Dabei geht es nicht nur um termini technici des Literaturunterrichts, sondern auch z. B. um Begriffe, die im Bereich der Feudalgesellschaft eine wichtige Rolle spielen und deshalb im Verlauf der Unterrichtsreihe immer wieder gebraucht werden. Beispiele sind : *to do homage, fief, vassal, overlord, to defy one's lord, to pledge one's loyalty, traitor, treason, tyrant,* etc.

Schließlich bildet die 3. Stunde des Vorspanns insofern den ersten Höhepunkt, als der Schüler beim entdeckenden Lernen selbst herausfindet, wo der Schwerpunkt bei der folgenden Behandlung des Dramas liegen muß. Er benennt damit selbsttätig das zentrale Unterrichtsvorhaben, in gewisser Weise das Thema der Reihe: Nachdem wir die äußere Handlung in groben Zügen bereits kennen, werden wir uns auf Shakespeares Menschengestaltung, sein Menschen- und Weltbild sowie auf deren sprachliche Darbietung in Monolog und Dialog konzentrieren und diese interpretierend nachzuvollziehen suchen.

Damit ist ein wichtiger Schritt in der Erziehung zur Selbständigkeit im Umgang mit literarischen Werken getan. Der Schüler soll sich durchgehend aufgefordert fühlen, Fragen an den Text – sowie an die Mitschüler und den Lehrer – zu stellen und im Unterricht Eigeninitiative zu ergreifen.

Nicht vergessen dürfen wir, die Kurzreferate der (1.), 2. bis 3. Stunde möglichst eine Woche vor Beginn der Unterrichtsreihe zu *Macbeth*, spätestens jedoch in der ersten Stunde zu vergeben, damit der Referent Rückfragen an den Lehrer stellen bzw. dieser das Manuskript korrigieren kann.

In einem Minimalprogramm (Grundkurs) zu *Macbeth* lassen sich die Stunden 1–3 in die 4. Stunde integrieren: Der Schüler liest die Einführung einschließlich der Synopse des Stückes in der Collins Textausgabe vorbereitend und wird zu Beginn der Stunde in einem kurzen Lehrervortrag in die Welt des Feudalismus eingeführt, damit die Szene I, 1 ihre volle Wirkung aus dem Kontrast heraus erzielt. Das Nachvollziehen der Entstehung und des Wandels des Macbeth-Stoffes entfällt und wird dem Schüler auf dem Arbeitsblatt lediglich mitgeteilt.

# Unit I:
## The stage in Shakespeare's time and the settings in "Macbeth" – a survey

## 1. Stunde:
## The influence of the Elizabethan theatre on the drama

### Notes on Interpretation

The theatre in Shakespeare's time was in many ways different from our theatre today. The prospect of the Globe Theatre (Trevelyan, 1964, p. 130) shows a building we hardly recognize as a theatre: it is a high circular building, the flag telling us that a performance is taking place and that, as was usual, in broad daylight. The name – The Globe – may refer to the shape of the building or to the concept of what the theatre was to achieve in Shakespeare's time: "All the world is a stage" *(As You Like It)* – acting is "to hold, as 'twere, the mirror up to nature" *(Hamlet)*. (Critical Remarks on the theatre, however, can be found in Shakespeare's plays as well: cf. the introduction to the play, Collins Textausgabe *Macbeth*, pp. 1f.) The playwright does not only aim to please and amuse his audience but by holding up the "mirror" to them tries to teach them. – For all the high intentions of the drama, the theatre building is not situated in the city but in a far less respected quarter of the town, the suburb of Southwark. It is significant, that the "beer bayting" (ne. 'bear baiting': a bear bound to a pole has to fight the attacking hounds until it dies. People stand around to watch the slaughtering) goes on next door, another kind of popular amusement in Elizabethan times. Thus by analyzing the picture we get a fair idea of the theatre's position in Shake-

28

*The Globe Theatre*

The Globe

Black Freyars

Temple

Temple Stayres

Temple

Beere bay

Aus: G. M. Trevelyan, *Illustrated English Social History*, London, 1963.

speare's time: the playwright's high aspirations for the stage contended with the widespread notion amongst Protestants, especially the Puritans, that the theatre yielded only cheap and frivolous entertainment, not much different from that yielded by bear baiting. Looking at the interior of the Swan Theatre (Trevelyan, 1964, p. 131) we realize that the gables we saw from the outside only cover the apron stage as a canopy and that the spectators who stood in the yard (on the floor) were not sheltered from the weather; people seated in the galleries practically encircled the stage. The apron stage, protruding into the auditorium, allowed close contact between the actors and the groundlings standing around it on three sides.

The stage was therefore virtually without props that might have barred the view. It could, although small, have two or three actions going on at the same time as it was divided up into a proscenium, a rear stage, and an upper stage and could take in the space below for acting. – So the main differences between Shakespeare's theatre and the theatre we know concern all parts of the institution, the building, the auditorium and the position of the audience, the stage – its shape as well as its arrangement and its adaptability to different settings and plots (cf. Tafelanschrieb 1, 1. und 2. Spalte).

No doubt the actual conditions of acting had an effect on contemporary drama. Shakespeare's plays were conceived to be acted and watched on the stage; for a long time after their first production they existed as actors' scrolls and prompt books only. Only seven years after Shakespeare's death did two of his former actor colleagues Heminge and Condell prepare the first printed edition of Shakespeare's collected works in 1623. Although many of Shakespeare's plays exist in other early printed editions as well – for instance as pirated editions called "bad quartos" – the earliest text of *Macbeth* has most likely come down to us as the transcript of a prompt book in the First Folio edition where it is included amongst the tragedies. It was definitely performed in the Globe Theatre in 1611. Internal evidence tells us that it was written much earlier, in 1606, and quite possibly first performed before King James I at Hampton Court on August 7th in that year. (Cf. K. Muir, pp. XI–XXII.) King James I, son of Mary Stuart, was of Scottish descent and must have been pleased by the way Shakespeare arranged the plot around an episode in Scottish history, especially around Banquo, the legendary forefather of the Stuarts. Furthermore, his brother-in-law Christian of Denmark was visiting in August 1606 and, as he knew little English, would have been interested in the genealogical side of the play – the dumbshow of Scottish kings in IV, 1 could be seen as an entertainment well suited for him.

So it seems common sense to conjecture that the general conditions of performing and the apron stage left their decisive mark on the structure of Shakespeare's plays. This applies to the structure of the individual scenes and their sequence, to the construction of the plot as a whole, the presentation of the setting and the duration of the action, the characterization of the dramatis personae, and last but not least to the pre-eminence of the spoken word. The most striking feature to us is that the scene, as shown on the stage, hardly yielded any information – the audience had to listen very carefully to catch all the essentials of the plot from the actors' words and had to exercise some imagination in order to envisage the totality. Even if we go through our edition of *Macbeth* superficially we will find indications of this in our play (Tafelanschrieb 1, 4. Spalte); we shall find more instances as we go along.

Although the stage in Shakespeare's time barely indicated the setting of each individual scene, *Macbeth* contains short but clear stage directions concerning the scenery. Moreover, the settings are so closely connected with the

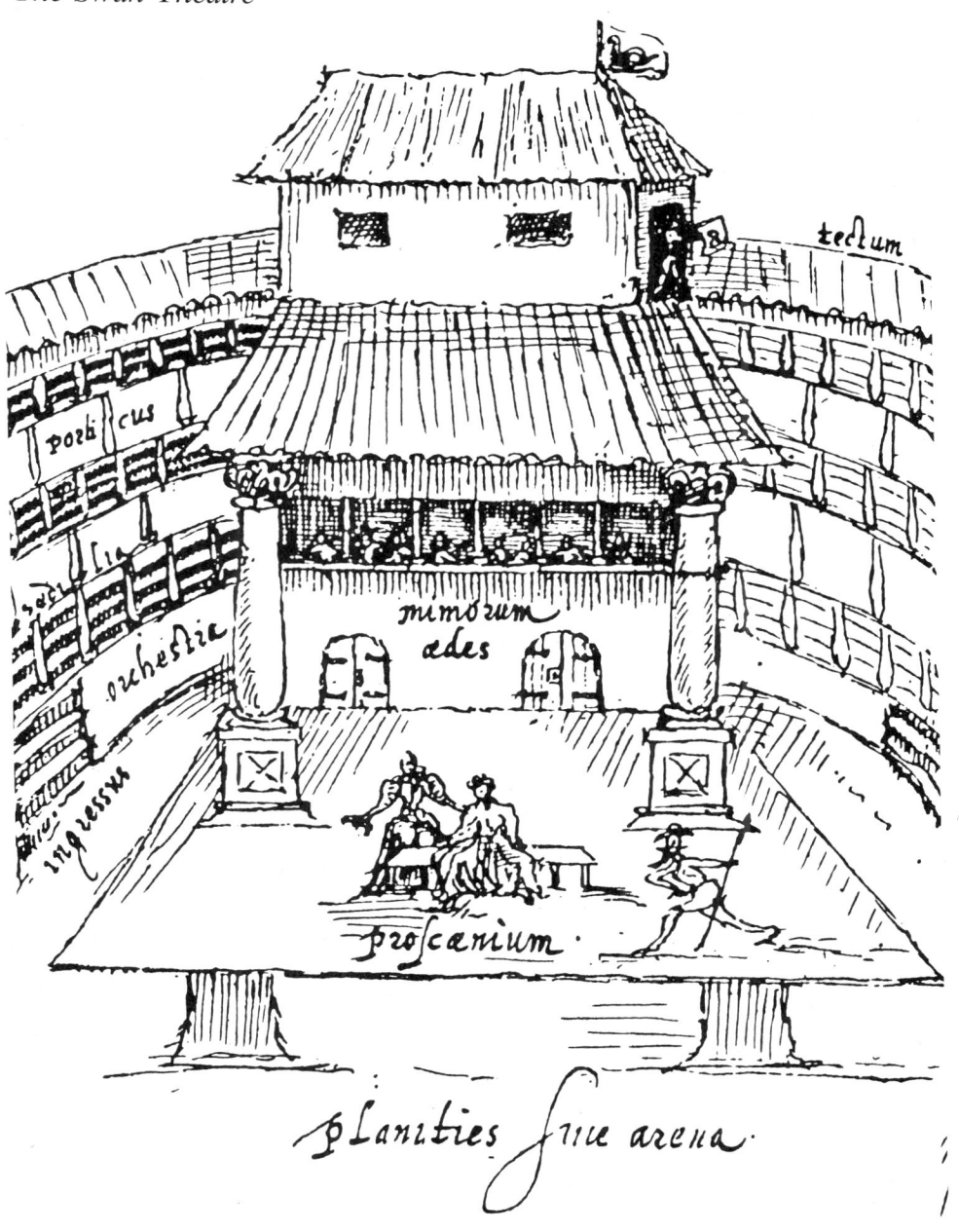

Aus: G. M. Trevelyan, *Illustrated English Social History,* London, 1963.

main characters of the play that they take on a symbolic meaning in the realistic style: the witches belong to the wild countryside, set apart from civilization (I, 1, 3; III, 5; IV, 1). The rest of the play takes place in several castles or in their vicinity, that is in the centres of feudal life. Once we have the shifting scenes charted out, we see that the changes in setting are highly significant. In Acts I and II the scene is set in the castles of Duncan and Macbeth to show that they are antagonists. This impression deepens when we find Forres, Duncan's royal palace in Act I, in Macbeth's possession in Act III. In Act IV, suddenly, the action no longer takes place in any of Macbeth's strongholds and the plot shifts to the counter-action against Macbeth. The alternation between scenes in Dunsinane with Macbeth in them and those in the country near it in which Malcolm, Duncan's son, plays the leading part, conveys to us that the struggle in Act V is between Macbeth and Malcolm. – These observations drawn from the shifting of the scenes, serve to outline the play: Macbeth's rule is an episode between Duncan's reign at the beginning and the coming into power of his son and legitimate heir Malcolm at the end. We can now easily conjecture that the external action of *Macbeth* is about Macbeth's rise and fall as King of Scotland, set against Duncan's and Malcolm's misfortunes and Malcolm's final enthronement. – Such a survey of the plot of the play does not necessarily give us an advantage over Shakespeare's original audience. Though his contemporaries could not read the play beforehand – as we can – they might either have heard about it as 'the talk of the town', seen an earlier play on the same subject or heard a street ballad sung about Macbeth (Muir, pp. XXXII-XL). Educated people, especially those interested in Scottish history, might have read about it in the same source as Shakespeare himself, namely in the 2nd edition of Holinshed's *Chronicles of England, Scotland, and Ireland* (printed in 1587) or in one of several other chronicles of Scottish history. If Shakespeare wrote *Macbeth* to be first acted before King James I at Hampton Court in 1606, as seems likely, we may conjecture that he and his audience took a special interest in the Scottish setting and might easily have been informed about the subject matter. – Knowing the outlines of the dramatic action we – as much as the original audience – concentrate more on the detailed information we are given through language and character development than on the external action and so, like them, can appreciate Shakespeare's dramatic genius more fully.

## Verlauf der Stunde

*1. Unterrichtsschritt:*
*Bildbeschreibung – The Globe Theatre and the Swan Theatre*

Gleich ob eine Unterrichtseinheit vorausgeht, die in Shakespeares Leben und in das elisabethanische Zeitalter allgemein einführt oder nicht, mit der Bildbeschreibung zu Beginn der Behandlung von *Macbeth* setzen wir einen Akzent, der auf das neue Thema hinführt. Die authentische Außen- und Innenansicht eines Theaters, das Shakespeare gekannt hat, erlaubt dem Schüler entdeckende Eigentätigkeit und gibt dem Lehrer zugleich Gelegenheit, auf ein paar entscheidende Charakteristika des Theaters in Shakespeares Zeit aufmerksam zu machen, und zwar im Idealfall im freien Unterrichtsgespräch. Zugleich werden dabei Begriffe des Wortfeldes „Theater" reaktiviert oder neu eingeführt, die als Teil des Besprechungswortschatzes zum aktiven Besitz des Schülers werden sollten. Wenn jeder eine Photokopie der Theateransichten in der Hand hat, lassen sich die Begriffe neben die lateinischen in die Innenansicht des Swan Theatre eintragen. Dazu gehören z. B.: *apron stage, rear stage, prosce-*

*nium, upper stage, props, scenery, setting, floor, gallery, auditorium, groundling, trap door,* etc.

In einer kurzen Phase der Partnerarbeit sollen sich die Schüler im Anschluß daran der Unterschiede zum heutigen Theater bewußt werden. Auf diese Weise wenden sie ihr neues sprachliches und fachliches Wissen an und lernen den historischen Wandel der Institution Theater näher kennen; einige zusätzliche Begriffe zur Beschreibung des modernen Theaters, der Guckkastenbühne, sind notwendig. Sie werden am besten von den Schülern erfragt. Dazu gehören z. B.: *picture-frame stage, curtain, limelight, wings, orchestra pit, pit, box, front-stalls, usher,* etc. (vgl. dazu z. B. im *Oxford Duden,* S. 315 f.). Das moderne Theater kann entweder durch die Erinnerungen der Schüler an Theaterbesuche, besser jedoch durch den Sitzplan des Theaters der eigenen Stadt oder durch eine Abbildung des Innenraums eines englischen oder amerikanischen Theaters unserer Zeit repräsentiert sein. Die Beobachtungen der Schüler werden in der 1. und 2. Spalte des Tafelanschriebs stichwortartig festgehalten.

*2. Unterrichtsschritt:*
*Erstes Kennenlernen der Studienausgabe –*
*The effects of the apron stage on "Macbeth"*

Der zweite Unterrichtsschritt beginnt mit einem kurzen Lehrervortrag zur frühen Textgeschichte des *Macbeth.* Es muß der Entscheidung des einzelnen Fachlehrers anheimgestellt werden, wie detailliert er diese Informationsphase gestaltet – er findet in den *Notes on Interpretation* das Minimalprogramm, aus dem hervorgehen muß, daß in Shakespeares Zeit Dramen ausschließlich für die Bühne und den Zuschauer – nicht den Leser – geschrieben wurden und jede Aufführung den Text durch den engen Kontakt zu den „groundlings" mittels eingefügten und ausgelassenen Passagen an die einmaligen Bedingungen des Theaterspiels anpaßte. (In

die Komplexität der Probleme führt gut ein: J. Dover Wilson (ed.) *Macbeth,* pp. XXII-XLII.) Daran anschließend erhebt sich die Frage, ob die Gegebenheiten des damaligen Theaters bleibende Wirkung auf den uns überlieferten Text ausgeübt haben. Die hypothetischen Überlegungen dazu stellen wir in einem gelenkten Unterrichtsgespräch parallel zum bereits vorhandenen Tafelanschrieb an und tragen sie in die dritte Spalte ein. Diese Unterrichtsphase (und mit ihr die 3. Spalte des Tafelanschriebs 1) erübrigt sich, wenn sie als Vorbereitung auf die folgende Gruppenarbeit nicht nötig ist, weil die Schüler genügend Theatererfahrung besitzen und mit Phantasie selbständig den Auswirkungen der elisabethanischen Bühne auf *Macbeth* nachspüren.

In der folgenden Unterrichtsphase beschäftigen sich fünf Gruppen je mit einem Akt des *Macbeth* genauer. Dabei lernen sie die Besonderheiten ihrer Textausgabe – Anmerkungen, Zeilenzählung, Anordnung der Szenen, deren Untergliederung durch neu auftretende Personen, Shakespeare-Englisch, etc. – zum ersten Mal näher kennen, indem sie mit ihrem Buch umgehen. Dieser Vorgang des ersten Einlesens ist wichtiger als das Ergebnis der Arbeit, das im gelenkten Unterrichtsgespräch in die 4. Spalte des Tafelanschriebs 1 notiert wird. Der zusammenfassende Kurzkommentar eines Schülers zu den gesammelten Einzelheiten – „Do these features have anything in common?" – stellt eine gewisse Offenheit des Textes fest, die der interpretierenden Festlegung durch die Aufführung geradezu bedarf und dem gesprochenen Wort die zentrale Funktion der Sinnvermittlung überträgt, da eine entsprechende Bühnenmaschinerie zur Darstellung von optischen und akustischen Begleiteffekten fehlt.

## 3. Unterrichtsschritt:
### Hypothesenbildung zur Handlung
### von „Macbeth" – The places of action

Wenn die Gruppenarbeit nun fortgesetzt wird, beschäftigen sich die Schüler in derselben Zusammensetzung mit demselben Akt des Dramas wie bisher und notieren die verschiedenen Schauplätze und die Personen, die mit ihnen jeweils verbunden werden. Das Sammeln nimmt nur wenige Minuten in Anspruch, das Anordnen der Ergebnisse im 2. Tafelanschrieb und vor allem ihre Deutung brauchen mehr Zeit. Die Hypothesen über den Verlauf der äußeren Handlung, die sich aus dem Wechsel der Schauplätze ableiten lassen, bilden einerseits ein Beispiel für Shakespeares „poetischen Realismus", der der Umwelt der handelnden Charaktere Bedeutung unterlegt; sie geben darüber hinaus einen Überblick über die äußere Handlung und deren Strukturierung und schaffen schließlich eine gewisse Erwartungshaltung beim Schüler, die wir für die detailliertere Beschäftigung mit dem „plot" des *Macbeth* in der Hausaufgabe nutzen.

Da dem Schüler diese Art des Vorgehens bei der Behandlung von Dramen wahrscheinlich neu ist – er ist gewöhnt, sich die Bausteine der Handlung sukzessiv zu erwerben und dann erst in einer Zusammenschau zu überblicken – machen wir ihn auf den Zweck aufmerksam: Wir dürfen davon ausgehen, daß die Geschichte des Macbeth auch Shakespeares Zeitgenossen in der einen oder anderen Form bekannt war, wenn sie ins Theater gingen. Wir wählen diese Methode der Dramenbehandlung aber vor allem, weil sie dem deutschen Schüler hilft, die Einzelheiten des Stückes zu verstehen und sich in Shakespeares schwieriges Englisch einzulesen; denn mit dem Überblick über die äußere Handlung des Werks erarbeiten wir uns ein Strukturgerüst, in das wir dann, indem wir uns auf die innere Handlung und die Personengestaltung konzentrieren, die Details einfüllen.

Eine kurze Lehrerinformation zu den verschiedenen Formen, in denen Shakespeares Zeitgenosse der Geschichte von Macbeth begegnen konnte, beschließt die Stunde und leitet auf die nähere Beschäftigung mit den dramatis personae und der Handlung des *Macbeth* über.

Wenn genügend Zeit und ausreichend Interesse bei den Schülern vorhanden sind, läßt sich an den zweiten Unterrichtsschritt ein Schülerreferat über die Bühne von Shakespeare (Collins Textausgabe, S. 4f.) und an den dritten eines über die Beziehungen zwischen Schottland und England einfügen. Material in knapper Form bieten u.a. die *Encyclopedia Britannica* und die *Encyclopedia Americana*.

### Hausaufgabe:

Die Hausaufgabe trägt vorbereitenden Charakter. Im ersten Teil – „Go through the 'List of Characters' (p. 25) and arrange the dramatis personae according to their rank" – soll sich der Schüler der hierarchischen Anordnung der Personen auf der Liste bewußt werden und sich die Namen und Konstellationen merken. Im zweiten Teil macht er sich mit dem Inhalt des Dramas selbständig bekannt und entscheidet dabei für sich, was von all dem, was er auf den Seiten 14–24 der Collins Textausgabe über die Handlung des Dramas erfährt, ein unentbehrliches Element der dramatischen Handlung und damit ein wichtiges Ereignis im Leben des Protagonisten darstellt. Außerdem muß spätestens hier das Material für das Kurzreferat der 2. Stunde – „Macbeth in Scottish history" ausgegeben werden. (Vgl. dazu 2. Stunde: Notes on Interpretation)

## Unit II:
## The plot of "Macbeth"
## and its main source – a survey

## 2. Stunde:
## The dramatis personae
## in their feudal context

### Notes on Interpretation

Sketching out the characters' position in society, we realize that they have to be arranged in a strictly hierarchical order. The most elevated figures of the play – Duncan and Malcolm versus Macbeth – are all at the head of the feudal state at one time or another, either as rightful kings or as usurper. Macbeth, Banquo and Macduff as the king's generals and vassals are of equal standing, in rank just below the king, to whom they owe their service and by whom they are rewarded for it. The further we get down to the bottom of our list of characters the more closely we approach the bottom of our pyramid and reach the basis on which everything was built, attendants, servants, bondsmen, although, strictly speaking, they are no longer part of feudal society. Feudal society was based on a mutual bond of loyalty between the feudal overlord and his vassal. While the former granted fiefs, landed or pecuniary rewards for military and political services, the latter did homage and pledged his service in return. All Western European society was organized in that way in the Middle Ages (approx. 8th century – 14th century). Scotland became feudalized only after the historical Macbeth's death, during Malcolm's reign. (Trevelyan, 1963, p. 173.) Nevertheless Shakespeare modelled the relations between the king and his noblemen in *Macbeth* on the feudal pattern, as we shall see in detail.

However, a general introduction to the feudal context of *Macbeth* should mention a few more basic facts. A concise, yet clear introduction to "feudalism" can be found in the *Encyclopedia Americana,* Chicago, 1979. Though each member of feudal society subordinated himself to his overlord he was considered his equal in many other respects and had his rights no less than his duties. Although being a vassal, he might at the same time be the overlord of others. In our play the king holds the highest position in society, he is God's representative on earth, and has to protect his vassals and their families as long as they are loyal to him. The king's vassals, his generals and the holders of his fiefs belong to the top ranks of the aristocracy; they constitute the council of state and have the right and duty to advise the king in all political matters of importance. Though they normally owe the king absolute loyalty they can defy him if he offends the law, becomes disloyal to them, or neglects his duties; they can legally oppose a tyrannical ruler. And what place did the ladies hold in that hierarchical social order? They shared their husbands' position as feudal hostesses and heiresses. Why, then, are they mentioned at the very bottom of the list of characters, even below the servants and attendants, although the characters are obviously listed according to their social rank? In Shakespeare's day women were acted by young boys who were apprentice actors. These boys were at the bottom of the hierarchy amongst the actors and therefore were mentioned last.

The general feudal context of *Macbeth* must be kept in mind as a guide-line when we register the most important events in Macbeth's life, as presented by Shakespeare, from the synopsis of the play (Collins Textausgabe, p. 14–24/worksheet, 1st column). As we are for the moment only interested in the external action of the play, we must be careful to sift the facts from the many hints at the psychological processes going on. This is our first step towards looking over Shakespeare's shoulder as we analyze his plot: we want to find out how much and what – besides the psychological dimension – was Shakespeare's own when he made use of his sources for the external action of his play and we want to try to guess at least at some of his intentions.

It is debatable whether a look at the historical Macbeth is going to be of help in this endeavour. (The most accessible and concise account can be found in the *Dictionary of National Biography* [entry "Macbeth"]).

Shakespeare did not have access to records nor to any account based on them. But the modern reader who takes *Macbeth* to be something of a 'history' will be surprised at the gulf between the few recorded historical facts and the wealth of material Shakespeare drew on. Furthermore, the information about the historical Macbeth available to us can be considered as the starting-point in the making of the 'Macbeth myth'. Though we are told that the historical Macbeth (1040–1057) became king of Scotland after killing his predecessor Duncan in whose service he had been a general, we learn that he – contrary to Shakespeare's Macbeth – most likely had a right to the Scottish throne through his wife. He is recorded to have made a pilgrimage to Rome (1054) and to have been very generous at that point – possibly a hint that he was a good man, perhaps even a successful king as Holinshed (Muir, p. 172) says he was. Siward, Earl of Northumbria, later waged war against him successfully (1054) and supported Malcolm III, Duncan's exiled son, who then killed Macbeth in battle in 1057 and succeeded him to the throne. When we are told that regicide in tenth-century and eleventh-century Scotland was not a unique atrocity but "simply in the nature of things monarchical" (Dover Wilson, p. VIII) we rightly wonder how Macbeth came to be seen as the author of all the tyrannical deeds that Shakespeare attributes to him. How a very ordinary Scottish king, Macbeth, came to be the tyrant manifest is all mere conjecture, part of the myth itself. One theory, how-

ever, may help us to bridge the gulf between history and the dramatic plot. Dover Wilson (p. IX ff.) suggests that Macbeth was turned into the arch-ursurper during the twelfth and thirteenth centuries and made into an irredeemably wicked man in the fourteenth century basically by the historians of the Stuarts, by now the reigning kings of Scotland. The Stuarts, originally from Shropshire, were in need of an indigenous Scottish ancestry; and Banquo was invented as their mythical forefather and a royal martyr murdered "at the hands of the already mythically infamous Macbeth". Fleance's flight to Wales, furthermore, served to legitimize the Stuarts' royal descent, as Fleance was said to have married a Welsh princess, thus linking the House of Stuart with the legendary King Arthur, that paragon of a Celtic king. As elegant and interesting as this explanation may be to us – it allows us an insight into the creation of a story as "history" – there is no more conclusive evidence of it than the fact that Banquo as the Stuarts' mythical ancestor and the tyrant Macbeth were first yoked together in Hector Boece's *Scotorum Historiae* (1527); later this version was taken up and recorded by Raphael Holinshed whose *Chronicles of England, Scotland, and Ireland* (1587) then served Shakespeare as his main source when he wrote *Macbeth*.

## Verlauf der Stunde

*1. Unterrichtsschritt:*
*Hintergrundinformation –*
*An introduction to classical feudalism*

Das Besprechen der Hausaufgabe ergibt, daß sich unsere Hypothesen zur Handlung (1. Stunde) weitgehend bestätigen. Als nächstes skizzieren ein oder zwei Schüler ihre Anordnung der Personen des Stückes an der Tafel und kommentieren sie. Dabei vergegenwärtigen wir uns die Namen der dramatis personae und ihre gesellschaftliche Stellung, aus der ihre offiziellen Beziehungen zueinander hervorgehen. Die hierarchische Gesellschaftsstruktur jener Zeit wird der Schüler selbst finden, den Begriff „feudal pyramid" und eine knappe Erläuterung fügt der Lehrer hinzu und leitet damit auf das Schülerreferat „Institutions of Classical Feudalism" über.

Wenn kein Schüler den Widerspruch bemerkt, stellt der Lehrer die Frage: „Why does Lady Macbeth, one of the main characters of the play, rank at the bottom of the list of characters?" Er wird die endgültige Antwort selbst geben, nachdem er die Schüler zum Aufstellen von Hypothesen ermuntert hat; dabei erfährt der Schüler wieder etwas über die Bedingungen, unter denen zur Zeit Shakespeares Theater gemacht wurde.

*2. Unterrichtsschritt:*
*Partnerarbeit – The external action*
*of Shakespeare's "Macbeth"*

Der Schüler erhält nun Gelegenheit, sich vertiefend, d. h. wiederum aufbauend auf der Hausaufgabe, in Partnerarbeit mit dem Handlungsgerüst des *Macbeth* zu beschäftigen. Das Gespräch mit dem Mitschüler zwingt ihn dazu, zu klären, ob es in jedem Einzelfall um eine sichtbare äußere Handlung, ein wichtiges Ereignis oder um die Deutung der inneren Zustände der Personen geht. Daran anschließend stellen wir im Plenum entweder die Version einer Partnergruppe zur Diskussion und fertigen einen Abriß der Ereignisse an, oder wir projizieren die linke Spalte des Arbeitsblattes zur 2./3. Stunde auf Folie über den Tageslichtprojektor für alle und vergleichen sie mit den Ergebnissen der Schüler. Am Ende des 2. Unterrichtsschritts hält jeder Schüler das beiliegende Gerüst der äußeren Handlung oder ein vergleichbares, selbstgefertigtes Blatt in Händen. Die selbständige Aktivität während der Phase der Partnerarbeit bewahrt den Schüler davor, den Inhalt des Dramas nur oberflächlich zur Kenntnis zu nehmen; sie zwingt ihn, sich die äußere Handlung des Werkes wirklich anzueignen und sich die Konstellationen der Personen zueinander in ihrer Dynamik bewußtzumachen.

*3. Unterrichtsschritt:*
*Schülerreferat und Lehrerinformation –*
*From the historical Macbeth to*
*Shakespeare's hero*

Entweder aus einem kurzen Schülerreferat oder einem Lehrervortrag erfährt der Schüler, daß es einen historischen Macbeth gab. Indem er die wenigen Lebensdaten, die uns vom Schottenkönig Macbeth überliefert sind, in die mittlere Spalte seines Arbeitsblattes in die jeweils entsprechende Rubrik einträgt, erkennt er die große Diskrepanz zwischen der geschichtlichen Überlieferung und dem Drama. Diese Einsicht soll ihn zu der Frage provozieren, wie man sich den eklatanten Wandel des Macbeth zu erklären habe. Damit kann der folgende Lehrervortrag – „A theory as to the creation of the Macbeth myth" – ein echtes Informationsbedürfnis befriedigen.

*Hausaufgabe:*

Die Hausaufgabe verlangt – als Ergebnisprotokoll – eine Zusammenfassung des erarbeiteten Sachverhalts. Spätestens hier muß das Referat der 3. Stunde zu Holinsheds Macbeth-Stoff (Muir, pp. 164–181; bes. pp. 171–180) vergeben werden mit der Auflage, vor allem die Unterschiede zu Shakespeares Handlung herauszustellen. Als Referent kommt nur ein historisch interessierter, auch im Englischen überdurchschnittlich guter Schüler in Frage, da er sich in Holinsheds veraltete Schreibweise erst einlesen muß. Auch das Kontrollreferat über K. Muirs (pp. XXXVII–XXXIX) Zusammenstellung der Unterschiede zwischen Holinshed und Shakespeare ist spätestens hier anzubieten.

## 3. Stunde:
## Macbeth's life story
## in Holinshed's Chronicle as
## compared to Shakespeare's plot

## Notes on Interpretation

After recalling that the historical Macbeth was most likely an average, if not a good king, rather than a fiendish tyrant, and that the link with the mythical Banquo as one of his antagonists possibly turned him into a much more devilish man and ruler, we ask ourselves by what means such a myth could have grown. First there was popular oral literature; a ballad on Macbeth was still on record in 1600 (Muir, p. XXXIII f.). Then there were clerks (such as Boece and Wyntoun) writing chronicles on Scottish history. And thirdly, there was secular literature, narratives in chronicles (Holinshed) as well as plays. A play on Macbeth may well have existed before Shakespeare.

Let us turn to Shakespeare's most important source. Although the playwright probably knew the Macbeth story from more than one chronicle – K. Muir mentions Buchanan's *History of Scotland*, Leslie's *De Origine, Moribus et Rebus Scotorum* as the most likely ones next to Raphael Holinshed's *Chronicles of England, Scotland, and Ireland* (1587) – Holinshed was his main source. This book, quite popular in Shakespeare's time, is reverential to the Stuarts, especially when talking of Banquo and Fleance, and yet recognizes Banquo as Macbeth's supporter in his plans to usurp the throne. Shakespeare shows a tendency even more favourable to the Stuarts than his source, for he makes Macbeth and his wife plot the regicide without other helpers. Banquo is an impeccably loyal knight. It is a similarly striking fact that the years of Macbeth's prosperous reign mentioned in Holinshed are in no way part of the play. In other words, Shakespeare obviously blackened Macbeth, piling up his evil deeds. In other respects he showed him to be a nobler man than Holinshed did: for instance, by giving him a persistently guilty conscience and making him suffer from nihilistic gloom. (K. Muir, p. XXXV, thinks Shakespeare may have drawn on Buchanan, but Shakespeare's dramatic genius could have advised him to the same effect.) By changing Duncan into an old, almost holy king, who trusts and loves Macbeth and by excising any hint as to Macbeth's potential right to the throne of Scotland, the playwright makes the Macbeths' regicide appear an even more detestable deed than in Holinshed's account; at the same time he gives Lady Macbeth, as she exercises her powers of persuasion, a much more prominent place in the plot than Holinshed suggests. Another difference between the two writers concerns Macduff who appears more disinterested in his struggle to raise the armed opposition against Macbeth in the play. Except for a number of small changes that seem dramatically advantageous, the last – but not least – decisive addition which Shakespeare made to the story as he found it is in matters supernatural, such as the appearance of Banquo's ghost and Lady Macbeth's sleepwalking as well as Macbeth's hearing voices and having hallucinations. (The Hecate Scene [III, 5] ist generally taken to be T. Middleton's addition: cf. J. Dover Wilson, p. XXIII; K. Muir, p. XXX.)

Though these changes seem small indeed, if we have taken Shakespeare to be "ein Originalgenie" (this was the attitude Goethe took in his early Shakespeare appreciation), that is, a man who created his superb works of literature by sheer ingenuity and divine inspiration, they nevertheless are dramatically very important and tell us a good deal about what Shakespeare wanted to emphasize in his plot: firstly the conflict between the good, legitimate king (Duncan and Malcolm) and the usurping tyrant was to become the core of the play; secondly, Shakespeare concentrated on

Macbeth and Lady Macbeth as the regicides and made it not so much a matter of successful plotting as one of internal conflict, carried out between husband and wife in intimate monologues and dialogues; thirdly, the added supernatural events are part of that struggle between good and evil; fourthly, Banquo is shown in a purely favourable light as the legendary ancestor of Shakespeare's patron, King James I.

In short, Shakespeare took over most of his plot from his source. His ingenious contribution is not to be found in the invention of an original plot but in his art of presenting human beings on the stage, their characters as well as their ways of communicating with each other: the motives of his dramatis personae are largely of his own invention and the language of the play, its poetical and rhetorical devices, we owe entirely to his linguistic and dramatic genius. This insight provides us with an additional reason for getting to know the outlines of the plot before reading the play so that we can concentrate on what was Shakespeare's own.

The difference between Holinshed's Macbeth story and Shakespeare's adaptation can be seen from another angle that is equally conclusive. Holinshed sums his account up as follows, commenting on Macbeth as a tyrant: "...but afterward by illusion of the diuell he defamed the same (commonwealth) with most terrible cruelties" (K. Muir, p. 179). Goethe, when characterizing Shakespeare's tragedies, praised them because "seine Stücke drehen sich alle um den geheimen Punkt..., in dem das Eigentümliche unseres Ichs, die prätendierte Freiheit unseres Wollens mit dem notwendigen Gang des Ganzen zusammenstößt". (J.W. v. Goethe, *Zum Shakespeares-Tag, Goethes Werke*, Hamburger Ausgabe, Bd. 12, p. 226: cf. the worksheet)

If we compare these two quotations, we find a decisive difference in the concept of history. Holinshed views Macbeth as the instrument of absolute evil; history is the battlefield of the metaphysical powers of good and evil, God and the devil, and man is nothing but a tool. This was the common view in the Middle Ages. Shakespeare creates a far more complex and realistic picture of history, with man as an individual at the centre of events taking his independent decisions as well as being part of a universe that sets definite limits to the freedom of his will; the creative forces and the conflicts of history are thus to be found in this world. Once again, our attention is focussed on two specific things; firstly, the "meaning" of those pseudo-historical events of the Macbeth story within the framework of the dramatic plot, and secondly, the development of the characters and Shakespeare's view of them as described in the language of *Macbeth*.

## Verlauf der Stunde

*1. Unterrichtsschritt:*
*Hausaufgabe und Lehrerinformation –*
*The growth of the Macbeth "myth"*

Der Vortrag der Hausaufgabe ruft uns noch einmal ins Gedächtnis, was wir in der vorausgehenden Stunde über Macbeth in Shakespeares Stück im Gegensatz zu den historisch glaubwürdigen Daten erfahren haben. Ein kurzer Lehrervortrag ergänzt dies durch Angaben dazu, wie sich ein solcher Mythos weiterentwickeln konnte.

*2. Unterrichtsschritt:*
*Schülerreferat – Macbeth*
*in Holinshed's Chronicle*

Das Schülerreferat schließt unmittelbar an den ersten Unterrichtsschritt an und stellt Shakespeares Quelle vor, so daß die Mitschüler auf die Unterschiede zwischen dem pseudohistorischen Bericht Holinsheds und der dramatischen Handlung Shakespeares aufmerksam werden. Sie werden aufgefordert,

---

**Text 1**

In the beginning of his reigne he (Macbeth) accomplished manie worthie acts verie profitable to the commonwealth (as ye haue heard), but afterward by illusion of the diuell he defamed the same with most terrible cruelties.

From: Raphael Holinshed, *Chronicles of England, Scotland, and Ireland...* (1587)

**Text 2**

Goethe praising Shakespeare as a playwright and contrasting him with the French dramatists whom he thought too formalist and overconscious of the so-called 'three unities', says:

Shakespeares Theater ist ein schöner Raritätenkasten, in dem die Geschichte der Welt vor unseren Augen an dem unsichtbaren Faden der Zeit vorbeiwallt. Seine Plane sind, nach dem gemeinen Stil zu reden, keine Plane, aber seine Stücke drehen sich alle um den geheimen Punkt..., in dem das Eigentümliche unsres Ichs, die prätendierte Freiheit unsres Wollens, mit dem notwendigen Gang des Ganzen zusammenstößt.

From: *Zum Shakespeares-Tag, Goethes Werke*, Hamburger Ausgabe, Bd. 12, S. 226

---

die rechte Spalte des Arbeitsblatts aus der 2. Stunde während des Schülervortrags auszufüllen und dabei zu vermerken, wenn Shakespeare mit Holinshed übereinstimmt – „the same" – bzw. zu notieren, wo letzterer etwas anderes berichtet. Eine Diskussionsphase im Anschluß daran ist notwendig, damit Unklarheiten durch Fragen an den Referenten beseitigt werden und schließlich alle Schüler in etwa dieselben Einträge aufweisen.

*3. Unterrichtsschritt:*
*Textvergleich – Shakespeare's*
*dramatic intentions*

In Partnerarbeit markieren die Schüler zunächst die Stellen auf ihrem Arbeitsblatt, an denen Shakespeare von Holinshed abweicht. Danach geht es darum, diese Stellen den Charakteren des Stückes zuzuordnen und eine Deutung zu versuchen: Der Schüler entdeckt so Shakespeares Eigenleistung in der Gestaltung der dramatischen Handlung und schaut dem Dramatiker sozusagen bei der Entstehung seines Werkes zu. Zugleich findet er selbst die Aspekte des Stücks, denen wir später größere Aufmerksamkeit widmen werden.

Die Überleitung zum Austausch der Ergebnisse im Plenum – „In what respect was Shakespeare indeed 'ein Originalgenie'?" – ist provokativ gefaßt und lenkt den Blick auf die Leistung Shakespeares als Menschenkenner und Dramatiker. Wie weit der Lehrer dabei zurücktreten kann, was er an Informationen und Interpretationshilfen dazu gibt, hängt von der Phantasie und Selbständigkeit der einzelnen Schülergruppe ab.

Damit kann die Stunde schließen. Wenn Zeit übrig ist, bestätigt uns ein Vergleich der Aussage Holinsheds und Goethes zur Stellung des handelnden Menschen in der Geschichte, daß wir uns für das richtige Arbeitsvorhaben entschieden haben, wenn wir im folgenden die Analyse der Personen des Dramas in den Mittelpunkt stellen. Der Schüler erhält auf diese Weise eine Begründung für das methodische Vorgehen, das bewußt nicht auf der Spannung der dramatischen Handlung aufbaut, und findet mehr oder weniger selbständig das zentrale Thema und Anliegen der folgenden Unterrichtseinheit zu *Macbeth*.

## Unit III: I, 1–4
## "Fair is foul, and foul is fair": the opening scenes and the main theme of the play

### 4. Stunde:
### Disorder in nature and in the feudal world

### Didaktische Vorbemerkungen

Die Einführung in das Drama knüpft an die vorausgehenden Überlegungen an und versucht sie für das Verstehen des Stücks aus seiner Zeit heraus auszuwerten, indem sie den Schüler auffordert, sich in die Rolle des zeitgenössischen Zuschauers zu versetzen. Auf diese Weise wird der Blick von vornherein auf Probleme und Themen der aufführungsbezogenen Interpretation gelenkt. Die inhaltlich-gehaltliche Aussage tritt in den Mittelpunkt; das verhindert, daß Verständnisschwierigkeiten, die sich aus dem Shakespeare-Englisch ergeben, überbewertet werden. Da das Globalverständnis abzusichern ist, treten die Details in den Hintergrund und werden nebensächlich. Dagegen geht die Analyse weniger Zeilen im „close reading" auf besonders wichtige Stellen ein; sie will dem Schüler unter Anleitung des Lehrers helfen, die Probleme des genauen Verstehens allmählich zu bewältigen. Auch formale Aspekte der Sprachgestaltung – z. B. Alliteration und Reim, Chiasmus und Metapher sowie der Gebrauch der objektiven Ironie – werden beachtet und als Shakespeares Mittel interpretiert, versteckt Hinweise auf zukünftige Entwicklungen zu geben und die Aussage so offen zu gestalten, daß der Zuschauer aktiv sein muß, wenn er verstehen will. Außerdem wird der Schüler in den Zweck der Anmerkungen zum Text eingeführt.
Im Überblick über I, 1 und 2 macht sich der Schüler die Funktion der Eröffnungsszenen bewußt. Dabei steht nicht so sehr die formale Errungenschaft des Dramatikers Shakespeare im Mittelpunkt, der mit geringsten Mitteln die Exposition in Gang bringt. Wichtig ist vielmehr, wie die indirekte Charakterisierung Macbeths und die Darstellung seiner Welt auf die kommende Handlung vorausdeuten. Indem der Schüler die Polarisierung von Gut und Böse, von legitimem Königtum und unrechtmäßiger Usurpation erkennt, beginnt er sich das zentrale Thema des Stückes zu erarbeiten; die Hauptrichtung der Interpretationsarbeit im folgenden ist damit angegeben.

Das Lenken der Arbeit durch den Lehrer muß in dieser Eingangsphase vorherrschen, damit sich der Schüler in das Shakespeare-Englisch einlesen lernt. Die Lehreraktivität wird jedoch von einer Phase der Gruppenarbeit (3. U-Schritt), der Einzelarbeit mit dem Wörterbuch (2. U-Schritt) sowie einer des Stillesens und Auswertens der Anmerkungen (4. U-Schritt) unter Anleitung des Lehrers unterbrochen.

Den Dramentext lernt der Schüler in zwei Abschnitten kennen: I, 1 sollte möglichst zweimal gehört und mitgelesen werden, da der Schüler am Anfang besonders große Verständnisschwierigkeiten hat; I, 2 kann, wenn die Zeit knapp ist, nur durch eine Inhaltsangabe mit anschließendem Stillesen im Unterricht vorgestellt werden, was aber zur genauen Analyse der Rollen König Duncans und Macbeths führen muß. Beide Szenen sollen als Vorspiel zur Geltung kommen, das für den Aufbau der dramatischen Spannung unentbehrlich ist.

Die Kurzfassung der Unterrichtsreihe schließt an den gekürzten Vorspann (vgl. didaktische Vorbemerkungen, 1.–3. Stde.) mit einer Inhaltsangabe der Szenen I, 1–2 durch den Lehrer an. Darauf folgt das Hören der Szenen und die Detailanalyse von I, 1, l. 12 und I, 2, ll. 52–58 sowie das Herausarbeiten des beiden Szenen (I, 1–2) gemeinsamen Themas.

41

## Notes on Interpretation

The story of Macbeth must have been fairly well-known amongst educated people in Shakespeare's time; we know that Holinshed's chronicle was a popular book in those days. In spite of that, the opening scene may have been a kind of homage to King James I who took an interest in the occult and supernatural and wrote books on the subject. At the same time it puts on the stage the kind of action that was garish enough to focus the audience's attention: the thunderstorm would have been simulated and the noise of the battlefield may have been heard from behind the scenes. Moreover, the uproar in nature reminded an Elizabethan audience that the moral order was upset as well. Shakespeare's use of this dramatic device, similar to the "pathetic fallacy", symbolized to his contemporaries – philosophers and the common man alike – the oneness of the universe and the general chain of being that united its parts. The appearance of the witches in wild and barren country during a raging thunderstorm suggested exactly the same kind of moral disorder that I, 1, l. 12 indicates, emphasized by the use of rhyme, alliteration and chiasmus that bind the opposing words "fair" (= good) and "foul" (= evil) together. Though I, 1 creates a world that has turned topsy-turvy, that chaos is still structured, thus limiting disorder in time and space.

In Scene I, 2 order in feudal society is severely disturbed, the realm is under attack from several sides: Macdonwald is a worthy opponent for "brave Macbeth" (ll. 9–23), the Norwegians try to invade the country (ll. 31 ff., 49–54), and the Thane of Cawdor, "that most disloyal traitor" (l. 53), wages war against the King of Scotland in whose service Macbeth proves his prowess as an obedient vassal, dear to the king (l. 24). The political situation thus proves very serious, as the peace of the country has been violated and the security of king and subjects is at stake.

Macbeth fights in the king's service to restore peace and order. Duncan himself does not take part in the fighting; he observes it closely and hails every sign of coming victory. That does not so much make him a weak monarch as stress his role of feudal overlord: his vassals fight for him and he acknowledges and rewards their merits and achievements in his service. In addition to that, Duncan really cares for the wounded messenger, ordering him to be taken to the surgeons (l. 43 f.). But in spite of bloody reports and the martial atmosphere, there are signs of coming relief and happiness: the traitors have been defeated by Macbeth and Banquo and the King of Norway is ready to negotiate for peace, the terms sketched out suggest an improvement of the common good (ll. 60–64). So not the fighting itself, but its successful ending, the restoration of peace and order, is hailed by good King Duncan who acts as a feudal lord should, praising his generals Macbeth and Banquo and rewarding Macbeth with a new feudal title and the possession of the lands going with it (ll. 66 f.).

Macbeth on the other hand first appears to us as a brave and successful warrior in the king's service, "Bellona's bridegroom" (l. 55), whose success in the battlefield is crowned by the king's acknowledgement of his prowess and merits, by the awarding of new feudal lands and a new title. In the words of the messenger he is introduced to us as a man supporting feudal order by restoring it in the service of his overlord. However, the reports of his valour suggest some excess of that valiant virtue (in the Aristotelean sense): ll. 15–23, 34–40 raise the question of whether that amount of violence was really necessary to restore order. The allusion to a new Golgatha on the battlefield (l. 40) and the way Macbeth is ironically sketched as the peer and superior of that treacherous Thane of Cawdor (ll. 52–58) hint at Macbeth's development in the future: dramatic irony will have it that the new Thane of Cawdor, another potential traitor, is installed by good and innocent King Duncan himself who does not foresee the next breach of feudal order – as the playwright and the audience do.

The witches enigmatic "fair is foul, and foul is fair" must first be applied to the feudal world; the verbal ambiguity in I, 1, l. 12 turns out to be a feudal and a moral one.

The Scottish feudal society Shakespeare sketches in *Macbeth* was not all that remote from the society of Shakespeare's time which had its own plots and treacheries.

Clearly, these two opening scenes contain the main theme of the play in a nutshell. Their dramatic function is to win the audience's attention and to create suspense, just as any well-formed play would. But Shakespeare's use of dramatic irony and ambiguity in these two opening scenes focusses his audience's attention and emotions not so much on a violent and melodramatic plot – that was most likely well-known anyway – as on the sort of turn he gives it by exploring feudal society's potential for great tragedy and Macbeth's character for internal conflict and tragic destruction.

## Verlauf der Stunde

*1. und 2. Unterrichtsschritt:*
*Einstieg und Präsentation von I, 1 –*
*Disorder in nature*

Beim Stundeneinstieg wird daran erinnert, daß Shakespeare den feudalen Charakter der Welt des Macbeth betont. Danach erfolgt die Präsentation von I, 1 über Tonträger unter Mitlesen der Schüler. Diese überprüfen ihre Erwartungen an das Drama und versuchen sich in das Publikum zu Shakespeares Zeit zu versetzen. Dadurch wird ihr Interesse ganz auf die Wirkung der Szene und das Globalverständnis während des extensiven Hörens / Lesens gelenkt. Die Aufgabe erleichtern kann die zusätzliche Leitfrage zum ersten

Hören / Lesen, ob und inwieweit die erste Szene in die Feudalwelt paßt: „What strikes you in this scene as utterly uncourtly, as not feudal at all?" Die weitere Aufforderung, das Grobverständnis der Szene durch das Charakterisieren der Atmosphäre zu beweisen, läßt sich dahingehend konkretisieren, daß die Schüler die technischen Mittel vorschlagen, mit denen auf einer leeren Bühne die Anweisungen „thunder and lightning", „an open place", aber auch „battlefield" (l. 4) umgesetzt werden können. Dagegen das Aussehen und den Charakter der Hexen hier zu erläutern erscheint zu früh; I, 3 muß dafür bekannt sein.

Erst beim zweiten Hören / Lesen und danach setzt sich der Schüler mit einer Stelle der Szene detailliert auseinander. Wenn es gilt, I, 1, l. 12 als wichtigste Zeile zu erkennen, muß vielleicht auf l. 1 f. eingegangen werden, da sich die Schüler möglicherweise an Fontanes Ballade „Die Brücke am Tay" erinnern und sie als wichtigste Zeile der Szene nennen. L. 1 f. sind in der Tat sehr wichtig; denn zusammen mit ll. 6 ff. bekunden sie das Interesse der Hexen an Macbeth. Wenn der Schüler den Text gut gesprochen hört, wird er die Emphase und größere Dynamik, mit der l. 12 gesprochen wird, bemerken. Liest er den Text nur, wird der Hinweis des Lehrers auf die emphatische Wirkung des Reims der „doggerel verse", die kunstvolle Strukturierung der Zeile mittels Alliteration und Chiasmus nötig, damit der Schüler erfaßt, wie dieser Vers hervorgehoben wird. In einer kurzen Phase der Arbeit mit dem einsprachigen Wörterbuch vergewissert sich der Schüler des heutigen Bedeutungsspektrums von „fair" und „foul" und klärt, daß diese Wörter in Shakespeares Text nicht zuerst den Sinn von „according to the rules / breaking the rules" tragen, sondern moralische Qualitäten ausdrücken, die allerdings von universeller Bedeutung sind: die Ordnung ist das Gute, das Chaos ist böse. Ein weiterer Hinweis des Lehrers auf die Bedeutungsauffächerung der beiden Wörter im modernen Englisch ermöglicht einen kurzen Einblick in eine Entwicklungstendenz der englischen Sprache. Shakespeares Englisch erscheint dabei umrißhaft als eine historische Stufe in diesem Prozeß.

Bei der stilistischen Analyse und der Erläuterung der Bedeutung von l. 12 für die Entwicklung des Dramas muß der Lehrer – gestützt auf die Anmerkungen dazu im Buch – die Führung übernehmen. Das gilt besonders, wenn er auch Shakespeares Eigenart, völlig unwichtigen sozialen Randfiguren bedeutende Aussagen in den Mund zu legen, hier vorstellen und als Ausdruck einer tiefreichenden Humanität apostrophieren will. (Weitere Beispiele dafür finden sich u. a. in *As You Like It:* Audrey, III, 2; *Macbeth,* II, 4: Old man; *Merchant of Venice,* II, 2: Lancelot Gobbo; *Midsummer Night's Dream,* IV, 1: Bottom.)

*3. Unterrichtsschritt:*
*Globalverständnis und selektives*
*Hören / Lesen von I, 2 –*
*Introduction into the feudal world*

Das erste Hören / Lesen von I, 2 geschieht mit der Leitfrage, wie das Thema „disorder" hier weitergeführt wird. Die Schüler übertragen das Interpretationsergebnis von I, 1 auf I, 2 und erkennen die Unordnung auch in der menschlichen Gesellschaft. Nach dieser Einstimmung in den neuen Textabschnitt gehen beim zweiten Hören / Lesen die Schüler in arbeitsteiliger Gruppenarbeit den Text daraufhin durch, was sie über König Duncan (Gruppe A) und Macbeth (Gruppe B) erfahren. Daß beide Gestalten hier zunächst positiv gezeichnet werden, sich gegenseitig im Dienst füreinander fast überbieten – Macbeth im kriegerischen Einsatz, Duncan durch seine Freigiebigkeit – und doch von Anfang an wie Gegensätze erscheinen, wird als Arbeitsergebnis im Tafelanschrieb festgehalten.

*4. Unterrichtsschritt:*
*Detailanalyse und Evaluation*
*der Arbeitsergebnisse –*
*Disorder in the feudal world*

Der Gegensatz zwischen Duncan und Macbeth wird offensichtlich, wenn die genaue Analyse von ll. 52–58 Macbeths Kampfesmut ins Zwielicht rückt – ein helfender Hinweis auf ll. 21 ff. oder ll. 36–40 ist angebracht, wenn die Schüler nicht von sich aus am positiven Wert von Macbeths Tapferkeit zweifeln und seine Zuverlässigkeit als Vasall und Mensch in Frage stellen. Sie sollen Shakespeares Aussage nachvollziehen, der Thane of Cawdor, Verräter und Rebell, Unruhestifter im eigenen Land, das er mit Krieg überzieht, habe in Macbeth seinesgleichen, ja jemanden gefunden, der ihm noch überlegen sei. Auf solche Mittel der indirekten Charakterisierung und Vorausdeutung aufmerksam zu machen, ist Teil der Erziehung zum selbständigen Lesen von literarischen Texten und schärft das Bewußtsein der Schüler für die folgende Lektüre.

Die zusammenfassende Frage: „What do the two opening scenes have in common?" soll ebenfalls für das Kommende sensibilisieren und nochmals auf das Hauptmotiv der in Unordnung geratenen Welt aufmerksam machen, damit es in Erinnerung bleibt und der Transfer auf die folgende Szene in der nächsten Stunde vom Schüler geleistet werden kann.

*Hausaufgabe:*

Die Hausaufgabe hat nachbereitenden Charakter, setzt aber einen neuen, aufführungsbezogenen Akzent. Die Schüler sollen zusammenfassen, wie hier das Hauptthema des Dramas fast beiläufig eingeführt und sogleich abgewandelt wird. Sie sehen die feudale Welt und das Geschehen in ihr eingebettet in ein Naturgeschehen kosmischen Ausmaßes. Sie erkennen, wie der Dramatiker auf das Erscheinen Macbeths vorbereitet und dabei Fragen offen läßt, die das Stück erst später beantwortet. Die Szenen sind notwendig, weil sie eine Erwartungshaltung im Publikum schaffen. Zur Beantwortung des zweiten Teils der Hausaufgabe müssen die Schüler I, 1 und I, 2 erneut lesen. Dabei fällt ihnen auf, daß das Kampfgetümmel an mehreren Stellen des Landes und in ihm Macbeths Tapferkeit erwähnt werden; I, 2, ll. 3–44 lassen sich ohne große Verluste streichen. Macbeth erscheint dann positiver, denn die detaillierte Schilderung seiner Grausamkeit als Krieger entfällt. Eine solche Überlegung führt den Schüler tiefer in das Werk ein und macht ihm klar, daß *Macbeth* aus einem Guß ist und nichts Überflüssiges enthält. Die Bereitschaft, sich mit dem ganzen Text auseinanderzusetzen, wird dadurch gestärkt.

## Didaktische Vorbemerkungen zur 5.–7. Stunde

Die Stunden 5–7 behandeln die Szene I, 3, die in drei Abschnitte untergliedert ist: die Hexen unter sich (ll. 1–38); die Begegnung Macbeths und Banquos mit ihnen (ll. 39–89); das Eintreffen der Boten des Königs, die Macbeth und Banquo zu Duncan führen sollen (ll. 90–159). Der letzte Teil enthält außerdem den ersten Monolog des Macbeth.

Die Szene verfolgt mehrere dramatische Intentionen, aus denen sich die inhaltlichen Anliegen der drei Stunden ergeben. Die wichtigsten sind die Vorstellung Macbeths und die nähere Bekanntschaft mit den Hexen. Dementsprechend versuchen wir zum einen uns ein genaueres Bild vom wahren Charakter der Hexen zu verschaffen (Tafelanschrieb und Arbeitsblatt: 5. und 6. Stunde) und gehen zum anderen Shakespeares Kunst der dramatischen Menschendarstellung nach, die uns immer näher an Macbeth heranführt (6. und 7. Stunde). Dabei erinnern

wir uns an die Fremdcharakteristik Macbeths in I, 1–2, und verfolgen, wie er sich uns in I, 3 zunächst indirekt durch sein Verhalten gegenüber den Hexen und Banquo und danach in seinem Monolog direkt vorstellt. Wir vollziehen so den ersten Höhepunkt des Dramas nach.

Gleichzeitig üben wir mit den Schülern die Arbeitstechniken ein, die sie zunehmend befähigen sollen, sich selbständig mit dem Text Shakespeares auseinanderzusetzen. Das Sammeln der Informationen über die Hexen in ihrer eigenen und in der Aussage Macbeths und Banquos übt die gezielte Informationsentnahme im selektiven Hören / Lesen. Nicht nur inhaltlich, sondern auch formal analysieren wir exemplarisch einige wichtige Aussagen, indem wir ihre Bildlichkeit oder ihre Anspielungen auf frühere Verse nach ihrer Bedeutung befragen. Der Schüler soll angeregt werden, in Zukunft selbst in der Sprache Shakespeares nach Hinweisen zur Deutung der Charaktere und der Handlung zu suchen. Auch der Wechsel zwischen extensivem und intensivem Hören / Lesen führt allmählich auf einen Unterricht hin, in dem der Schüler selbst entscheidet, welches die wichtigsten Stellen sind, die seiner besonderen Aufmerksamkeit bedürfen.

Schließlich ist auch die Übertragung eines Monologes aus Shakespeares Englisch in unser prosaisches modernes Alltagsenglisch für den Schüler neu: Er führt sie zunächst in der Gruppe unter Anleitung des Lehrers aus, damit er sie bald darauf mit Hilfe seiner Anmerkungen zum Text, des Wörterbuchs, u. U. auch einer deutschen Übersetzung, in der Hausaufgabe zu bewältigen vermag.

Da wir diese wichtigen Arbeitstechniken hier vielleicht erst einführen, in jedem Fall aber an Shakespeares für Deutsche schwierigem Englisch üben, braucht der Schüler in diesem frühen Stadium der Textanalyse mehr Zeit, als sonst üblich. Er braucht weiterhin verstärkt die lenkende Hand des Lehrers, auch in Phasen der Gruppen- oder Partnerarbeit.

Beratend und helfend steht der Lehrer zur Verfügung, wenn es um inhaltliche Probleme, sprachliche Verständnisschwierigkeiten oder darum geht, den richtigen Begriff des Interpretationswortschatzes bei der Mitteilung der Arbeitsergebnisse zu treffen. Wie stark die Gruppe gelenkt werden muß, läßt sich nur im Einzelfall entscheiden. Das Einüben der genannten Techniken im Unterricht soll den Schüler zu Hause vor Ratlosigkeit und davor bewahren, daß ihm Shakespeares Englisch scheinbar unüberwindliche Probleme aufgibt – das Gespräch mit dem Mitschüler und die Zuwendung des Lehrers können vor Entmutigung schützen und diesen Schritt auf dem Wege zur Selbständigkeit erleichtern, auf daß der Schüler zunehmend für die Komplexität und Schönheit des Textes sensibilisiert werde.

Im Minimalprogamm (Grundkurs) zu *Macbeth* können die Stunden 1–4 zu einer Schulstunde zusammengefaßt werden (vgl. didaktische Vorbemerkungen, 1.–3. und 4. Stunde). Die Analyse von I, 3, ll. 1–38 in der 5. Stunde wird dann mit dem ersten Hören von ll. 39–89 unter der Leitfrage „What information about the witches do we get?" zusammengefaßt und damit in den 1. Unterrichtsschritt der 6. Stunde integriert. Da I, 3 ll. 90–159 und I, 4 in den ersten Monologen einen Macbeth vorstellen, der anders denkt als er handelt, können die 7. und 8. Stunde unter diesem Thema zusammengefaßt werden. In der 7. Stunde wird dann der 1. Unterrichtsschritt kurz gehalten, und der 4. Unterrichtsschritt entfällt; in der 8. Stunde verzichten wir auf den 1. Unterrichtsschritt und den 4. Unterrichtsschritt, wenn es an Zeit mangelt.

## 5. Stunde:
## The witches creating disorder

## Notes on Interpretation

The opening part of I, 3 is often thought to be of little relevance to the plot of *Macbeth* itself and therefore is either shortened radically or, when the play is read in class, summarized only. But if seen in the same context as I, 1, the lines 1–38 appear as a kind of follow-up playlet within the play that has a specific function: the witches here turn out to be dangerous – they create wanton uproar in nature and kill human beings, destroying valuable human relationships for trivial reasons. I, 1 and I, 3, ll. 1–38 produce the dismal and dark atmosphere of *Macbeth* in which the tyranny of evil then becomes possible. Moreover, as the heath, the place where the witches meet, is clearly dissociated from the Christian world of the court they prove to be uncivilized pagan beings who would disrupt the courtly atmosphere of mutual understanding, respect and love. Thus from the very start order in nature and in human society is endangered, if not upset completely, and the witches are part of those forces that call forth the turmoil: they act upon the world of the elements – they raise storms and rough seas – as well as on human beings – they punish the sailor's wife for no reason except her disobedience to them and kill her husband wilfully. Though the witches may talk nonsense, their kind of witchcraft raises the deepest apprehensions in the audience as to what is going to happen to a person for whom, like Macbeth, the witches have "wound up their charm" (l. 38). Terror and pity, the two essential emotions forming the tragic experience, are roused in the spectator by Shakespeare's dramatic art in a scene that might appear to have no function.

# Verlauf der Stunde

*1. Unterrichtsschritt:*
*Kulturgeschichtlich-linguistischer*
*Einstieg in das Thema*

Der Problemaufriß an der Wandtafel oder auf Folie besteht aus einem Vergleich zwischen Begriffen derselben Wortfamilie in den Sprachen Englisch, Latein, Deutsch. Dieser Einstieg in die Stunde setzt einen neuen Stimulus zur Analyse der Hexen und schließt zugleich an die Beobachtungen zu I, 1 an. Mittels der Frage „Why is the heathen called after the heath"? macht er die Zuordnung der „witches" zu „heath", dem rauhen Bergland Schottlands, bedeutungsvoll; der symbolische Aussagewert des Schauplatzes der Handlung tritt hervor. Überlegungen dieser Art sind außerdem kulturgeschichtlich ergiebig und interessant, obgleich sie dem Schüler zunächst fremd sein mögen und er behutsam geführt werden muß. Das kostet Zeit, lohnt aber die Mühe; denn es eröffnet eine neue Schicht der Interpretation. In unserem Fall wird deutlich, daß die Hexen der Landschaft, in der sie auftreten, angehören und durch sie charakterisiert werden. Der Einsatz von Bildmaterial zur schottischen Landschaft der Highlands bietet zusätzlich Anschauungsmaterial.

*2. Unterrichtsschritt:*
*Präsentation des Textes I, 3, ll. 1–38 –*
*The witches creating disorder – their nonsense making sense*

Bei der Erarbeitung des Globalverstehens des ersten Teils von I, 3 stehen die Hexen im Mittelpunkt. Da sie scheinbar Unsinn reden, ist es deshalb wichtig, des Schülers Blick von vornherein auf den Kern der Szene zu richten. Auf die Frage „Are the witches meant to be (a) supernatural beings – (b) human beings – (c) apparitions or visions?" soll er sich wie bei einer *multiple-choice*-Aufgabe für eine der drei Kategorien entscheiden und dabei feststellen, daß sich Belege für alle drei finden lassen. Wenn die drei Stichwörter (vgl. Tafelanschrieb zu I, 3) an der Tafel erscheinen und die Belege darunter aufgelistet sind, wird dem Schüler anschaulich vorgeführt, daß Shakespeare die Frage offen läßt, welcher Welt die Hexen angehören. Diese Offenheit der Deutung sticht noch mehr ins Auge, wenn wir betonen, daß wir alles, was wir bisher über die Hexen wissen, deren Selbstdarstellung entnommen haben. Ob diese Beobachtungen zutreffen? Lediglich eines haben alle gemeinsam: Die drei Hexen schaffen Unordnung, Zerstörung und wollen das Böse.

In einer anschließenden Stillphase wird der Schüler deshalb aufgefordert, die Aussagen der Hexen an ihren Taten zu überprüfen und festzustellen, was sie eigentlich tun. Die Einzelheiten, an der Tafel festgehalten, zeigen an, daß die Hexen sich zwar als übernatürliche Wesen, quasi als Schicksalsgöttinnen („Weird Sisters", I, 3, l. 33) betrachten, zugleich aber auf allzu menschliche Weise böse und zerstörerisch wirken und dem Menschen – hier der Frau des Seemanns – zu erscheinen vermögen. Was sie also genau verkörpern, bleibt offen.

*3. Unterrichtsschritt:*
*Formanalyse – The dramatic function*
*of I, 3, ll. 1–38*

Der letzte Unterrichtsschritt stellt die formale Analyse in den Mittelpunkt und dient zugleich der Binnenstrukturierung, indem er auf I, 1 zurückverweist. Die Frage „Why does Shakespeare insert this scene before introducing Macbeth to us?" lenkt den Blick auf die Wirkung der Szene:
Das Publikum weiß schon zu diesem frühen Zeitpunkt, daß Macbeth dem Bösen ausgeliefert ist, denn „the charm's wound up" (l. 38). I, 3 bildet im Vergleich zu I, 1 eine Steigerung und intensivierende Weiterent-

wicklung – die Hexen haben ihre Intention wahr gemacht (vgl. I, 1, l. 8) und treffen nun im folgenden auf Macbeth. Die Spannung, ob er ihnen ins Netz gehen wird, erhöht sich. Der Schüler erkennt, daß der scheinbare Unsinn, den die Hexen reden, einen ganz konkreten Sinn ergibt, und dringt dabei tiefer zu den dramatischen Intentionen Shakespeares vor. Er sieht auch diesen Teil des ersten Akts als einen Schritt der Exposition und wird auf das Kommende vorbereitet.

*Hausaufgabe:*

Die Kernfrage des 3. Unterrichtsschrittes kann, wenn die Zeit in der Stunde knapp wird, einer Schülergruppe als Hausaufgabe gestellt werden, da sich die Antwort aus der Besprechung der Szene ergibt. Weniger anspruchsvoll und ebenso nützlich wäre alternativ dazu die Aufgabe: „Summarize what we know about the witches."

# 6. Stunde:
## Macbeth's and Banquo's differing attitudes towards the witches

## Notes on Interpretation

Introducing the witches for the second time, I, 3 refers back to I, 1 where they professed their special interest in meeting Macbeth (l. 8). Now they are lying in wait for him on the barren heath surprising him and Banquo on their way from the battle (cf. ll. 40–48). After establishing their evil characters in I, 3, ll. 1–38 the witches now prove that they act upon their intentions; thus the audience's fear for Macbeth, should he be at their mercy (Hausaufgabe), grows with the encounter between the three witches and the two warriors.

However, additional pieces of information about the witches in I, 3, ll. 39–89 are few and nearly all intricately interwoven with Macbeth's and Banquo's individual view of them: they hail Macbeth deferentially and prophesy that great honours await him; he shall be promoted to Thane of Cawdor and become king later on (ll. 49ff.). When Banquo asks to be told his fortune too (ll. 61f.), they hail him as well, though in more enigmatic and more openly ambiguous words, promising that he shall be the forefather of kings (ll. 66ff.).

When Macbeth wants to know more and on what authority they base their knowledge of the future, the witches simply vanish and will not be commanded (ll. 76–79). Macbeth is deeply impressed by them and wants them to stay. Banquo, contrary to Macbeth, defies them and perhaps on that account commands them successfully (ll. 59–62), for to him they are simply uncouth beings, ugly old women acting as fortune tellers (ll. 40–48). Once the witches have disappeared from their sight, each of the two men compresses his view of them into an image. To Banquo they are merely "bubbles" as found in the boggy moors (l. 80f.), ephemeral creatures without much substance to them but possibly as treacherous and gruesome as the boggy ground he treads. To Macbeth their disappearance seems like the transformation of something corporeal into the spiritual – "as breath melting into the wind" (l. 82f.), becoming indiscernible and possibly part of a much larger elementary force that penetrates everything.

So there is no ultimate answer to the question of who the witches really are. Shakespeare leaves it open whether they are the Weird Sisters, as they call themselves, powerful embodiments of fate, or merely old hags that roam the heath. They possess superhuman, human and subhuman features; they sound "fair", as Banquo says, and yet the audience knows of their evil character and intentions. The enigmatic state of their real nature is the necessary condition for Shakespeare's introducing

Macbeth and Banquo to us by making them react to the witches and their words in their individual ways. Both men subtly characterize themselves by selecting what they perceive of the witches. Macbeth's emotions are so deeply roused that he reveals his confusion and professes his anxiety. Once again the witches manage to create disorder, this time psychological disorder, by upsetting Macbeth completely – their charm is working (l. 38). With his irrational behaviour and curiosity Macbeth shows clearly that he takes the witches to be real, similar to those among us who believe in the occult and whose world picture we nowadays often call "medieval". Thus Macbeth is utterly unlike Banquo, who from the very start sees the witches in a realistic light as unkempt, uncivilized old women or sheer apparitions with no reality and importance (ll. 40–48, 54f.). His rational approach to the strange experience even allows him to watch Macbeth, who appears "rapt withal" (l. 58), unlike himself. Banquo's wish to know his own future as well therefore sounds ironical, spoken in the tones of someone who consults a fortune teller for the fun of it, and he soon easily attributes the whole episode to an overwrought or even drugged imagination (l. 85f.) rather than to an encounter with fate personified. His attitude is similar to what we call the 'modern' attitude towards parapsychological phenomena.

Macbeth and Banquo are furthermore contrasted in this scene by their way of alluding to I, 1, l. 12. Macbeth unknowingly uses the same words as the witches did; but it is up to the audience to interpret this fact as possibly due to Macbeth's intimate relationship with the witches, or as an innate correspondence in their natures, or as the first piece of evidence that the witches' charm is working. On the other hand, Banquo alludes consciously to Macbeth's words ll. 39, 52f., putting the ambiguity of "fair" and "foul" in his own questioning and ironic words. Both characters remind the audience of the general theme established in the first scene of the play, intensifying the suspense. Shakespeare's subtle way of creating a superstructure of possible meanings is made manifest. But the question of whether *Macbeth* is a tragedy of fate or a tragedy of character cannot find a satisfactory answer: within the concept of a world ruled by 'universal harmony' this question becomes futile anyway, as 'fate' and 'character' must be seen as identical forces. Last but not least, Shakespeare uses imagery to set off Macbeth's and Banquo's views of the witches, thus characterizing the two men as utterly different personalities, fellow knights fighting for their king though they be. Banquo's image of the "bubble on the ground" and Macbeth's image of a "breath melting into the wind" are perhaps the most conspicuous ones. Both images, moreover, are examples of Shakespeare's realistic way of creating ad hoc imagery from the speaker's surroundings and personal experience. The playwright's superb way of creating rounded characters in a concise and realistic way becomes clear.

To sum up, the seeds of the future commotion in the play are planted in this scene of I, 3: Macbeth's incitement to regicide, Banquo's suspicion of it and his first attempt at an organized opposition before he becomes Macbeth's next victim, fulfilling his part of the witches' prophecies by being the legendary forefather of the House of Stuart, that of King James I, before whom *Macbeth* was most likely acted at court.

The close analysis of the two images mentioned above can serve as an example of what an image in general, if used by a master poet, can yield. The opportunity of introducing our pupils to a small but all-important portion of the metalanguage needed for classroom discussions on literature should be seized. A dictionary of literary terms ought to be consulted for detailed definitions of the terms image, metaphor, simile. (Concise information on these terms in English can be found in M. H.

Abrams, *A Glossary of Literary Terms*, New York, 1981.)
Reviewing scene I, 3 as a whole by way of conclusion once again reveals Shakespeare's mastery in introducing his characters: the viewer's perspective focusses more and more on Macbeth, a technique comparable to that of the 'zoom' in a modern film that ends in a close-up, but a technique as well that eminent German playwrights admired and imitated, as for instance Goethe did in his *Egmont*.

## Verlauf der Stunde

*1. Unterrichtsschritt:*
*Einstieg in die Stunde –*
*The witches' not clearly defined character*

Das erste Hören/Lesen von I, 3, ll. 39–89 erfolgt mit der Frage „What additional information about the witches do we get?", die das Thema der vorausgehenden Stunde wieder aufgreift und neue Informationen hinzufügt. Mittels der Leitfrage wird das erste Hören / Lesen vorstrukturiert. Diese didaktische Reduktion erlaubt es dem Schüler, sich auf einen wesentlichen Ausschnitt der Mitteilung zu konzentrieren; er muß aus der Fülle der Eindrücke gezielt auswählen, was wichtig ist, muß innerlich aktiv sein und kann nicht nur mechanisch zuhören / lesen.
Die beobachteten Einzelheiten werden danach im Unterrichtsgespräch in das Arbeitsblatt ergänzend eingetragen, das den Tafelanschrieb der 5. Stunde enthält und je rechts und links davon ein zusätzliches leeres Feld aufweist für die Arbeit im zweiten Unterrichtsschritt. Der zusammenfassende, interpretierende Rückblick auf alle gesammelten Informationen – „Can you now answer the question whether the witches are supernatural or human beings or apparitions only?" – ruft das Ergebnis der letzten Stunde noch einmal ins Gedächtnis: Shakespeare legt sich nicht fest, er schreibt uns nicht vor, wie wir die Hexen zu deuten haben. Auf dieser Einsicht baut der nächste Unterrichtsschritt unmittelbar auf.

*2. Unterrichtsschritt:*
*Arbeitsteiliges selektives Hören –*
*Macbeth's and Banquo's differing attitudes towards the witches*

Wenn sich die Gruppe während des Stillesens oder beim zweiten Hören klarmacht, daß Macbeth und Banquo in den Hexen jeweils selektiv die Eigenschaften erkennen, die ihrer eigenen Wesensart entsprechen, verengt und präzisiert sich dabei für sie Shakespeares offene Darstellung der Hexen auf sinnvolle Weise. Der Schüler vollzieht, indem er sich näher mit Macbeth bzw. Banquo und deren jeweiligem Verhalten den Hexen gegenüber beschäftigt, Shakespeares kunstvolle Art der indirekten Charakterisierung eigentätig nach. Er erfährt dabei nicht nur mehr über die Hexen, sondern versetzt sich im Sinne der aufführungsbezogenen Interpretation in eine der beiden auftretenden Figuren, die dadurch für ihn als Persönlichkeit deutlichere Umrisse annimmt.
An die Phase des Sammelns kann sich eine solche des Ergänzens und Ordnens der Eindrücke in Gruppenarbeit anschließen, ehe im Plenum der Austausch der Informationen und deren endgültiger Eintrag in die Spalten „*Macbeth*" und „*Banquo*" des Arbeitsblattes erfolgt. Als Einstieg in die folgende Deutung der Beobachtungen zu Macbeth und Banquo mag die Frage dienen, warum auf dem Arbeitsblatt das Feld für die Einträge zu Macbeth „next to the column summarizing the witches' supernatural character", das für Banquo „to the right of the column that tells us something about the witches as apparitions" zu finden ist. Die anschauliche Anordnung der Arbeitsergebnisse im Arbeitsblatt erleichtert es dem Schüler, nun selbständig zusammenfassend zu erkennen, daß Macbeth irrational auf die Hexen reagiert, die für ihn

deshalb den Charakter von Schicksalskräften annehmen. Er vertraut ihren Prophezeiungen und will mehr darüber wissen. Banquo dagegen verhält sich rational distanziert – für ihn sind die Hexen häßliche alte Frauen oder Ausgeburten der Phantasie und damit ohne große Macht und Bedeutung. Auch die nächste Stufe der Abstraktion bereitet kaum Schwierigkeiten. Wie von selbst ergibt sich aus dem wertenden Überblick über die Detailbeobachtungen, daß Macbeths Einstellung uns heute meist fremd, ‚mittelalterlich‘ erscheint, während wir uns mit Banquos Art, die Hexen skeptisch zu beurteilen, identifizieren und sie ‚modern‘ finden.

Ein abschließender Satz des Lehrers macht auf Shakespeares Kunst der Menschendarstellung aufmerksam: Wie wir durch unser Verhalten im täglichen Leben zu erkennen geben, wes Geistes Kind wir sind, so charakterisiert Shakespeare seine Figuren indirekt. Er benützt die literarischen Mittel der realistischen Menschengestaltung.

*3. Unterrichtsschritt:*
*Detailanalyse – A comparison of*
*Macbeth and Banquo*

Die sprachliche Detailanalyse schließt inhaltlich unmittelbar an das Vorausgehende an. Sie lenkt die Aufmerksamkeit darauf, wie Shakespeare die Sprache seiner dramatis personae, deren bewußte oder unbewußte Teilhabe an einem Geflecht von Anspielungen und „image clusters“, zur indirekten Selbstcharakterisierung nützt. Auf einer vorbereiteten Folie sind die folgenden drei Stellen aufgelistet:

I, 1, l. 12: Fair is foul, and foul is fair: (the witches)
I, 3, l. 39: So foul and fair a day I have not seen. (Macbeth)
I, 3, l. 52f.: Good sir, why do you start, and seem to fear, Things that do sound so fair? (Banquo)

Die verbalen Übereinstimmungen werden, farbig unterstrichen, auf anschauliche Weise deutlich. Ein kurzer Hinweis des Lehrers auf Shakespeares Kunst, sprachliche und bildliche Überstrukturen in seinen Werken zu schaffen, sensibilisiert den Schüler dafür, allmählich von sich aus auf diese subtile Dimension der Bedeutung zu achten und sie auszuwerten. Er lernt, daß hier der Autor spricht, der seine Einzelfiguren in größere, sie übersteigende Zusammenhänge einfügt: Die Anspielungen in l. 39 und ll. 52f. auf I, 1, l. 12 charakterisieren Macbeths und Banquos Haltung zu den Hexen und lassen das Hauptthema des Werkes – die Verwirrung von Gut und Böse und deren Polarisierung – anklingen. Die kommenden Entwicklungen deuten sich bereits an.

Ll. 80f. und ll. 82f. bilden ein Beispiel für Shakespeares Sprachkunst: Banquo und Macbeth sagen mittels des Bildes Wesentliches über die Hexen aus und stellen sich zugleich dadurch selbst dar.

Wenn notwendig, nimmt der Lehrer dann die Analyse von ll. 80f. und ll. 82f. und ihrer Bildlichkeit zum Anlaß, die Begriffe „simile – metaphor – image / imagery / image cluster“ zu klären. Sie sind Teil des Besprechungswortschatzes, der im Interpretationsgespräch immer wieder gebraucht wird.

*4. Unterrichtsschritt:*
*Zusammenschau im ungelenkten*
*Lesen / Hören*

Da es sich im Vorausgehenden um zwar sehr wichtige, aber nur kurze Unterrichtsphasen handelt, ist zum Schluß der Stunde noch Zeit, die Szene I, 3, ll. 1–89 als ganzes und nun ungelenkt wirken zu lassen und zugleich die nächste Phase der Interpretation, die von ll. 90–159, mit dem ersten Hören / Lesen der Verse einzuleiten. In ihr fällt mit der Beantwortung der Frage „How does Macbeth behave when he realizes that part of the witches' prophecies has come true?“ der Blick voll auf die Titelfigur des Werkes (Hausaufgabe).

## 7. Stunde:
## Macbeth's increasing confusion:
## part of the prophecies comes true

## Notes on Interpretation

Shortly after the witches have vanished, Shakespeare sends the king's messengers to meet Macbeth and Banquo who, still very much puzzled, are teasing each other about their stupendous prospects. All the more stunning is the news that Macbeth has really been given the feudal title of Cawdor as a reward for his victory on the battlefield. He is invited to court where Duncan will bestow even greater honours on him. The two friends air their astonishment about the piece of news in the slightly embarrassed intimacy of an aside. Banquo finding his composure first, converses with the messengers while Macbeth is abstracted in his thoughts. Banquo notices it as before and as a good friend should, apologizes for Macbeth to the messengers; for Macbeth is breaking the rules of accepted courtly behaviour by isolating himself from their company. Admonished by Banquo, Macbeth therefore finds it necessary to invent the excuse that he had past events in mind. Thus the external action of this scene develops on two levels: first, there is the formal level on which the king's men deliver their message to the two successful vassal fighters and secondly there is the informal part in which Macbeth and Banquo discuss their strange experience with the witches. This latter part of the scene is so much at variance with the code of courtly behaviour that it must be kept secret, for it contains monstrous prospects for the future: unless Macbeth can consider himself a possible legal successor to the Scottish throne. (Holinshed suggests that much, but Shakespeare does not hint at it.) The four men leave together for Duncan's court and arrive at Forres in the following scene (I, 4).

Within this framework of action Macbeth's behaviour stands out by its lack of movement; he seems to be paralysed when confronted with the fact that the witches have told at least part of the truth. He stays behind when Banquo joins the messengers and in his first aside reveals how deeply his feelings are confused. Absenting himself consciously from their company, he then has to find a pretext for his impolite behaviour, before he resumes his role of grateful and responsible feudal baron, observing his duties towards his overlord, the king, and towards the men that serve him; he proceeds to Duncan's court and promises favours to the messengers who take him there. Thus his behaviour is like a symbolic presentation of his inner state of mind: just as he avoids the company of his fellows so his thoughts deviate from what he should think and from what he actually says; his thoughts and his words no longer converge. How much he is on his way towards being a 'split personality' becomes clear when we analyse his thoughts as revealed in his first aside, ll. 128–143. He definitely believes in the prophecies, but he is sincerely confused about their moral message: on the one hand he feels that since they are beginning to come true, they "cannot be ill"; on the other hand the prophecy left to be fulfilled – namely that he will become King of Scotland – makes him think of the most awful way of implementing it. He therefore feels utterly distracted and terrified and foresees even greater problems. The Macbeth only recently described as a tough and robust warrior who does not shrink from committing atrocious acts of cruelty, is here set off against a Macbeth shaking with fear and horror at the mere thought of regicide. This proves how deeply Macbeth is upset and simultaneously illustrates the enormity of the regicide he is considering. He realizes himself that this thought is overwhelming him. Banquo notices that he is "rapt" (l. 144) in terms that remind us of his earlier observations (I, 3, l. 58), raising the suspicion that Macbeth may have been brooding over the same thought before and perhaps because of that may not have heeded Banquo's warnings (cf. ll. 85 f., 124–127). Macbeth's decision eventually to bridle his thoughts and entrust his future career to "chance" (l. 145) does not solve his moral conflict. Banquo rightly attributes Macbeth's "absentmindedness" to the unexpected honours that are bestowed on him but does he also see the true abyss of Macbeth's thoughts? A paraphrase of Macbeth's monologue would have to try to put this insight into words without being afraid of expanding Shakespeare's very concise verse.

It might run as follows:

The witches in two instances have now proved truthful. These two truths are like two steps on the way to the ultimate goal, the throne of Scotland. – Thank you, gentlemen. – This nudge from the supernatural powers can neither be bad nor good. For if bad – why has it commenced by telling me the truth and giving me a foretaste of success? I am Thane of Cawdor. If good, why do such terrible thoughts come to my mind and create visions that make my hair stand on end and my heart beat so violently and unnaturally? The fears that are roused by terrible visions are worse than those arising in dangerous situations. My thoughts of murdering the king, though they are thoughts only, make me shake all over and unable to act just as if I were paralysed. The world around me becomes unimportant, it recedes and the imagined reality becomes all-important.

Revising what we have got to know about Macbeth and Banquo in I, 3, the following items should be mentioned:

– Macbeth and Banquo are introduced to us as fellow warriors and friends.
– They share a strange experience, air their surprise to each other when the prophecies turn out to be true, trusting each other up to a point.
– In their reactions to the witches and their prophecies coming true they are opposed in character: Macbeth reacts in an exclusively emotional way, being confused by what happens. – Banquo shows scepticism

and remains detached, he openly criticizes and warns Macbeth of the dangers his credulity could bring.
– As a good friend Banquo makes excuses for Macbeth and helps him to keep his countenance before the messengers.
– Macbeth is superior to Banquo in social rank and seems favoured by the witches' prophecies. But Banquo clearly emerges as the morally superior.

## Verlauf der Stunde

*1. Unterrichtsschritt:*
*Auffrischen des Grobverständnisses –*
*Part of the witches' prophecies*
*comes true*

Am Beginn der Stunde steht der Überblick über die äußeren Ereignisse des Auftritts I, 3, ll. 90–159. Der Rahmen für die Arbeitsvorhaben der folgenden Schritte wird gesteckt, die sich zunehmend auf Macbeths Gedankenwelt konzentrieren. Der Schüler wird auf die Doppelbödigkeit der äußeren Handlung, auf die Divergenz zwischen den Äußerungen in den „asides" und im offiziellen Gespräch aufmerksam.

*2. Unterrichtsschritt:*
*Schülervortrag und Diskussion –*
*Macbeth's behaviour*

In den eben gesteckten Rahmen wird als erstes die Hausaufgabe (Macbeths Reaktion auf die eingetroffene Prophezeiung) eingebettet. Der Schüler sollte sie möglichst nicht vorlesen, sondern frei vortragen, um das Interpretationsgespräch anzuregen, Ergänzungen und Korrekturen der Mitschüler herauszufordern und zwanglos in seine Leistungen zu integrieren. Das gemeinsame Bemühen um das Textverständnis steht im Mittelpunkt, der Lehrer tritt zurück. Er muß jedoch darauf achten, daß die Schüler ihre Äußerungen jeweils mit Textstellen belegen und sich so beim Interpretieren Präzision und Werktreue angewöhnen.

### 3. und 4. Unterrichtsschritt:
### Macbeths erster Monolog, Analyse und Übertragung in modernes Englisch – Macbeth's profound confusion

In seinem Monolog charakterisiert sich Macbeth zum ersten Mal direkt. Die Zeilen 128–143 stellen an den Schüler besondere sprachliche und inhaltliche Anforderungen, da sie voller Andeutungen sind, die er ohne Hilfe nicht versteht. Deshalb wird die inhaltliche Aussage zunächst in einer Stillphase mittels der Anmerkungen im Buch erarbeitet, hernach aber im Unterrichtsgespräch unter Anleitung des Lehrers berichtigt und vertieft. Bei der anschließenden Übertragung des Monologs in modernes Englisch geht es nicht nur darum, für das Erarbeitete den angemessenen sprachlichen Ausdruck zu finden. Die intensive Auseinandersetzung mit der vorliegenden Stelle führt auch zu einer genaueren Kenntnis der Sprache Shakespeares insgesamt. Weiterhin vollzieht der Schüler Shakespeares dramatische Kunst nach, Höhepunkte zu schaffen: Auf die indirekte Charakterisierung der vorausgehenden Szenen folgt hier das erste „aside", in dem sich Macbeth selbst direkt charakterisiert. Sein innerer Spannungszustand und seine Zerrissenheit werden deutlich. Das Publikum tritt in eine engere Beziehung zu Macbeth als je zuvor.

Die Übertragung in modernes Englisch kann im Anschluß mit einer dichterischen bzw. professionellen Übersetzung ins Deutsche – z. B. der von D. Tieck oder B. Rojahn-Deyk – verglichen werden, wenn Zeit und Interesse vorhanden sind. Der Schüler wird dadurch auf die Probleme des Übertragens von Texten aufmerksam.

Die Analyse von Macbeths Gedankenwelt (3. Unterrichtsschritt) kann in einem Tafelanschrieb und Hefteintrag festgehalten werden (vgl. Ergebnisspalte im Stundenblatt); sie geht in die Übertragung des Monologs in modernes Englisch ein.

### Hausaufgabe:

Die Hausaufgabe faßt die Ergebnisse der 6. und 7. Stunde zusammen. Sie konzentriert sich auf die äußere Handlung, um auf die Vorgänge der folgenden Szene überzuleiten.

## Didaktische Vorbemerkungen zur 8.–10. Stunde

Die Stunden 8–10 beschäftigen sich mit der Szene I, 4. Macbeth erscheint vor Duncan bei Hofe und sieht sich durch Malcolms Ernennung zu Duncans Nachfolger mit der Unmöglichkeit konfrontiert, auf legalem Weg König von Schottland zu werden. Die Anlage der Stunden verfolgt das Ziel, die aufführungsbezogene Analyse der Szene mit der Erziehung des Schülers zum bewußteren, selbständigeren Lesen zu verbinden.

Im aufführungsbezogenen Vorgehen untersuchen wir die Ereignisse zunächst aus der Sicht des Macbeth (8. Stunde), dann aus der Duncans (9. Stunde). Macbeths korrektes Verhalten auf der Bühne des Hofes lassen wir wie der Zuschauer auf uns wirken, bis es durch den abschließenden Monolog als Schein entlarvt wird. Wir vollziehen die kunstvolle Relativierung der indirekten durch die direkte Charakterisierung nach und versuchen, die emotionale Wirkung auf den Zuschauer an uns selbst zu analysieren. Die Doppelbödigkeit von Macbeths Verhalten, die im folgenden immer stärker hervortritt, bewirkt zum ersten Mal, daß unsere Sympathie sich von ihm abwendet und dafür Duncan zufällt. Beim abschließenden Hören oder lauten Lesen der Szene (9. Stunde) steht der Versuch im Mittelpunkt, diesen falschen höfischen Schein zu erfahren oder vielleicht sogar selbst darzustellen. Wahrscheinlich werden wir davon unbefriedigt bleiben, weil wir als potentielle Zuschauer weiterhin vor dem Problem stehen, wie wir Macbeths Verhalten zu deuten haben: ob er vor Duncan Loyalität heuchelt oder mit der Ernennung Malcolms ein Gesinnungswandel in ihm stattfindet. Wir suchen nach einer Verständnishilfe, die Shakespeare uns mit Zeile 11 f. und dem Rückverweis auf I, 2 (ll. 52–58) gibt.

Die Deutung dieses Beispiels für dramatische Ironie verweist den Schüler als Leser auf die Notwendigkeit, Vor- und Rückverweise im Text, d. h. Anspielungen, zu erkennen und als Aussagen Shakespeares zur Interpretation auszuwerten. Er ist aufgefordert, den Text nicht zu ‚konsumieren‘, sondern selbständig mitzudenken, während er liest. Um ihn zum kritischen Leser zu erziehen, wird er aufgefordert, Hypothesen zu Macbeths Verhalten aufzustellen und sie am Text zu überprüfen (8. Stunde). Auf diese Weise analysiert er den Text mit seiner eigenen – und nicht des Lehrers – Fragestellung. Er erkennt so den scheinbaren Widersinn in Macbeths Verhalten, den der Schrecken beim Gedanken an den Königsmord überwältigt, obgleich er als Krieger auf dem Schlachtfeld bedenkenlos und grausam tötet; er muß nach einer Lösung für das offene Problem suchen, die er sich mit der Darstellung Duncans als vorbildlichem König im Drama und mit Hilfe von Zusatztexten erarbeitet (9. und 10. Stunde). Der Lehrer hilft, Problemstellung und Lösung zu finden, indem er u. a. die Aufgaben und Zusatztexte bereitstellt. Der Schüler erreicht dabei einen höheren Grad an Selbständigkeit als bisher, muß aber deshalb um so strenger daran erinnert werden, daß er seine Meinung in Diskussion und Hausaufgabe zu belegen hat; denn Werktreue und genaues Lesen sind die notwendigen Korrektive zur kritischen Lesehaltung.

Auch die jeweilige Hausaufgabe stellt jetzt vor höhere Anforderungen: Der Schüler muß mehrere Szenen zusammenschauen (8. Stunde) bzw. sich zum ersten Mal eine Szene selbständig erarbeiten (10. Stunde). Wenn wir lediglich ein Minimalprogramm zu *Macbeth* durchführen, geht dies bei den Stunden 8–10 vor allem auf Kosten des schülerzentrierten Unterrichts: Die 8. Stunde wird mit der 7. Stunde zusammengefaßt (vgl. didaktische Vorbemerkungen, 7. Stunde); die Hausaufgabe der 9. wird bereits in der 8. Stunde gestellt, so daß die Erörterung der Darstellung Duncans auf die Aussagen der Zusatztexte zurückgreifen kann. Eine durchschnittliche Schülergruppe wird davon überfordert sein, so daß der Lehrer referierend in den Mittelpunkt des Unterrichts rückt.

## 8. Stunde:
## Macbeth's double role at court: the loyal vassal and the potential regicide

### Notes on Interpretation

Reviewing Macbeth and Banquo as knights and personalities (homework) leaves us with the clear impression that Banquo is the better man, Macbeth the more successful and honoured warrior of the two. The question now naturally arises of how he is going to live with his secret ambitions. Shakespeare wants his audience to form a hypothesis as to how Macbeth is going to behave at court. This dramatic technique is one of many which foster interest and suspense in the audience. Four hypothetical answers come to our minds; (a) Macbeth can have overcome his ambitious thoughts (cf. I, 3, l. 145 f.) and will act sincerely as the good vassal. (b) If he, however, still goes on scheming as a potential rebellious baron, he will try to hide his true thoughts and either act his role as a good vassal only self-consciously or (c) as a perfect dissembler who does not give himself away. (d) If he leaves it to chance whether his ambitions will come true, his guilty conscience may still show, possibly through his overacting the role of obedient and subservient vassal; knowing the plot of the play we can eliminate the likelihood that Macbeth will defy the king openly.

Approaching I, 4 with these hypotheses in mind, let us concentrate on Macbeth. Being honoured greatly by the king's kind words (ll. 14–21) Macbeth answers as the perfect vassal, modestly pledging his loyalty to his overlord in whose service he spends his life (ll. 22–27). The king rewards this attitude with promises of more largesse (ll. 27 ff.). Duncan in his high spirits then promotes his son Malcolm to be his successor to the throne and immediately after this bestows the next great honour on Macbeth: he will be his guest at his castle at Inverness (ll. 33–43). Macbeth professes his gratitude and wants to ride in advance to prepare for the king's arrival (ll. 44–47). Not even a shadow of a doubt is cast upon Macbeth's loyalty. It is only when he stops on his way out to reveal his thoughts, that the audience becomes aware of the second level of meaning. Macbeth takes up Duncan's image of the stars and gives it an entirely different meaning (cf. ll. 41 and 50) – generous Duncan wants to convey honours like shining stars to his men; Macbeth addresses the real stars asking them to extinguish their lights as the thought of regicide wells up in him again. Shakespeare here once more (cf. I, 2) sets Duncan off against Macbeth. The message of Macbeth's aside comes as a surprise; if we took Macbeth's polite obeisance to be genuine we now have to think again: has Macbeth only feigned obedience and gratitude? Or has Malcolm's promotion simply reminded him of his dubious hopes and smashed them so that he now thinks even more intensely of an evil way of realizing his wishes? There is no definite answer possible.

Looking for help the reader pores over ll. 11–14: Duncan deplores his own credulity – he had trusted a man who only seemed loyal and whom he then had to sentence to death as a traitor (ll. 1–11). However, the lines sound as if Duncan is describing his present relationship to Macbeth whom he trusts entirely, since the audience knows of Macbeth's evil thoughts of treachery. As the late Cawdor was called Macbeth's equal before (I, 2, 56 ff.), we equate the two situations. Shakespeare, once again using the device of objective irony, wants us to realize that Macbeth is insincere and not to be trusted.

But why does he tell us so late? The playwright has put us in the same position as Duncan. We now realize that our perspective has shifted. We no longer look at Macbeth but identify with Duncan and feel the burden of his office which creates hypocrisy and falseness in courtiers who bow where they intend to kill. The feudal world only seems to be in order; in reality its peace and harmony are at stake. We want to think through the scene again in order to find out how Macbeth manages to deceive Duncan and us so completely and agree with the king that "there's no art to find the mind's construction in the face" (ll. 11f.). Possibly Macbeth uses words which are just too elegant to be trusted when describing his feudal obedience especially if we compare them with Banquo's curtness. Shakespeare makes most effective use of the technique of characterization through action – Macbeth's behaviour at court – and characterization through speech – Macbeth's verbal comment on himself – contrasting their results. From I, 3 on there are therefore two levels of action, an internal and an external one, that do not coincide and this discrepancy will become more and more obvious as the play moves on.

Finally, by placing the climax of the scene – Malcolm's proclamation as the future king – immediately next to the revelation of Macbeth's sinister thoughts, Shakespeare rouses even stronger emotions of fear and anger in us which turn against Macbeth, thus setting off the process of tragic catharsis.

When characterizing Duncan as a model king, the following items must be mentioned (homework):

- Duncan seeks the company of his vassals; he keeps court and invites Macbeth and Banquo, considering their welfare
- he wages war only in order to create peace and to defend his country against invaders and rebels and hails victory
- he rewards valour liberally – Macbeth is promoted Thane of Cawdor
- he looks after his warriors when they are wounded
- he honours Macbeth further by visiting his castle and entrusting his personal safety to his care
- he provides for his country well in advance, pronouncing Malcolm his successor to the throne in his own lifetime

## Verlauf der Stunde

*1. Unterrichtsschritt:*
*Aufbau einer Erwartungshaltung –*
*Macbeth's possible behaviour*

Die Besprechung der Hausaufgabe – „Characterize Macbeth and Banquo as friends and fellow knights" – frischt die Erinnerung an Macbeths inneren Konflikt (I, 3) auf und führt somit auf das Thema der vorliegenden Stunde hin, nämlich auf Macbeths doppelte Rolle als getreuer Vassal und potentieller Königsmörder. Obwohl sich die Doppelbödigkeit des Geschehens erst am Schluß der Szene zeigt (ll. 48–53), unterliegt sie der ganzen Handlung und wird später im Stück zunehmend wichtiger. Der erste Unterrichtsschritt weist den Schüler mit der Aufforderung zur Hypothesenbildung – „How can Macbeth behave now that he meets Duncan

at court?" – darauf hin, auf daß er sich die verschiedenen Bedeutungsebenen in Zukunft selbst erarbeite. Zugleich dringt er tiefer in die Struktur des ganzen Dramas ein. Er wird zu aktiverem Leseverhalten angeregt, da er bei der ersten Begegnung mit dem Text auf die Verifizierung oder Falsifikation der Hypothesen achtet. Die möglichen Verhaltensweisen Macbeths bei Hof werden an der Tafel (vgl. Stundenblatt) festgehalten, damit sie beim Hören / Lesen des Textes das Problembewußtsein wachhalten.

*2. Unterrichtsschritt:*
*Präsentation von I, 4 –*
*Macbeth's behaviour at court*

Die Leitfrage zum ersten Hören / Lesen von I, 4 – „Does Macbeth act in a sincere or in an insincere way?" – ergibt sich aus der Zusammenfassung der Hypothesen über Macbeths Verhalten im 1. Unterrichtsschritt. Der Schüler hat sie sich also diesmal selbst erarbeitet. Auf diese Weise lernt er, bewußter zu lesen, selbständig nach Fragestellungen zu suchen, mit denen er sich einen neuen Text aneignet. Um die Frage zu beantworten, muß er sich die ganze Szene vergegenwärtigen. Die Diskussion, die auf das Hören folgt, wird deshalb eine Inhaltsangabe einschließen. Da eine eindeutige Lösung des Problems nicht möglich ist, lernt der Schüler eine gewisse Offenheit zu ertragen, die Spannung und den Wunsch aufbaut, mehr zu erfahren.

*3. Unterrichtsschritt:*
*Detailanalyse – Dramatic irony*

Es ergibt sich die Notwendigkeit, nach weiteren Informationen zu suchen. Der Schüler sollte möglichst selbst die Schritte zur Klärung vorschlagen. Die Frage – „Does Shakespeare give us a hint?" – stellt der Lehrer erst, wenn die Schüler I, 3, ll. 11–14 nicht nennen. Er erinnert dabei an I, 2, ll. 52–58 und an den Einsatz von „dramatic irony", um dem

Publikum Hinweise zu geben, die die dramatis personae selbst nicht erfassen (vgl. 4. Stde.). Wir begegnen damit erneut Shakespeares Technik, durch Anspielungen innerhalb desselben Werkes, durch Rück- und Vorverweise, das dramatische Geschehen für das Publikum zu strukturieren. Es entsteht eine übergreifende Dimension der Bedeutung, die der Schüler allmählich selbst zu benutzen lernt, ein wichtiger Schritt auf dem Weg zur Selbständigkeit im Lesen.

*4. Unterrichtsschritt:*
*Das Verhältnis von indirekter und*
*direkter Charakterisierung –*
*Stimulating the audience*

Bislang ging die Besprechung von I, 4 nur implizit auf formale Aspekte ein. In der folgenden Analyse wird sich der Schüler explizit bewußt, daß auch die Form zur inhaltlichen Aussage des Werkes beiträgt. Das Hauptbeispiel dafür ist hier das Verhältnis von indirekter und direkter Charakterisierung. Die Funktion des „aside" im Rückblick auf die ganze Szene steht im Mittelpunkt der Betrachtung: Macbeths vollkommen angemessenes Verhalten bei Hof kann der Zuschauer / Leser erst im nachhinein skeptisch beurteilen, nämlich wenn er ll. 48–53, Macbeths kurzen Monolog, zur Kenntnis nimmt. Während sich Macbeth indirekt als zuverlässiger, ergebener Vassall charakterisiert, reißen seine Gedanken – in direkter Charakterisierung – einen Abgrund auf.

*Hausaufgabe:*

Die Hausaufgabe – „Characterize Duncan as a king" – arbeitet den Teil der Szene auf, der bislang noch nicht analysiert worden ist, und leitet zur folgenden Stunde über. I, 2 und I, 4 müssen zusammen betrachtet werden, wenn wir Duncan in seiner Rolle als König erfassen wollen. Der Schüler darf einmal gelesene Szenen nicht einfach abhaken, sondern muß stetig auf sie zurückgreifen können.

## 9. Stunde:
## Regicide creating universal chaos; Duncan as a good king

### Notes on Interpretation

Once Macbeth has been recognized as a great dissembler, we still have to analyse in detail how regicide appears to him in his thoughts. In both instances, when he ponders over regicide (I, 3, ll. 128–143; I, 4, ll. 50–53) he considers it a most heinous crime. In I, 3 it still remains a vague idea, but all the more frightening; in I, 4 he conveys its terrible nature most graphically: he looks for absolute darkness to hide his thoughts of it, implicitly thereby invoking cosmic disorder, psychological derangement, and physical disablement upon himself. He knows regicide is so horrible an act that he may not be able to bear it, as "the eye fears to see it when it is done." And yet he wishes for it to happen. Regicide thus appears to Macbeth and his audience as an immense crime, at odds in every respect with the world of courtliness, as black as a starless universe (in the eyes of someone who does not know the blessings of electricity). In short, Macbeth implicitly tells us that regicide creates universal chaos.

Once regicide has been seen in these dimensions it becomes clear why Macbeth reacts in the way he does: the enormity of the mere thought of it makes the warrior tremble with fear (I, 3), it unnerves him completely. He abhors his wishes and yet seems more set on planning the deed than before, invoking upon himself – should he commit this crime – a state of utter self-estrangement and psychotic confusion. For the first time Macbeth here reveals to us his real stature, his special kind of greatness: namely that extraordinary degree of clear-sightedness when confronted with the moral abyss in which he will plunge, his full awareness of its destructive influence on himself and nevertheless his unwillingness to change his course of action or to check himself. Perhaps in order to emphasize the importance of these lines (ll. 48–53) Shakespeare uses rhyme here. Here and throughout the play Macbeth employs the most poetical images and metaphors, so that his audience cannot help admiring the negative greatness of his soul and recoils from his terrible offence.

To the modern reader / audience it remains an enigma why Macbeth finds regicide such a horrible crime while he obviously does not mind killing in the battlefield. Shakespeare's contemporary audience was still well acquainted with the feudal background and ideas that underlie *Macbeth*. To them regicide was the worst form of terrorism, though the term is, of course, an anachronism, assuming that the king was a good monarch. In contrast to Shakespeare's contemporaries, we modern republicans hardly notice the clues that the playwright gives us as to what qualities are characteristic of good King Duncan (cf. homework, 8. Stunde). However, Shakespeare's original audience – possibly courtiers – still knew what it implies when Macbeth considers killing such an excellent king as Duncan. The modern reader, alas, needs some additional information in order to understand the full enormity of the criminal act of regicide and consequently the depth of Macbeth's problems that eventually lead him and his wife to mental and physical destruction.

## Verlauf der Stunde

*1. Unterrichtsschritt:*
*Arbeitsteilige Stillphase –*
*Regicide creating universal chaos*

Die Stunde beginnt mit einer Stillphase, in der der Schüler sich noch einmal in Einzelarbeit in die zwei Stellen vertieft – und sie mit Hilfe des Hefteintrags der 7. Stunde und der Anmerkungen in seiner Textausgabe im Detail zu verstehen sucht –, in denen sich Macbeth mit dem Königsmord befaßt (I, 3, ll. 128–143; I, 4, ll. 50–53). Die Aufgabe B), arbeitsteilig gestellt, hat ein höheres Anspruchsniveau als A); aber der Unterschied läßt sich in der folgenden Besprechung ausgleichen.

*2. Unterrichtsschritt:*
*Zusammenschau von I, 2 und I, 4 –*
*Duncan as a good king*

Im Anschluß daran finden die Schüler entweder selbst die weiterführende Frage, oder der Lehrer äußert sie als Stimulus für die folgende Phase: „Why does Macbeth, used to killing in the battlefield as he is, consider killing the king to be such an enormous crime?" Die interessierten Schüler werden das staatspolitische Gewicht dieser Frage leicht erkennen. Vortrag und Besprechung der Hausaufgabe stellen einen ersten Schritt in Richtung auf die Beantwortung der Frage dar. Die Gruppe hilft die in der Hausaufgabe zusammengetragenen charakteristischen Eigenschaften des guten Königs zu ergänzen und zu belegen.

Auf einen extensiven Tafelanschrieb wird in der vorliegenden Stunde verzichtet, nicht nur um des methodischen Wechsels willen, sondern weil der Schüler lernen muß, sich selbständig Notizen zu machen und seine Hausaufgabe um das zu ergänzen, was bei der Besprechung neu hinzukommt, um so seine eigene Leistung richtig einzuschätzen. Dies setzt innere Aktivität und sprachliche Wendigkeit voraus und leitet zum selbständigen Lernen an.

**I.** The state exists for the good of the individuals, and not conversely. It is in the light of this principle that all the problems, which the study of state organization raises, are solved; and, as thinkers are agreed on the principle, so they will be agreed also upon the majority of solutions which issue from it, by way of application or of corollary. These problems can all be arranged under some aspect of the notion of sovereignty or power. No social life is possible, – whether in the family, the village community, the state, the monastery, the parish, the diocese, the universal Church – unless there exists an authority to which the members owe obedience.

**II.** Whence comes sovereignty, this superiority of one man, who rules over his fellow men? Like their predecessors of the preceding centuries, the thirteenth-century philosophers answer: All power comes from God. And their reasoning is as follows. The entire universe is under a providential plan; it is governed by an eternal law (*lex aeterna*), which is nothing but the order of things, the sum of relations which result from the nature of beings. To realize his end as a rational being, and to attain to his happiness, is man's unique part in cooperating with the universal cosmic finality ordained by God. It must therefore be, in the final analysis, a divine delegation, a command according to which the rulers carry out those necessary functions which will enable the individual members to occupy their assigned places in the divine economy.

**III.** The *bonum commune* to be established and maintained by the government is based upon a splendid conception of solidarity: every good and virtuous act performed by the individual man is capable of benefitting the community, – the community in which he has membership, as a part of the whole. Hence it follows that, in the state, the individual good can be referred always to the common welfare: the scholar who studies and teaches, the monk who prays and preaches, these render service to the community as much as do the artisan and the farmer and the common laborer. Thomas Aquinas expressly teaches that every virtuous action (in the realm of nature or of grace) can enter into the constitution of general or legal justice (*justitia generalis vel legalis*); for virtue here adjusts, with an eye to the common welfare, the relations of order maintaining in the conduct of the various members of the community.

From: De Wulf, *Philosophy and Civilization in the Middle-Ages,* pp. 241 ff.

**IV.** Monarchy is a form of government in which one person is the sovereign. The word derives from the Greek *monarchia,* the rule of one. The Greeks, however, distinguished the legitimate one-man government of monarchy from the illegitimate one-man dictatorship of despotism or tyranny. In the latter system the ruler rules in his own interest rather than in that of the governed. In a monarchy in its pure (and original) form, the ruler combined in his person the supreme authority and power in legislation as well as in administration and adjudication. In later stages of evolution, the monarch frequently still retained his position as the supreme lawgiver, but handed over the judicial and administrative functions to specialized agencies, generally subordinate to him. Above all, the monarch was originally, and long remained, the commander in chief of his nation's armed forces.

From: *Encyclopaedia Americana*

Wenn Zeit bleibt, kann die Szene I, 4 zum Abschluß noch einmal als ganzes gehört bzw. laut gelesen werden. Dabei achten wir besonders auf Macbeths Verstellungskünste: „Does Macbeth give himself away to somebody who knows him? May Banquo suspect him even more now than he did in I, 3?" Fragen dieser Art bieten sich als Vorgabe zum letzten Hören / Lesen an.

Alternativ können die verbleibenden Minuten am Ende der Stunde auch darauf verwendet werden, dem Schüler das Einlesen in die Zusatztexte (vgl. S. 60) zu erleichtern, einige wichtige Begriffe (z. B.: *sovereignty, authority; providential/providence, finality, delegation, economy; bonum commune, solidarity, virtue; legitimate, tyranny, adjudication, judicial)* im voraus zu klären. Die Motivation für die Lektüre der Texte an dieser Stelle ist aufgebaut; denn sie beantwortet die Frage, warum der Königsmord in Macbeths Augen ein solch unvergleichlich großes Verbrechen ist.

*Hausaufgabe:*

Was die Hausaufgabe arbeitsteilig an Material bereitstellt, geht in den Tafelanschrieb der folgenden Stunde ein. Sie ist anspruchsvoll, der Lehrer muß sich dessen bewußt sein. Seine Minimalforderung in der 10. Stunde ist es deshalb, daß der Schüler mit dem einsprachigen Wörterbuch alles sprachlich Unbekannte nachgeschlagen hat. Der erste und dritte Textabschnitt eignen sich auch als Übersetzungsübung.

## 10. Stunde:
## The king in medieval society and the position of regicide

### Notes on Interpretation

Macbeth's wish to gain the Scottish throne has grown, as the comparison of I, 3, l. 145 and I, 4, ll. 50–53 shows. This implies that he is becoming more and more obsessed with the thought of regicide. He has become more of a 'split personality' than he was in I, 3. To himself he now makes no bones about wanting to become king and has to consider killing Duncan in order to make his wish come true (cf. I, 4, ll. 48–53). Simultaneously he shrinks from it with the same horror as in I, 3, now even finding appropriate words to describe the confusion that for him is implied in committing regicide (I, 4, ll. 52 f.). An explanation is needed for the inconsistency of his behaviour; it must be found before his wife accuses him of a lack of manliness in scene I, 5, so that Macbeth does not appear in the wrong for no reason. The true substance of Macbeth's doubts and hesitations must furthermore be made clear, so that the modern reader can experience Macbeth's true tragedy of self-estrangement and self-destruction and Lady Macbeth's psychological illness appears to him in the appropriate light. The analysis of the additonal texts supplies this information. It should show that the good king traditionally was considered God's representative on earth and in Christian society was sacrosanct. His powers therefore were supreme in all spheres of society. But the monarch's superior position implied as well that he was a model of virtue; for the king's office guaranteed the application of God's law which itself was part of a universal divine order, often called "the chain of being" (Gradualismus). However, as a moral being, the king was on the same footing as everybody else.

To sum up, the king symbolizes God's presence on earth, but he only fulfills this task if he is a saint and excels in the moral field as a paragon of Christian and feudal virtue. King Duncan is such a king. Killing him therefore is an act that virtually creates chaos as it upsets the divine order and interrupts the 'chain of being'. This insight at last makes Macbeth's fears utterly plausible, he rightly visualizes his own destruction when he plans to usurp the king's position. The intensity of Macbeth's inner conflict appears now to be appropriate.

The additional material should be used as well to illustrate that the system as sketched above contained the roots of its own failure. The monarch on the one hand invested with supreme power was only the 'primus inter pares' in the moral field, in no way above the moral law. He was expected to be a saint, free of all temptation to abuse his powers for selfish ends, serving the common good only. Duncan therefore has no flaws. We might not be able to feel with him did he not have that charming weakness of trusting his men too much.

Applying this insight to the play a most telling departure from the system sketched above becomes apparent: Shakespeare makes Duncan punish the rebels unquestioningly (I, 2 and 4); the late Cawdor was put to death, and was publicly dispossessed; Macbeth is being made Thane of Cawdor – and deserves it for the time being for his success in the field and for upholding the social order. Shakespeare on the other hand, does not go on to treat Macbeth, the potential regicide, in the same ignoble way as Cawdor. Before Macbeth dies fighting he is the centre of interest in the play, his words excel in noble and poetic imagery, his brilliant reasoning in his frequent and long monologues allow us to take part in the immense moral conflict and stupendous psychological suffering that eventually destroy him. Shakespeare shows us the regicide Macbeth as a great human being who has left the path of virtue: he was interested in the psychological implications of crime at its worst. Thus his world picture and his humanity differ vastly from the medieval ones.

The students' homework is not set to give an ultimate answer to the problem of whether Macbeth's catastrophe can still be avoided, but to make the young reader think about the issue. If his answer is negative, he should point to the witches and the inescapable charm they cast over Macbeth, all the more so as he willingly co-operates, giving in to his evil thoughts. The answer can be positive as well, if Macbeth gets enough help to rid himself of the fascination of evil and overcomes his moral conflict, restraining his thoughts and wishes; in short, if he finds someone who criticizes him and whose criticism he can take. These hypothetical arguments then form the direct link with the following scenes and the encounters between Macbeth and his wife, Lady Macbeth (I, 5 and 7).

## Verlauf der Stunde

*1. Unterrichtsschritt:*
*Stimulus zur Arbeit an den Zusatztexten*

Die Arbeit mit den Zusatztexten soll dem Schüler notwendig erscheinen und die Lektüre des Dramas möglichst wenig unterbrechen. Deshalb wird im ersten Schritt an die ungelösten Probleme der vorausgehenden Stunde erinnert. Indem der Schüler I, 3, l. 145 mit I, 4, l. 51 ff. vergleicht, erkennt er die Entwicklung, die bereits hier auf eine ungewöhnlich hohe psychische Belastung Macbeths hinsteuert und dennoch für uns offen läßt, warum Macbeth so sehr vor dem Mord am König zurückschreckt, obgleich er als Soldat das Morden gewöhnt ist.

Die folgende Frage überprüft das Grobverständnis der Zusatztexte, das sich der Schüler in Hausarbeit angeeignet haben muß, und regt auf der Grundlage der vorläufigen Textkenntnis zum Überblick an: Was tragen die vorliegenden Abschnitte zum besseren Verständnis der dramatischen Situation und der Reaktionen des Macbeth bei? Wir geben uns hier mit globalen Antworten zufrieden – die Stellung des Königs in der Gesellschaft wird dargestellt, die Abscheulichkeit des Königsmords erklärt; der Schüler soll lediglich auf die gemeinsame Detailanalyse im Unterricht eingestimmt werden.

## 2. Unterrichtsschritt:
*Behandlung der Zusatztexte –*
*The king's position in medieval society*

Mit dem lauten Lesen der Texte zu Beginn der Detailanalyse überprüfen wir die Hausaufgabe; denn jedes gute laute Lesen ist Zeichen dafür, daß der Text verstanden worden ist. Es bringt zugleich einen methodischen Wechsel. Im folgenden gelenkten Unterrichtsgespräch soll der Schüler rückfragen und seine zu Hause niedergeschriebenen Beobachtungen mit Hilfe des Tafelanschriebs (bzw. der vorbereiteten Folie) überprüfen und im Heft berichtigen. Da die Beantwortung der beiden Fragen arbeitsteilig vergeben worden ist, müssen die Schüler ihre Informationen austauschen. Es ist verhältnismäßig viel Zeit für diese schwierigen Aufgaben nötig.
An der folgenden Visualisierung des Erarbeiteten mit der Anweisung „Draw a model of medieval society and the king's position in it" müssen sich, unter Umständen nach einer kurzen Phase der Partnerarbeit, alle beteiligen, da es sich jetzt um Verständniskontrolle handelt. Ein Schüler führt seine Vorschläge an der Tafel aus und erläutert sie. Ein zusätzlicher Hinweis des Lehrers darauf, daß Gehorsam in dem einen Modell alle Mitglieder der Gesellschaft verbindet (Text I und II), die Gleichheit aller in dem anderen typisch ist (Text III), kann die Aufgabe erleichtern.
Wenn beide Modelle an der Tafel nebeneinander angeordnet werden, verdeutlichen sie

den Hauptwiderspruch, der sich für jedes Gesellschaftsmitglied ergibt, besonders aber für den König, je nachdem, ob er unter dem moralischen oder dem staatspolitischen Aspekt betrachtet wird. Der Schüler entnimmt den Tafelskizzen selbständig, daß sich ein immerwährendes Spannungsverhältnis auftut, das sich schlimmstenfalls im Mißbrauch der Macht manifestiert. Das Gottesgnadentum des Königs wie der Königsmord werden als Begriffe klarer. Dieses neu erworbene Grundwissen erlaubt es dem Schüler, die eigentlichen Dimensionen der dramatischen Handlung in *Macbeth* zu begreifen und zu verstehen, warum die moralische und physische Selbstzerstörung des Täters mit dem Königsmord und der Usurpation des Thrones einhergehen: Lady Macbeths Alpträume werden auf dieser Grundlage ebenso plausibel erscheinen wie Macbeths Nihilismus im letzten Stadium seiner Einsamkeit (Akt V).

## 3. Unterrichtsschritt:
*Anwendung des Erarbeiteten*
*auf „Macbeth" –*
*Shakespeare's view of the rebel*

Der folgende Schritt bettet das Erarbeitete wieder in die Textanalyse ein, indem er auf den Parallelfall zum Königsmord hinweist, die Rebellion. Der Schüler sammelt zunächst unter der gegebenen Fragestellung die betreffenden Textstellen zur Analyse – I, 2, ll. 9–23, 52–59; I, 3, ll. 110–117; I, 4, ll. 1–14 –, an denen von Rebellion die Rede ist. Das paradoxe Ergebnis wird klar herausgestellt: Den kleinen Rebellen läßt Shakespeare von Duncan köpfen und ehrlos machen – den großen Königsmörder erwählt er sich zum Helden seines Dramas. Warum er das tut, muß keine endgültige Klärung finden; die offene Frage soll den Schüler für die großen Monologe und die in ihnen dargestellten komplexen seelischen Vorgänge aufnahmebereiter machen.

*Hausaufgabe:*

Auch die Hausaufgabe regt zu der Art von Nachdenken an, bei der es keine einfache Lösung gibt. Ihr zweiter Teil fordert zum ersten Mal dazu auf, sich mit einem neuen Abschnitt des Dramas vorbereitend zu Hause zu beschäftigen. Die Stelle I, 5, ll. 1–13 eignet sich besonders dazu, da es sich um Prosa und eine leicht verständliche Mitteilung handelt.

## Unit IV: I, 5–7
## "Partners of greatness":
## the perversion of marital love;
## preparing the regicide

### Didaktische Vorbemerkungen
### zur 11. und 12. Stunde

Die vorliegenden zwei Stunden befassen sich mit der Szene I, 5. Macbeth, bislang der schonungslose Krieger, ist hier Privatmann und liebender Ehegatte. Lady Macbeth begegnet uns zum ersten Mal, und der erste Dialog der Eheleute stellt infolgedessen einen emotionalen Höhepunkt dar.
Das didaktische Vorgehen in der 11. und 12. Stunde orientiert sich an der dramatischen Funktion der Szene und befaßt sich vorwiegend mit der Form der Mitteilung. Nicht so sehr die inhaltliche Mitteilung als vielmehr das Verhältnis der Ehepartner zueinander, der Beziehungsaspekt der Kommunikation, steht im Mittelpunkt. Dabei sind aufführungsbezogene Aspekte besonders wichtig.
So vergleichen wir zwei Tonversionen von Lady Macbeths erstem Auftritt, dem Lesen ihres Briefes und ihrem Kommentar dazu, damit die Analyse leichter fällt: Die typischen Kennzeichen des Lesens (Brief) und des Sprechens (Kommentar) werden deutlich, der akustische Ausdruck der verhalte-

nen oder offen dargebotenen inneren Erregung und Freude wird eher faßbar, zumal wenn wir die didaktisch reduzierte, verlangsamt gesprochene Version der Tutor Tape Company mit der realistischen Sprechweise Pamela Browns als Sir Alec Guinness' Partnerin (EMI) vergleichen. Der Einsatz der formalen Analyse bietet sich hier an, da der Inhalt des Abschnitts weitgehend bekannt ist.
Daß auch Lady Macbeths zweiter Monolog uns kaum etwas Faktisches, dafür um so mehr über ihre seelische Erregung mitteilt, erarbeitet sich der Schüler detailliert bei der Übertragung der Zeilen in moderne englische Prosa. Danach befaßt sich der stilistische Vergleich der beiden Monologe wiederum mit der Form der Aussage, diesmal aber, weil er uns eine wichtige zusätzliche inhaltliche Einsicht gewährt. Wir erfahren, wie sich Lady Macbeths Erregung steigert und sie sich den bösen Kräften in sich überantwortet, als seien sie Teil einer alles umfassenden bösen Gewalt. Ihre innere Entwicklung wird faßbar.
Wenn wir uns dann zum Schluß, nachdem wir Macbeth (I, 4) und Lady Macbeth (I, 5) kennengelernt haben, die Frage stellen, was der erste Dialog der beiden außer seiner buchstabengetreuen Aussage noch alles über das Verhältnis der Ehepartner zueinander in Intonation und Stimmführung ausdrücken muß, fassen wir das Erarbeitete zusammen und versuchen es in gesprochene Sprache umzusetzen. Das folgende laute Lesen wird nur ein erster zaghafter Versuch sein, doch bereitet er den Schülern meist großen Spaß. Die Aufnahme auf Tonband lohnt sich, sie kann, wenn die Zeit reicht, mit einer professionellen Aufnahme verglichen werden. In jedem Fall kommen wir auf diesen Versuch am Ende der 14. Stunde zurück.
Dieser Abschluß der Behandlung von I, 5 betont die Nähe der formalen Analyse zur Theaterpraxis. Die höhere selbständige Leistung des Schülers, die wir dabei fordern, be-

lohnt ihn auch stärker als bisher mit einem Erfolgserlebnis. Ebenso soll ihn die zu Anfang offene Frage nach der dramatischen Funktion von I, 5 stimulieren, denn am Ende der Stunde kann er sie beantworten. Indem wir solche Spannungsbögen konzipieren, wollen wir die Einsicht vermitteln, daß sich Einsatz und Ausdauer lohnen, weil sich die einzelnen Bausteine letztlich zu einem sinnvollen Ganzen zusammenfügen.

## 11. Stunde:
### Establishing Macbeth's private character: his love for his wife and his ambitions

### Notes on Interpretation

I, 5 retards the external action asking the audience to contain themselves and their fears for Duncan's safety, roused in I, 4. Lady Macbeth is introduced to us in the privacy of her home before the couple take on their feudal duties as host und hostess in I, 6. Furthermore, Shakespeare presents Macbeth to us as a good husband, having shown him before in public as the seemingly perfect vassal (I, 4) and after praising him as a victorious warrior (I, 2). Just as the action had moved from the open air to the court at Forres and Macbeth's castle, so we experience a movement from the outside to the inside: Macbeth's true stature as a human being comes more and more into focus. I, 5 is still part of the exposition and at the same time contains the first climax as Macbeth and his wife meet for the first time.

However, this is not a satisfactory answer to the question as to why Shakespeare inserts this scene between the two in which Macbeth acts in an official role at court and as Duncan's host. Another attempt at answering it must be made after analysing I, 5.

The next question arises out of the first problem: why is Macbeth as a private person first introduced to us through his letter to his wife? There is a very practical theatrical reason for this. Shakespeare's audience, the groundlings, came and went as they pleased. The letter sums up the most important events of Act I, 1–4. Secondly, it gives Lady Macbeth time to form a strategy as to how to react to the new development which the letter conveys to her. Last but not least, it is a very economical way of introducing Macbeth as a good husband: he faithfully relates his meeting with the witches to his wife, trusting her in every respect, wanting her to partake of his success, his "rejoicing" (ll. 11 ff.) over it. He is proud of the honours he has received and wants her to share his good fortune. His emotional relationship to his wife is a very close one.

His phrase "my dearest partner of greatness" (l. 10 f.) puts it in a nutshell – he loves his wife dearly and raises her up to his own social level by calling her his partner – partners having the same rights and the same share in the profits of whatever enterprise is theirs, working together as a team. Macbeth is ambitious not only for himself, but for his wife whom he wants to be happy and proud of him. He is in our eyes a really good husband; the cruel warrior has a very lovable side to him, he becomes a rounded character. We are reminded of how Lessing called Shakespeare's dramatis personae "mixed characters" with strong and weak points, virtues und vices.

Lady Macbeth in I, 5 is introduced to us through her reactions to Macbeth's promotion and the prophecy still to be fulfilled: by reading fast and in between stopping to think, the actress taking Lady Macbeth's part can, for instance, tell us from the very start that the news surprises her, moves her pleasantly; she will emphasize "my dearest partner of greatness" and accompany it with a proud smile. Lady Macbeth takes her husband's words to be sincere and never doubts the witches' prophecies. In her commentary on the letter she immediately thinks along the same lines as Macbeth. Her only problem is that Macbeth may not be determined enough to work unfalteringly towards the succession to the Scottish throne promised by the witches. Her words show that she has made up her mind for Macbeth to succeed (ll. 14f.). She is going to help him to achieve his promised goal (ll. 25–30). The fact that her monologue is addressed to her absent husband, tells us how agitated she is; she answers his letter immediately, so to speak.

Lady Macbeth's comments on the letter, moreover, characterize her husband exactly as the kind of man we know already from I, 3 and I, 4. Possibly Shakespeare here again brings his groundlings up to date. But at the same time our provisional picture of Macbeth is confirmed: he is not a stable personality, but full of conflicting feelings and drives; he is given to ambition, yet not active enough to realize it as some innate kindness makes him shrink from evil deeds (ll. 15–21). However, in Lady Macbeth's sententious words, an ambitious man should be a bad man as well (ll. 18f.) – a thought worth contemplating for a moment: why should Shakespeare depict ambition as necessarily bound up with negative qualities? The answer comes easily when we remember the hierarchical social order as part of the "chain of being" which itself is part of the universal divine order that must not be disturbed – ambitious deeds upset this divine order by raising their agent illegitimately within the hierarchy. In this context ambition must appear as a negative quality – not at all to be confused with our "Leistungs-denken" nowadays and its often inhumane features, and yet very similar to it. In his wife's words Macbeth appears explicitly as someone who is subject to vicious and virtuous impulses alike.

Lady Macbeth characterizes herself as a good wife. She admires Macbeth and knows him intimately. She is ambitious for him and intends to drive him on; she is determined to carry out the plan (ll. 25–30). She seems closer to the witches than Macbeth and yet she simply loves Macbeth and wants to help him (ll. 14f.); she is ambitious for him because she thinks he is ambitious but needs help to attain his aim.

Macbeth and his wife, in short, are introduced to us as an affectionate husband and wife who are ambitious for each other (ll. 10–19; 25–28). So now we can answer the initial question of why Shakespeare inserted I, 5 into the official drama: here he presents Macbeth and his wife to us as ordinary human beings, as people we know and might meet any time. As such people they can be criticized for what appears to be a dangerous game. Their relationship does not seem sincere and stable, disorder has entered it. We suspect them of pursuing their own ambitions under the cover of marital love, thus perverting their love by abusing it.

For if Lady Macbeth were a really good wife she would raise questions and criticize her husband for leaving the narrow path of virtue; she would ask herself whether their scheming is going to make them happier and would rather support Macbeth's scruples and hesitation. But, alas, in the feudal world she could only obtain a high rank in society through her husband. Macbeth and Lady Macbeth demonstrate perennial human qualities and failings. In other words, this scene makes us forget our rising aversion to Macbeth in I, 4. We get to know him as a human being whom we can understand and not simply as a relentless murderer. Thus the process of Macbeth turning criminal in the following scenes becomes of supreme interest to us. Lady Macbeth's second monologue in I, 5 can run like this in modern English (homework):

Look after him well. He brings great news. When Duncan enters my castle death will be so close that even the raven that announces his arrival and normally warns us of fatal dangers will be hoarse and unable to warn Duncan. Come, you spirits, that excite thoughts of murder, take away all my womanly tenderness and fill me completely with most terrible cruelty. Make me strong and keep me from ever feeling remorse so that kindness and pangs of conscience will not keep me from carrying out my evil intentions or come between me and what I must do. Come to my woman's breasts and take my milk away giving me gall instead, you spirits promoting murder, wherever you may be hovering and creating evil. Come, black night, and wrap yourself in the dark smoke of hell, so that my sharp knife does not see the wound it makes, nor can heaven look through this blanket of darkness and cry 'Stop! Stop.'

## Verlauf der Stunde

*1. Unterrichtsschritt:*
*Besprechung und Auswertung*
*der Hausaufgabe –*
*Macbeth's love for his wife*

Der erste Unterrichtsschritt baut auf der Hausaufgabe auf. Eine Antwort auf die Frage „Why does Shakespeare not proceed to Duncan's arrival at Inverness?" setzt voraus, daß der Schüler weiß, daß er in I, 5 Macbeth und seiner Frau im privaten Bereich begegnet. Jedoch muß er ein wenig Zeit zum Nachdenken und Durchblättern von I, 5 haben. Obwohl mehrere Lösungen möglich sind, ergibt sich die befriedigende Antwort erst am Schluß der Stunde. Dadurch entsteht ein Spannungsbogen, der den Schüler motiviert und ihm den Sinn der gemeinsamen Arbeit verdeutlicht.

Anschließend erfolgt die Besprechung der Hausaufgabe unter einer neuen Leitfrage, die vom Schüler fordert, daß er sein Wissen über ll. 1–13 zur Antwort auf die Frage „Why does Shakespeare not proceed to Macbeth's arrival?" umstrukturiert. Er kann seine Niederschrift nicht einfach ablesen, sondern muß sie zusammenfassend frei vortragen. Ein zusätzlicher Hinweis des Lehrers auf die Theatersituation zur Zeit Shakespeares gibt dabei Hilfestellung.

Mit der Aufgabe „Decide on the most important message", die in Partnerarbeit gelöst

werden soll, wird der Schüler noch stärker zum Abstrahieren angeleitet. Steht eine gute Tonversion zur Verfügung, kann diese den Schülern die Arbeit sehr erleichtern.

Läßt man die Schüler das Wort „partner" im einsprachigen oder im etymologischen Wörterbuch nachschlagen, prägt sich die Wendung „my dearest partner of greatness" besser ein, sie veranschaulicht das Verhältnis der beiden Ehegatten zueinander, das die folgenden Ereignisse tief beeinflußt.

*2. Unterrichtsschritt:*
*Macbeth's character, his ambitions –*
*Vergleich zweier Tonversionen*

Im zweiten Unterrichtsschritt sollten nach Möglichkeit zwei Tonträger eingesetzt werden. In Frage kommen z. B. die didaktisch reduzierte Version der Tutor Tape Company (L/3) und die Bühnenfassung des Old Vic mit Sir Alec Guinness (EMI 80105).

Beim Vergleich zweier Hörversionen lernt der Schüler, auf die Tonhöhe, die Intonationsbögen, das Sprechtempo und die Klangfarbe der Stimme als Ausdrucksmittel zu achten. Während des ersten Hörens der Stelle I, 5, ll. 1–30, entweder im Zusammenhang mit der Detailanalyse im ersten Unterrichtsschritt der Stunde oder hier, konzentriert sich der Schüler auf die Technik der Darbietung und versucht sie zu deuten.

Die Frage „How does Lady Macbeth read her letter?" stellt den formalen Aspekt der Mitteilung in den Vordergrund – was teilt Lady Macbeth uns indirekt durch ihre Art, auf den Brief zu reagieren, über ihr Verhältnis zu Macbeth mit? Der Schüler wird dabei zudem darauf hingewiesen, wodurch sich sinndarstellendes Lesen vom Sprechen unterscheidet und was es alles mitteilen kann, und wird so dafür motiviert, das laute Lesen / Sprechen von ein paar Versen selbst zu versuchen.

Auch die Antwort auf den zweiten Stimulus – „Analyse her comment on it" – ist nicht ganz

**Shakespeare, Macbeth, I, 5, ll. 38–54**

*Lady Macbeth*
Give him tending:
He brings great news.

                             *[Exit Messenger.]*
                        The raven himself is hoarse
That croaks the fatal entrance of Duncan
Under my battlements. Come, you spirits
That tend on mortal thoughts, unsex me here;
And fill me, from the crown to the toe, top-full
Of direst cruelty. Make thick my blood,
Stop up th'access and passage to remorse,
That no compunctious visitings of nature
Shake my fell purpose nor keep peace between
Th'effect and it. Come to my woman's breasts,
And take my milk for gall, you murd'ring ministers,
Wherever in your sightless substances
You wait on nature's mischief. Come, thick night,
And pall thee in the dunnest smoke of hell,
That my keen knife see not the wound it makes,
Nor heaven peep through the blanket of the dark,
To cry 'Hold, hold'.


*Lady Macbeth.*
Sorgt für ihn,
Er bringt uns große Zeitung. (*Der Diener geht ab.*)
Selbst der Rab' ist heiser,
Der Duncans schicksalsvollen Eingang krächzt
Unter mein Dach. – Kommt, Geister, die ihr lauscht
auf Mordgedanken, und entweibt mich hier;
Füllt mich vom Wirbel bis zur Zeh', randvoll,
Mit wilder Grausamkeit verdickt mein Blut,
Sperrt jeden Weg und Eingang dem Erbarmen,
Daß kein anklopfend Mahnen der Natur
Den grimmen Vorsatz lähmt, noch friedlich hemmt
Vom Mord die Hand! Kommt an die Weibesbrust,
Trinkt Galle statt der Milch, ihr Morddämonen!
Wo ihr auch harrt in unsichtbarer Kraft
Auf Unheil der Natur! Komm, schwarze Nacht,
Umwölk dich mit dem dicksten Dampf der Hölle,
Daß nicht mein scharfes Messer sieht die Wunde,
Die es geschlagen; noch der Himmel,
Durchschauend aus des Dunkels Vorhang, rufe:
Halt! Halt!                             *(Dorothea Tieck)*

*Lady M.* Versorgt ihn: er bringt große Nachricht. (*Der Bote geht ab.*) Der Rabe selbst ist heiser, der Duncans unheilvollen Einzug unter meine Zinnen krächzt. Kommt, ihr Geister, [40] die ihr den mörderischen Gedanken zu Diensten steht, nehmt mir hier mein Geschlecht und füllt mich vom Scheitel bis zur Sohle randvoll mit schrecklichster Grausamkeit! Macht mein Blut dick, verstopft den Zugang und den Weg zum Mitleid, daß keine Reueanfälle der Natur meinen grausamen Vorsatz erschüttern, noch zwischen ihm und seiner Ausführung Frieden halten mögen! Kommt zu meinen Brüsten, ihr Mordgehilfen, und vergiftet meine Milch mit Galle, wo immer ihr in euren unsichtbaren Wesen dem Unheil der Natur dient. Komm, dichte Nacht, [50] und hülle dich in den dunkelsten Rauch der Hölle, daß mein scharfes Messer nicht die Wunde sehe, die es macht, noch der Himmel durch die Decke der Dunkelheit blicke, um „Halt, halt!" zu rufen.

*(Barbara Rojahn-Deyk, 1977)*

*Read this very famous monologue well and compare it with its German translations, trying to understand what it says. Then when you have understood the message, write a modern English prose version of it, conveying this message.*

---

leicht, da Lady Macbeth für den modernen Leser / Hörer umständlich argumentiert. Eine kurze Stillphase zum Konsultieren der Anmerkungen in der Klett Textausgabe ist hilfreich. Ein zweites Hören / Lesen des neuen Abschnitts (ll. 14–30) wird nötig, damit der Schüler danach zusammenfassen kann, was er über Macbeth (A) bzw. über Lady Macbeth (B) erfährt. Die Aufgabe ist arbeitsteilig gestellt, um durch den Austausch der Ergebnisse die Kommunikation unter den Schülern anzukurbeln.

*3. Unterrichtsschritt:*
*Detailanalyse und Diskussion –*
*Marital love*

Die abschließende Detailanalyse von ll. 16–19 und ll. 25–28 kehrt zum Anfang der Stunde zurück und erlaubt uns nun eine befriedigende Antwort auf die offene Frage. Hier muß der Schüler Gelegenheit haben, persönlich Stellung zu nehmen und die Perversion der Beziehung zwischen Macbeth und seiner Frau zu kommentieren. Er erkennt dabei zugleich die poetische Notwendigkeit, Helden wie Macbeth als ‚realistischen', ganzen Menschen, als ‚gemischten Charakter' (Lessing) darzustellen, denn nur mit ihm – nicht mit dem unvergleichlich grausamen Verbrecher – kann sich der Zuschauer identifizieren.

*Hausaufgabe:*

Da die Hausaufgabe der folgenden 12. Stunde eine Zusammenfassung des Erarbeiteten verlangt, muß der Schüler schon in der 11. Stunde neben der gemeinsamen Arbeit her Notizen machen; wenn dies nicht selbstverständlich ist, muß er darauf hingewiesen werden. Die Hausaufgabe der 11. Stunde konfrontiert ihn mit einem sehr schwierigen Stück Text. Zwei deutsche Übersetzungen – die von D. Tieck und B. Rojahn-Deyk – (vgl. S. 68) dienen ihm als Hilfsmittel zur Übertragung in modernes Englisch. Die zeitlich unbegrenzte individuelle Beschäftigung mit dem berühmten Monolog der Lady Macbeth erlaubt es dem Schüler eher, sich bei der sprachlichen Aufgabe zugleich die schwierige Begrifflichkeit der Passage klarzumachen, sie sich einzuprägen und vielleicht sogar ein persönliches Verhältnis dazu zu gewinnen. Ein guter Schüler schreibt seine Textversion auf Folie (Tageslichtprojektor); denn in der folgenden Stunde wird es einiges zu erläutern und zu verbessern geben.

Eine besonders aufgeschlossene Schülergruppe wird sich auch der folgenden Zusatzaufgabe stellen: „Compare the two German versions and discuss what is lost when Shakespeare's verse becomes prose."

## 12. Stunde:
## Lady Macbeth's love for her husband and her ambitions; the first meeting of husband and wife

### Notes on Interpretation

From Lady Macbeth's reading of the letter and comments on it (11. Stunde) we know that she is highly excited by what Macbeth has told her. In her second monologue (ll. 38–54) her emotions are even more intense. A messenger has brought the news of the king's arrival for the night – and straight away the thought of regicide is in her mind, just as it was in Macbeth's in I, 4. To the attentive audience Inverness becomes a kind of trap that Duncan will not be able to escape – the adjective "fatal" adequately describes the king's coming visit and together with other words of the same sort – like "mortal, murd'ring, cruelty, blood, wound" – forms the keynote of this monologue. Even a vision of how Duncan will lose his life arises in her (ll. 50–54). Lady Macbeth gives way to her thoughts of murder and puts into words what may have been on her mind ever since she read her husband's letter. But now it is no longer the thought of faltering Macbeth, but the problem of how she is going to commit the crime that occupies her thoughts. She asks the evil spirits which promote murder – does she mean the witches? – for help, so that she may lose her woman's constitution, may subdue all scruples and pangs of conscience which might try to keep her from the deed. She has to do violence to herself, become entirely estranged from herself in order to become a potential regicide. In her words – and later in her deeds – she is just as poor a murderess as Macbeth is a murderer in his asides (cf. I, 3, ll. 128–143; I, 4, ll. 48–53). More parallels – including verbal allusions – characterizing Macbeth and his wife while planning the regicide, can be listed:

– Lady Macbeth fears the result of regicide as much as Macbeth does (cf. I, 5, ll. 52 ff. / I, 4, ll. 52)
– both call for darkness to cover their deed and fear being found out (I, 5, ll. 50–54 / I, 4, ll. 50 f.)
– both address the evil forces (I, 5, 40 f., 47 ff. / I, 3 [the witches])
– in both of them innate kindness must first be choked before they can consider the murder (I, 5, ll. 41 ff., 47 f. / I, 5, ll. 16 f. ['milk'])
– both are aware of their grave scruples and yet banish them (I, 5, ll. 50–54 / I, 3, ll. 135–143)

Neither partner sounds convincing in the role of a murderer; they seem poor regicides, as human beings not worth abhorring, were it not for the enormity of their crime. The audience rather feels deep pity at the sight of mutual love being so completely perverted, so much aberrant altruism sacrificing the better part of the individual because of that love. In the privacy of their monologues Macbeth and Lady Macbeth turn out to be the reverse of what Macbeth wants them to be: Shakespeare ironically reveals the "partners of greatness" as "partners in crime" to us, both so very similar in their psychological problems and in doing themselves violence, and eventually great harm, as Macbeth clear-sightedly foresees. Shakespeare's attitude towards crime as the criminal's perversion of virtue comes into view here and is worth pointing out: it is so much the epitome of what we in our time think to be the modern humane attitude towards the criminal that this aspect is of vital importance and must be taken up again later on.

Following up the development from the normal to the criminal in Macbeth and his wife, we must here take a short look at the poetical means by which Shakespeare creates that kind of increasingly aberrant psychic intensity that eventually calls forth the tragic emotions of terror and pity and catharsis in the audience. Comparing Lady Macbeth's two great monologues we get a glimpse of Shakespeare's masterly craftsmanship. In order to drive Lady Macbeth to an emotional pitch in her second monologue, Shakespeare uses traditional stylistic devices to great effect: in her first monologue she addressses her absent husband – a mental state not quite normal, but signifying her agitation; in her second aside she turns to evil spirits, addressing them and the black night, a much more dangerous entanglement with the abnormal. While her comment on her husband's letter still consists of intricate, but rational argument her second monologue expresses her unusually exalted state of mind by the constant use of almost exclusively exclamatory and imperative sentences. By the way she talks Lady Macbeth tells us how much she is overwhelmed by emotion.

What we have found out about Macbeth and his wife and their relationship to each other must be brought out when reading their first dialogue (ll. 54–73) aloud: they act out of love for each other and address each other affectionately (ll. 54 f., 58). They both nourish the same vicious thoughts and yet do not at first openly confide to each other what they must hide from everybody else. Their fondness must therefore be accompanied by a lack of candour. As we see from her monologues,

Lady Macbeth now is the more active partner in this conversation: using the witches' "all-hail" – a quotation from Macbeth's letter (l. 6 f.) – to greet her husband (l. 55), she implicitly reminds him of his strange experience and searches for his thoughts and, reading them in his face, admonishes him to become a more skilful dissembler (ll. 62–66); she wants to take over, organizing everything (ll. 67 f., 73), while Macbeth still hesitates (l. 71), to serve and please her husband; for only the regicide will put them in possession of "the all-hail hereafter" and the "solely sovereign sway and masterdom" (ll. 55, 70). Thus this dialogue is a masterpiece of indirect communication of thought, of embracing, so to speak, and holding oneself back. This husband and wife relationship is not at all a simple one, by no means harmonious – contrary to what it seems – at that crucial moment when the "for better" of marriage turns out to be "for worse".


## Verlauf der Stunde

*1. Unterrichtsschritt:*
*Auswertung der Hausaufgabe –*
*Lady Macbeth's love for her husband*
*and her ambitions*

Beim Vorlesen, dem Vergleich mehrerer Hausarbeiten und der anschließenden Diskussion darüber, ob sie die wichtigsten Gedanken der Lady Macbeth adäquat wiedergeben, wird der schwierige Text mehrfach umgewälzt (ll. 38–54). Eine gute Übertragung basiert auf detailliertem Textverständnis. Dem Schüler sollte am Ende der Unterrichtsphase klar sein, daß der Monolog eine sehr komplexe Aussage macht, die nicht leicht auf einen Nenner zu bringen ist. Auf die Frage „What is the gist of the passage?" sind daher auch mehrere Antworten möglich. Deshalb führt die anschließende Detailanalyse von l. 41 und l. 48 auf das Zentrum der

Aussage hin. Danach aber muß Zeit für die Äußerung spontaner Überlegungen und Emotionen der Schüler sein, mit denen sie – hoffentlich – die Perversion des Guten kommentieren.

## 2. Unterrichtsschritt:
*Aufsuchen von Belegstellen*
*und Diskussion –*
*Husband and wife as partners in crime*

Das Bewußtmachen von Übereinstimmungen zwischen den Eheleuten in Partnerarbeit weitet das eben Erarbeitete aus und macht es anschaulich: Mann und Frau sind sich so ähnlich, daß sie Partner im guten und im bösen sind. Die Parallelen werden an der Tafel zusammengestellt und bilden die Textgrundlage für die zusammenfassende Evaluation der Beziehung im freien Unterrichtsgespräch, wobei der Schüler auch aus seinem eigenen Erfahrungsbereich schöpfen soll.

## 3. Unterrichtsschritt:
*Der stilistische Vergleich*
*der beiden Monologe –*
*Lady Macbeth's growing agitation*

Der Textvergleich sucht an einem Beispiel – sozusagen exemplarisch – Shakespeares Genie zu erfassen, mit dem er innere Zustände seiner Charaktere durch die Form ihrer Aussage ausdrückt. Er fordert noch einmal zur Beschäftigung mit den beiden großen Monologen heraus und bringt erneut Lady Macbeth in das Zentrum der Betrachtung. Nur die wichtigsten stilistischen Eigenheiten werden herausgegriffen, damit der Schüler nicht ermüdet. Trotz ihres wenig ansprechenden Inhalts sollten die beiden Monologe möglichst auswendig gelernt werden.

## 4. Unterrichtsschritt:
*Dramatisiertes Lesen des Dialogs –*
*The first meeting of husband and wife*

Der innere Zustand der beiden Partner muß klar sein, damit die Frage „What must we bring out clearly when reading the couple's first dialogue?" zu beantworten ist und das dramatisierte Lesen gelingen kann. Das Stilllesen und das Unterrichtsgespräch bereiten auf das Lesen mit verteilten Rollen vor, das möglichst in ein gestisches Spiel übergehen sollte. Dieser methodische Wechsel ist zum Ausklang der Stunde sehr willkommen.

## Hausaufgabe:

Die Hausaufgabe faßt die Arbeit der 11. und 12. Stunde zusammen; sie sollte in etwa das beinhalten, was die *Notes on Interpretation* darlegen. Zu Beginn der 13. Stunde ruft sie noch einmal die Ereignisse in Erinnerung, vor deren Hintergrund Lady Macbeths Verhalten in I, 6 als grausame Heuchelei erscheint.

## Didaktische Vorbemerkungen zur 13. und 14. Stunde

Die letzten beiden Szenen des 1. Akts stellen uns Macbeth und Lady Macbeth als Gastgeber des Königs auf Inverness vor. Doch die Atmosphäre der höfischen Festesfreude ist trügerisch; denn Macbeth und seine Frau tragen sich mit Mordplänen.
Diese Atmosphäre zu erkennen und Vorschläge zu ihrer Umsetzung in Theaterwirklichkeit zu machen, erfordert aufführungsbezogenes Denken und appelliert zugleich an die Phantasie. Deshalb stellen wir zu Beginn die Frage nach der Funktion von I, 6 und weiten dann das Ergebnis unserer Überlegung auf das ganze Drama aus. Der Auftrag, die Atmosphäre des schönen Scheins zu übersetzen, aktiviert die Vorstellungskraft, mag

aber Schüler ohne Theatererfahrung überfordern. Dagegen müssen alle in der Lage sein, wenn dieser Rahmen gelegt ist, den Worten der Macbeths zu entnehmen, worin die äußere Situation (I, 7) besteht und wie wir uns folglich das Geschehen auf der Bühne vorzustellen haben, während sie – sozusagen zwischen zwei Gängen – den Königsmord beschließen.

Auch die rollenspezifische Analyse der Szene I, 7 orientiert sich zum einen an der Theaterpraxis und dem Blickwinkel des potentiellen Zuschauers, indem wir uns zunächst in Macbeth hineinversetzen (13. Stunde) und danach Lady Macbeths Überredungskünste genauer untersuchen (14. Stunde). Zum anderen aber gestalten wir die Analyse von I, 7 als einen Problemlöseprozeß; mittels des Textvergleichs wird uns Macbeths plötzlicher Gesinnungswandel als Problem bewußt; durch die genaue Betrachtung des Dialogs in I, 7, vor allem der Überredungskünste der Lady Macbeth, erhalten wir die Lösung, wie Macbeth eine solche radikale Entwicklung in so kurzer Zeit durchlaufen kann.

Zugleich aber beschäftigen wir uns dabei mit einem formalen Aspekt des *Macbeth*: Wir vollziehen im Textvergleich (13. Stunde) und in der 14. Stunde bei der Analyse der bildhaften Anspielungen („image cluster") nach, wie Shakespeare für seine Zuschauer Charakterentwicklung erfahrbar macht. Mit der Untersuchung der rhetorischen und psychologischen Mittel, die Lady Macbeth einsetzt, um Macbeth für ihren Mordplan zu gewinnen, machen wir uns klar, wie Shakespeare den Gesinnungswandel überzeugend zustande bringt. Hier – wie bereits zu Beginn der Behandlung von I, 6 – erkennen wir die kunstvolle Struktur des Werkes, in der nichts überflüssig ist und alles zweckgebunden der dramatischen Intention des Verfassers folgt. Außerdem bemühen wir uns hier zum ersten Mal, einen größeren Textausschnitt in die Betrachtung einzubeziehen. So nehmen wir die Ergebnisse der Arbeit aus der 13. Stunde

am besten als Folie in die 14. Stunde hinüber, um uns den Textvergleich zu erleichtern und Macbeths Entwicklung zu verdeutlichen. Die Tafelskizze zum Wandel des Verhältnisses zwischen den beiden Ehepartnern (14. Stunde) bezieht sich auf die Szenen I, 5–I, 7. Schließlich sollte in das dramatisierte Lesen der beiden Dialoge in I, 5 und I, 7 alles eingehen, was wir seit I, 2 über Macbeth und seine Frau und ihre Beziehung zueinander wissen. Die Struktur des Werkes macht ein solches stunden- und szenenübergreifendes Vorgehen notwendig. Es erzieht den Schüler dazu, komplexer zu denken und sich die ‚Abhakmentalität‘ – was behandelt ist, darf vergessen werden! – nicht anzugewöhnen. Indem wir ihn mit dem in Wirklichkeit noch weitaus komplizierteren Geflecht der Anspielungen und Vor- bzw. Rückverweise innerhalb des Werkes bekannt machen, lernt er nicht nur die meisterhafte Struktur des Dramas besser kennen, sondern gewöhnt sich ein bewußteres, kritisches Leseverhalten an, das an das Werk Fragen stellt und sich auf seine Andeutungen einläßt.

## 13. Stunde:
## Macbeth and Lady Macbeth as feudal hosts and potential regicides: Macbeth's arguments against regicide

### Notes on Interpretation

It has been pointed out that not a single detail in *Macbeth* is superfluous. Shortening the play for production therefore poses grave problems. I, 6 is one of the few scenes that might easily be omitted: it could be left out because it does not add to the external or internal action – Duncan's arrival has been announced in I, 5; we already know of Lady Macbeth's sinister plans to feign the perfect hostess from I, 5. On the other hand, the scene illustrates the atmosphere that is so typical of the play in general: on their arrival Duncan and Banquo sincerely rejoice over the pleasant prospect of Inverness Castle, which looks like part of a country idyll (ll. 1–10), while actually death is waiting inside. Shakespeare once again uses dramatic irony to intensify his audience's feelings of fear for Duncan who is so much the innocent victim. Lady Macbeth's elegant words of welcome remind us of Macbeth's wordiness at court in I, 4; but we now know for certain that his wife is only pretending to be the gentle hostess. The gay formality of the court ceremonial contrasts strongly with the intended murder of the royal guest – the "raven himself is hoarse" (I, 5, ll. 38 f.) – the martlet (I, 6, l. 4) does not warn Duncan. But Lady Macbeth seems just a little bit too eloquent; possibly Duncan suspects the insincerity of her courtesy (ll. 10 ff.).

It is worthwhile stopping to think for a moment how this delicate balance between the smooth surface of the scene and its underlying strain of disaster can be made more obvious in the production of the play: the pleasantness of the countryside and climate supports Duncan's and Banquo's words – a feeling of foreboding can be conveyed by a glowing sunset dipping everything in its red light, by the size of the castle overtowering everything else, the darkness of its entrance, and perhaps even its iron bars descending slowly as if to imprison Duncan after he has been escorted in by Lady Macbeth. The ambiguity of Scene I, 6 reminds us strongly of the "fair is foul, and foul is fair" of the opening scene of the play (I, 1, l. 12), the main theme of the play as we have called it.

In the following scene of I, 7 the setting again gives us an important clue. A splendid banquet is being held in honour of the royal guest, who himself is doing his hosts much honour. The stage is busy with servants attending on the diners – Macbeth's foremost duty as a host just then is entertaining his king. Instead he has left the table in order to think his position over. How much this is a breach of feudal hospitality becomes clear when Lady Macbeth reminds him that he is neglecting his duties (ll. 29 f.) – they now both show bad manners by leaving their guests until they re-enter the banqueting scene, united in their criminal intentions.

Why does Macbeth leave the banquet in the first place? He may not have been able to bear any longer the discrepancy between the gay social occasion and his sinister plans. He is constantly reminded of the advancement he owes to Duncan and leaves to clear his mind, recollecting all his objections to regicide.

Given this framework, one wonders how Macbeth is dissuaded from giving up the thought of regicide so quickly – was his reasoning so superficial? A close look at his monologue (ll. 1–28) reveals an imposing number of solid reasons against the murder: though his metaphysical reasons for refraining from the crime are vague (if they exist at all) (ll. 1–7), he clearly fears punishment in this life, viewing the criminal rightly as one who inflicts harm on himself, led on by "even-handed justice" (l. 10). His scruples then are concerned with his position in the feudal world: Duncan is his relative, his feudal lord, and his guest as well (ll. 12–16). Murder would be an offence against the basic laws of hospitality, of solidarity within the family, and it would be treason, the worst crime possible in the feudal context. His arguing reaches a climax when he reminds himself that Duncan is a good king indeed (ll. 16–25; cf. I, 4, 9./10. Stunde) and that murdering him would be the most terrible crime. He knows that public opinion will condemn him (ll. 24 f.) and that Duncan's fate will be his. Macbeth here clear-sightedly pronounces his own judgement – only a good person with a sensitive conscience will see the world as ruled by justice the way he does. His "we will proceed no further" (l. 31) when his lady

74

joins him, is sincere; he has made up his mind that he will profit more by being content with what he has (ll. 31–35). Yet comparing these lines with the ones at the end of his dialogue with his wife (ll. 80–83), we shudder to see how easily he is led astray and how quickly he is undone.

The question arises of how Lady Macbeth manages to convert her husband so completely (homework): She does so simply by exploiting Macbeth's love for her. Calling him a coward she accuses him of failing her as a husband (ll. 35–39); she implies that she therefore cannot love him any more and detests him instead (ll. 39–45). She reproaches him for dishonourably breaking faith with her as a husband – a breach of honour and love alike; she further shames him by stressing her own womanhood and calling herself nevertheless "more of a man" than he is (ll. 54–59). Having humiliated him, she now proposes the plan of a perfect murder (ll. 62–73). Her arguments are so thoroughly emotional, turning the world of values upside-down, she so hurts Macbeth where he is most vulnerable – namely where his honour as a human being, a man, and a knight is at stake (cf. ll. 49ff.) – that Macbeth is without defence.

Not only the content of her arguments, but her techniques of arguing as well are full of unfair devices that are proof of her – and Shakespeare's – rhetorical skills and her terrible abuse of Macbeth's love for her – far from helping Macbeth to avoid the catastrophe, she drives him straight into it (cf. 10. Stunde, homework). She does so by talking in a very emotional, high-pitched way, putting strong emphasis on those words that hurt Macbeth most, taking his words up and turning them to her purpose (ll. 46/49/51, 59f.); she uses graphic images to drive home her point that for Macbeth to refrain from murder would be dishonourable (ll. 35–38, 41–45, 47–51, 54–62); at last she disperses Macbeth's remaining fears by stressing the practicability of the deed – small wonder, that Macbeth does not resist her persuasive words.

## Verlauf der Stunde

*1. Unterrichtsschritt:*
*Die dramatische Funktion von I, 6 –*
*Lady Macbeth feigns the feudal hostess*

Die Szene I, 6 eignet sich dazu, auf die kompakte Organisation von *Macbeth* aufmerksam zu machen. „Could a production of Macbeth cut I, 6?" Diese aufführungsbezogene Aufgabenstellung zum ersten Hören fordert den Schüler implizit dazu auf, sich den Inhalt der Szene klarzumachen und diese dann in die bekannte Handlung des Dramas einzugliedern; so bemerkt er, daß I, 6 keine neue Mitteilung macht. Die Frage appelliert zugleich an seine Phantasie. Das Abwägen der Meinungen im freien Unterrichtsgespräch im Anschluß an das Hören beginnt deshalb mit einer kurzen Zusammenfassung des Inhalts als Verständniskontrolle und integriert die Detailanalyse von ll. 1–3, 10ff.

Der Satz Mark van Dorens „The triumph of *Macbeth* is the construction of a world, and nothing like it has ever been constructed in twenty-one hundred lines." bestätigt, auf eine Folie geschrieben, das Ergebnis des Nachdenkens im Plenum und weitet es auf das ganze Drama aus.

Auch die folgende Anwendungsfrage – „How can this treacherous atmosphere of peace veiling murder be expressed on the stage?" – appelliert an die Phantasie des Schülers, der sich in die Rolle des Regisseurs hineindenken soll. Eine kurze Phase der Partnerarbeit vor dem Unterrichtsgespräch kann den Vorstellungsprozeß intensivieren. Sollte dem Schüler dennoch nichts dazu einfallen, gibt der Lehrer ein paar Hinweise darauf, welche Mittel dem Regisseur zur Verfügung stehen. Wenn eine Filmversion oder

Bühnenfassung von *Macbeth* vorhanden ist, bauen wir so eine Erwartungshaltung beim Schüler auf, die ihn im folgenden (hoffentlich) davor bewahrt, vor dem anderen Medium zum passiven Konsumenten zu werden.

*2. Unterrichtsschritt:*
*Die äußere Handlung von I, 7 –*
*Macbeth and Lady Macbeth as feudal hosts*

Auch die Einführung in I, 7 appelliert an die Phantasie des Schülers, der sich zur Beantwortung der Frage ,,What actually happens and how do Macbeth and his wife behave as feudal hosts?" in den Kontext hineindenken und sich die Situation vorstellen muß, eine nicht ganz leichte Aufgabe zum ersten Hören / Lesen, da die Hinweise darauf in dem Wortgefecht fast unbemerkt bleiben – der Schüler muß sich den Handlungsrahmen konstruieren. Die Hilfe des Lehrers im Unterrichtsgespräch wird nötig sein.

*3. Unterrichtsschritt:*
*Detailanalyse –*
*Macbeth as a bad host*

Sobald der äußere Rahmen gelegt ist, wird I, 7 zum zweiten Mal gehört / gelesen, damit sich der Schüler den schwierigen Text aneignet. Die Frage dazu, was Macbeth dazu veranlaßt, seine Pflichten als Gastgeber des Königs zu vernachlässigen, findet nur indirekt eine Antwort; der Schüler muß sie erschließen und hypothetisch formulieren. Er wird zum Nachdenken herausgefordert und muß sich dabei – aufführungsbezogen – in Macbeth hineinversetzen, den er dabei besser kennenlernt, ehe er sich in der Hausaufgabe mit Lady Macbeth näher beschäftigt. Er braucht auch hierbei wahrscheinlich die Hilfe des Lehrers; die detaillierte Beschäftigung mit Macbeths Monolog wird unter dieser Fragestellung notwendig.
Die detaillierte Arbeit an ll. 1–28 kann als Partnerarbeit organisiert werden, da der

Kontext geklärt ist und die Anmerkungen zum Text zur Verfügung stehen. So lernt der Schüler allmählich, sich selbständig mit schwierigen Textstellen auseinanderzusetzen (Hausaufgabe), und erhält ein Erfolgserlebnis in der anschließenden gemeinsamen Zusammenstellung der Argumente im Tafelanschrieb – den ein Schüler auf Folie schreibt – und ihrer Evaluation im Unterrichtsgespräch.
Das Ergebnis von Macbeths Selbstbesinnung wird in ll. 31–35 ausgesprochen – ein Vergleich mit ll. 80–83 verblüfft und motiviert dazu, festzustellen, wie es in so kurzer Zeit zu dem Gesinnungswandel kommt. Dieses Informationsbedürfnis wird für die Hausaufgabe genutzt.

*Hausaufgabe:*

Deren ersten Teil – ,,Summarize Lady Macbeth's arguments in I, 7" – kann der Schüler leicht zu Hause bewältigen. Von der Lösung der zweiten Aufgabe – ,,Analyse and characterize her technique of arguing" – dürfen wir nicht allzu viel erwarten; sie soll den Schüler in erster Linie auf den oft übersehenen Beziehungsaspekt der Mitteilung aufmerksam machen, damit er zunehmend auch auf dem schwierigen Gebiet der Formanalyse (vgl. z. B. I, 5, 12. Stunde) selbständig wird.

# 14. Stunde:
# Overcoming Macbeth's scruples: love as a means of achieving the wrong end

## Notes on Interpretation

Macbeth's and Lady Macbeth's dialogue in I, 7 must be seen as the continuation of their first conversation after the witches' prophecies and Macbeth's return home in I, 5; for it is their prospect of royalty that poisons the husband-wife relationship. While in their talk in I, 5 they feel sincere joy about being united again, Lady Macbeth subjecting herself to her husband by her formal way of greeting him, yet knowing his most intimate thoughts, I, 7 ends with the couple being once more in agreement, the argument is over. But now a false harmony has been created; for Macbeth has learned his lesson – he echoes his wife, his teacher: he is determined to be an even better dissembler than he has proved so far (I, 5, ll. 63–66 and I, 7, ll. 82 f.). Lady Macbeth has achieved her end. The loving wife of I, 5 becomes very domineering in I, 7, driving Macbeth on towards their mutual goal. Their dialogue in I, 7 surpasses their first in intensity, closing with the depressing result that Lady Macbeth has made herself entirely the witches' instrument and draws Macbeth closer to her by corrupting him.

Macbeth's debasement is just as deplorable as Lady Macbeth's. He allows himself to be misled although he knows better (cf. his monologue in I, 7). Following up the stages by which he turns to evil gives us a psychological insight into the workings of potent persuasion: at the outset he has decided not to consider regicide any more (l. 31) and therefore does not want to talk about it any longer (ll. 45 ff.). But unless he chooses to hurt his wife, he must listen to her and is thus exposed to her arguments which are so cleverly put that he soon has no more objections but his fears that they may not manage to commit the crime properly (l. 59). A few minutes later he has given up his resistance altogether, praising his wife for her manly strength and persistence (l. 73 ff.), and now is only left with the problem that they might be found out as murderers after all (ll. 75–78). These steps show clearly how he gradually is corrupted and more and more loses his initial stature of an independent and responsible man who works for society's good and is rewarded for it (I, 2 and I, 4).

The same process of moral deterioration underlies the arguments Macbeth offers against his wife's plea: he first mentions his feudal reasons against regicide – he has been honoured greatly by Duncan (l. 32); then he adds his social grounds against it – he has won a great many people's favour lately, so it seems foolish to risk that popularity (l. 32 ff.). His most pertinent reason is that he would lose his honour as a human being and husband and as a vassal ("man") – he envisages losses in the social, moral, and psychological field (l. 46 f.). His last two arguments are so poor that they can be taken as the result of his change of attitude and his moral debasement. His corruption is complete when his only doubt is whether he will be able to commit the crime and keep it secret (ll. 59, 75–78).

If compared with his monologue (ll. 1–28), Macbeth's moral decline in the succeeding dialogue of I, 7 comes into full view. He has given up independent thinking, is too easily turned into a mere agent of what Lady Macbeth suggests to him as their mutual purpose, and that against his better judgement. We suspect that his initial admirable reasoning against regicide was no more than an act of prudence, choosing the lesser risk, and that Lady Macbeth only rouses the sleeping dog in him. For he never even tries to convince his wife of the weight of his objections and succumbs to her arguments without any resistance; this is comparable to his easy surrender to the witches' suggestions, though Banquo proves to us that they can be resisted.

But it may not be all Macbeth's fault. Turning to Lady Macbeth and examining her arguments in favour of regicide we find that she uses very powerful techniques indeed, not appealing to reason, but addressing Macbeth as her husband who is failing her and does not love her well enough to serve her.

However, as Lady Macbeth's successful strategy of arguing is really Shakespeare's, we can analyse it as an example of the playwright's art of writing eloquent dialogue in general. We can see especially his art of creating emotional intensity, emphasizing the key terms through repetition ('man': ll. 46, 49, 51; 'fail': ll. 59−62), his use of imagery as a means of persuasion (Homework, 13. Stunde).

Furthermore, Shakespeare's masterly craftsmanship has to be admired in his use of allusions to create 'superstructures of meaning'. Lady Macbeth's words in I, 7 refer back to I, 5 ll. 25−30 and ll. 40−50: she really carries out her intentions and whips Macbeth on as she said she would. But her motives have shifted. In I, 5 she convinced us that she acted out of love for her husband, in order to procure for him what he wanted but could not achieve himself. Confronted with a Macbeth who has given up his ambitions in I, 7, she nevertheless proceeds to turn him into her willing instrument; ambition for the "golden round" alone now drives her to spur on Macbeth.

The same change for the worse in her character is signified by an image cluster in I, 7 and I, 5. In I, 7, ll. 54−59 she characterizes her womanhood as being more manly than Macbeth; these lines are taken up by Macbeth approvingly in ll. 73 ff. and remind us of I, 5, ll. 41 and 47 f. where she asks to be transformed ("unsex me"); they recall I, 5, l. 16 ("milk of human kindness"), so that the loss of womanhood metaphorically comes to mean as much as the loss of humanity or "human kindness". In other words, Shakespeare uses such verbal and metaphorical allusions gradually to unfold his characters and create climactic (and anticlimactic) developments in the most effective and economical way.

Comparing Macbeth's and Lady Macbeth's psychological development we find that, although they are entirely different in personality, there are so many similarities, that they once more appear as "partners" to us. They start off very close to each other, follow different directions, so to speak, until they quarrel over the issue of regicide and finally are united again at the end of the argument, Lady Macbeth pulling her husband down to her inferior level of morality. By scourging his tentative resistance she supplies another instance of the ubiquitous disorder in *Macbeth* and of its moral ambiguity (cf. "Fair is foul, and foul is fair").

Shakespeare develops the husband-wife relationship in *Macbeth* realistically − couples who do harm to each other out of love for each other because their emotional bond does not allow for true reasoning and argument, pleasing each other no matter at what cost, are numerous in our time as well − *Macbeth* here centres on a perennial problem that we all know. Once again we find we can identify with Macbeth and Lady Macbeth, feel with them, fear for them, pity them as if they were real.

## Verlauf der Stunde

*1. Unterrichtsschritt:*
*Textvergleich −*
*Survey of the husband − wife relationship*

Zu Beginn der Stunde schafft der Textvergleich von I, 5 und I, 7 in kurzer Einzelarbeit und im Plenum einen Überblick über die Entwicklung der Ehebeziehung. Der neue Textabschnitt (I, 7, ll. 28−83), den sich der Schüler zu Hause angeeignet hat, wird in das Bekannte integriert und zugleich sein Grobverständnis überprüft.

*2. Unterrichtsschritt:*
*Anwendung der Hausaufgabe −*
*Macbeth's fading scruples*

Wie der erste setzt auch der zweite Schritt voraus, daß der Schüler seine Hausaufgabe gemacht hat. Aber die (fast aufgabengleichen) Fragen zur arbeitsteiligen Gruppenarbeit − „What are the stages in Macbeth's

changing attitude?" und „What are his main arguments against regicide?" – konfrontieren ihn mit einem neuen Stimulus, der verlangt, daß er seine detaillierte Textkenntnis beweist. Die Ergebnisse der Gruppenarbeit werden an der Tafel gesammelt; sie bilden das Material für die Evaluation und Diskussion von Macbeths negativer innerer Entwicklung („Compare Macbeth's arguments to his initial reservations..."). Dabei wird die Folie (Tafelanschrieb) aus der 13. Stunde noch einmal aufgelegt und mit dem Tafelanschrieb verglichen, so daß der psychologische Niedergang Macbeths anschaulich wird. Der Lehrer lenkt beim Sammeln des Materials helfend, bei der Evaluation in der anschließenden Diskussion hält er sich jedoch zurück und überläßt dem Schüler die Deutung.
Wenn der Kurs den Text nicht gut beherrscht, können die Textstellen zur Deutung vorgegeben werden. Es muß klar sein, daß Macbeth sich moralisch selbst degradiert, damit dieser Erfolg der Lady Macbeth vom Schüler im folgenden als zerstörerisch erkannt wird und ihn, im Gegensatz zu Macbeth, die Umkehrung der Werte empört.
Wenn nicht bereits im Zusammenhang mit der Hausaufgabe zur 14. Stunde geschehen, ist ein Hinweis des Lehrers auf die Vielschichtigkeit des Wortes „man" und die Anregung wünschenswert, dieses Wort im ALD nachzuschlagen.

*3. Unterrichtsschritt:*
*Integration der Hausaufgabe –*
*Lady Macbeth as an agent of evil*

Macbeths schneller Wandel – sozusagen zwischen zwei Gängen bei Tisch – erscheint solange fast unglaubwürdig, wie wir Lady Macbeths unnachahmliche Strategie nicht aufgedeckt haben, der Macbeth als liebender Ehemann erliegt. Die Frage „How does Lady Macbeth bring about this change?" zielt deshalb auf den Inhalt des Dialogs ab, schließt aber die Technik der Argumentation mit ein.

Der Schüler, der sich bislang mit Macbeth identifiziert hat, versetzt sich nun in Lady Macbeth und lernt damit das komplizierte Verhältnis der beiden Ehepartner zueinander besser verstehen.
Lady Macbeths Argumente werden parallel denen des Macbeth an der Tafel angeordnet. Daraus ergibt sich, daß beide eine vergleichbare Entwicklung zum Bösen durchmachen. Der Unterschied zwischen den Partnern wird deutlich, wenn der Schüler im folgenden in Still- oder Partnerarbeit die wichtigsten Stellen in I, 5 selbständig zum Vergleich heranzieht („Compare Lady Macbeth's behaviour and her intentions.") und das Ergebnis neben dem von Macbeth an der Tafel erscheint.
Die Analyse von Shakespeares Kunst der formalen Dialoggestaltung kann ganz in die Erarbeitung der inhaltlichen Mitteilung des Dialogs in I, 7 integriert werden, desgleichen die von Wiederholungen und Anspielungen im Bereich der Bildersprache; sie soll sich in jedem Fall auf das Hauptsächliche beschränken. Aber ein Hinweis darauf, daß Shakespeare auf diese Weise größere gehaltliche Zusammenhänge schafft, muß erfolgen.

*4. Unterrichtsschritt:*
*Visualisierung und Diskussion*
*der Ergebnisse – Drawing a diagram*

In der abschließenden Phase der Evaluation vereinigen sich die Stränge der Untersuchung – Macbeth und Lady Macbeth werden zusammen betrachtet. In Partnerarbeit oder im Plenum wird ein Diagramm skizziert; es versinnbildlicht einprägsam die Selbstzerstörung der beiden Partner und das Abgleiten ihres Verhältnisses zueinander bereits vor dem Mord.

*Hausaufgabe:*

Die gewonnenen Einsichten in die Charakterentwicklung der beiden Hauptpersonen sollen in die praktische Übung im lauten Lesen der Dialoge eingehen (Hausaufgabe). Zum Abschluß der Behandlung von Akt I muß in der folgenden Stunde Zeit für den Vortrag der Dialoge zu zweit sein; dabei kommt es darauf an, die Stellen größter Nähe und diejenigen höchster Spannung zwischen den Partnern deutlich darzustellen. Das Spielen von I, 5 und I, 7 ist sinnvoll, sollte aber nur auf freiwilliger Basis durchgeführt werden.

Die Diskussion über die beste schauspielerische Leistung in der Kursgruppe kann in der folgenden Stunde nahtlos in die Filmbetrachtung übergehen, wenn eine Filmversion zur Verfügung steht; denn jetzt am Ende von Akt I steht für die Schüler die menschliche Beziehung und nicht mehr das Säbelrasseln im Mittelpunkt, das am Anfang des Films überbetont wird.

## Unit V: II, 1–4
## "Confusion's masterpiece": committing the regicide and the immediate consequences

### Didaktische Vorbemerkungen zur 15.–17. Stunde

Der Königsmord und die unmittelbar vorausgehenden und folgenden Minuten bilden den Inhalt von II, 1 – II, 2 in der 15.–17. Stunde, wobei die Wirkung der Tat auf Macbeth und Lady Macbeth im Mittelpunkt steht. Um die aufführungsbezogene Fragestellung bei der Behandlung des vorliegenden Textausschnitts bemühen wir uns dabei ebenso wie um die zunehmende Selbständigkeit des Schülers bei der Arbeit.

Der aufführungsbezogene Aspekt der Behandlung konzentriert sich diesmal auf die Funktion und Leistung der Gesten. Der lang geplante Königsmord wird selbst nicht dargestellt, sondern ist nur aus den Worten, der Mimik und vor allem der Gestik des Macbeth und der Lady Macbeth zu entnehmen. Schon

in II, 1 herrschen Gesten im dramatischen Geschehen vor. Das Zücken des Schwertes, das Überreichen von des Königs Ring, dann Macbeths Versuch, den imaginären Dolch zu ergreifen, während er gleichzeitig seinen eigenen packt, dies sind Gesten, die den inneren Zustand der handelnden Personen pointiert sichtbar machen, wo das Wort ihn nicht auszudrücken vermag. Die blutigen Hände des Macbeth in II, 2, die die Dolche der Wächter noch umklammern, liefern nicht nur den Indizienbeweis für seine Schuld, sondern zugleich, indem er sie immer wieder wie fasziniert betrachtet, den Beleg für sein Leiden an der mörderischen Tat. Lady Macbeth dagegen taucht ihre Hände in Blut und zeigt sie Macbeth, weil sie dessen Schuld symbolisch teilen will, und gibt damit ihrer Liebe für Macbeth Ausdruck. Das Waschen der Hände als Geste und Metapher verbindet sich darüber hinaus in Bildlichkeit und Gestik mit der Anspielung auf die berühmte Pilatus-Episode der Bibel, wodurch sich seine Bedeutung über alles Bisherige zum Zeichen des Vergehens gegen Gott selbst ausweitet. Die Strafe folgt fast auf dem Fuß: Es pocht am Tor, und Macbeth steht noch immer in Gedanken an die Tat wie angewurzelt.

Diese Zusammenhänge nachzuvollziehen hilft dem Schüler, sich das Werk auf der Bühne vorzustellen. Zugleich vertieft sich sein Verständnis des Textes und vor allem der Einblick in die Form des Dramas. Shakespeares ,poetischer Realismus' tritt zutage, und das noch klarer, wenn wir die wechselseitige Durchdringung von Bildersprache und dramatischer Wirklichkeit am Beispiel des „image cluster" der Nacht nachvollziehen. Auf diese Weise stellen wir den Schüler vor wirklich lohnende Aufgaben, deren Lösung ihn intrinsisch belohnt und seine Motivation stärkt. Aber wir müssen uns gleichzeitig der hohen Anforderungen bewußt sein und, wenn nötig, Hilfestellung geben und Techniken lehren, mit denen auch die Schwierigkeiten eines Shakespeare-Dramas zunehmend bewältigt werden können. Deshalb erleichtern wir dem Schüler den Einstieg in den neuen Textabschnitt; er konzentriert sich zunächst auf die äußere Handlung und auf deren Gliederung (15. und 16. Stunde), ehe er sich mit den komplexen inneren Vorgängen der jeweiligen Szene befaßt. Außerdem müssen wir ihm Zeit lassen, sich in Stillarbeit oder im Gespräch mit den Mitschülern eine Lösung für die gestellten anspruchsvollen Aufgaben zu erarbeiten.

Unter diesen Umständen aber kann der Schüler bereits den II. Akt fast selbständig interpretieren. Wir konfrontieren ihn praktisch ungelenkt mit dem neuen Textabschnitt (15. und 16. Stunde) und lassen ihn das Arbeitsvorhaben zu Szene II, 2 selbst finden, das er im Anschluß daran in arbeitsteiliger Gruppenarbeit und Hausaufgabe (16. Stunde) so aufbereitet, daß er im folgenden, seine Hektographie kommentierend, die Rolle des Lehrers übernimmt (17. Stunde). Indem wir die Kurzreferate der Schüler möglichst unterschiedlich in die Stunde einbauen – zur Kontrolle und Bestätigung (A, B) dessen, was sich zuvor alle angeeignet haben, oder auch zu aller Information (C) –, vermeiden wir Routine im Unterrichtsverlauf und dürfen hoffen, daß das Interesse an der Meinung des Mitschülers die fremdsprachliche Kommunikation in der Gruppe belebt und der Lehrer sich ganz zurückhalten kann.

In einer Kurzfassung der Unterrichtseinheit *Macbeth* läßt sich die 15. Stunde am leichtesten entbehren; der Lehrer oder ein Schüler gibt eine Inhaltsangabe von II, 1 und erläutert Macbeths Gesten als Ausdruck seines außergewöhnlichen Geisteszustandes, ehe wir Lady Macbeth begegnen, die auf ihren Mann wartet, während dieser König Duncan ermordet.

## 15. Stunde:
## The right conditions; the psychology of a noble criminal

### Notes on Interpretation

The 'exposition' of Act I has introduced us to Macbeth and his wife as public and private characters and has let us into their most secret ambitions and fears. We suspect that Duncan's murder will take place very soon as he has invited himself to Inverness for one night only. Knowing the plot of the play (3. Stunde) and going through Act II we now expect to be told about the immediate consequences of the regicide, including Macbeth's coronation.

Having this framework in mind, we react with surprise to the fact that there is time enough for the almost idyllic scene between Banquo and Fleance as they talk about the night (II, 1). While our (mental) eyes are getting used to the pitch-black darkness enclosed by the walls of Inverness Castle, the night seems peaceful, but for Banquo's memories of his nightmares (ll. 6–9) that lead up to his immediate hostile reaction of drawing his sword when Macbeth approaches (ll. 9 f.). That this is an adequate and inadequate gesture at the same time, makes it another instance of dramatic irony and tells us how treacherous this peace is. Banquo is nervous. His next gesture is even more meaningful: The king has already sent many gifts to Macbeth and now sends a diamond ring to his hostess, which Banquo hands to Macbeth (ll. 13–16). This friendly gesture of royal favour should definitely make Macbeth abandon his plans; it is the penultimate sign he gets that he is about to commit the most terrible crime possible in his world (cf. I, 7, 13. Stunde). Duncan is a really good king who trusts him and rewards his services lavishly. Macbeth has no reason whatsoever for plotting against him, he is utterly in the wrong. Unlike Holinshed, (cf.

3. Stunde), Shakespeare wanted to burden him with the full measure of guilt. So we find that gestures in II, 1 take on an extraordinary importance and symbolic significance, replacing an open word between friends and action in a situation where everything is false, the general peace just as much as Macbeth's friendly thanks. In short, there are several valid dramatic reasons for inserting this almost idyllic prologue to the murder.

Macbeth's situation is an extremely complex one. On the one hand the "right moment" has come, the conditions are "right" for murder – the black night he has asked for is there, everybody is in bed, Duncan asleep, and Macbeth is only waiting for his wife's signal to proceed (ll. 31 f.). On the other hand, he has just been reminded of all the factors – including the witches' uncertain promise – that should keep him from regicide. He finds himself in a deep conflict and cannot steady his nerves, which become even more wrought up by the vision of the dagger (l. 33). Three times he has to remind himself that he is seeing an illusory thing (ll. 35, 40, 45), which seems to go before him (l. 42) on the way to the king's room, and yet he tries to seize the imaginary weapon, clutching empty air.

The visionary instrument of murder shakes him even more when it seems to reappear as the fatal dagger, daubed with the victim's blood (ll. 46 f.). But this last terrible warning does not bring Macbeth to his senses. He knows he is nervous to the degree where he has hallucinations; in spite of his reluctance to murder, he drives himself on, walking towards Duncan's room as the bell rings.

His paradoxical state of mind reveals him as not at all the perfect murderer who kills in cold blood. His senses are confused as he envisaged they would be (l. 44 echoes I, 4, l. 52) and yet he fully realizes that it is only a hallucination (ll. 38 f.). He knows the weight of his guilt and its tormenting consequences (cf. I, 7, ll. 8–12) even before the deed is done. Macbeth is clear-sighted and blind at the same time to a degree that arouses feelings of pity and terror in the audience. He is an upright, a great man caught by the fascination of evil, lacking the moral strength that would protect him from tragedy. Instead, he stifles his integrity in just as violent a way as his wife had done, in his last words before the deed still uttering a – rhymed – warning to Duncan (ll. 63 f.). Macbeth once again proves a "mixed character" who could be a noble individual, but who, alas, will not renounce evil. The process of self-destruction, envisaged earlier on (I, 4, ll. 51 ff.; I, 7, ll. 8–12), has set in. Shakespeare's view of the criminal is deeply humane and understanding though his moral stance is firm.

Just as in I, 6, the action in II, 1 is reduced to rudimentary gestures that here create a most potent message about the spiritual processes going on and help to create an atmosphere that is exactly the crucial moment the audience has been prepared for (homework): Macbeth had asked for a night like that when he first thought of regicide (I, 4, ll. 50–53). Lady Macbeth too invoked the black night to cover the deed so that she might be able to bear it (I, 5, ll. 50–54); she incited Macbeth to murder, planning it for the night that Duncan spends with them (I, 5, ll. 60 f., 67–70). She reminded her husband when he had rejected murdering the king, of the favourable circumstances, so that, as she said, cowardice only could have made him decide against it (I, 7, ll. 51–54). At last she confronted him with a detailed plan for the night of murder (I, 7, ll. 62–73) to which Macbeth could add little, but the suggestion that he would use the two servants' daggers (I, 7, ll. 75–78) – the instrument of murder turning into a "dagger of the mind" (II, 1, l. 38) to torment him even before the deed has been accomplished. In II, 1 for him the night is the moment of murder incarnate (ll. 49–60) creating fear and horror, a world entirely at variance with the observations of Banquo and Fleance for whom the night is a well-kept house where everybody is peacefully asleep with "their candles ... all out" (II, 1, ll. 2–5). Shakespeare's imagery earlier on in the play has become reality and external reality is itself an image of human frailty and the dangers lurking everywhere.

## Verlauf der Stunde

*1. Unterrichtsschritt:*
*Einstieg – The action of Acts I and II*

Da der dramatisierte Vortrag der Dialoge I, 5 und I, 7 (Hausaufgabe der 14. Stunde), entweder in einer Stunde vor oder zu Beginn der 15. Stunde, einen Einschnitt in die Arbeit an *Macbeth* markiert, stellt die 1. Unterrichtsphase in Stillarbeit und Unterrichtsgespräch den Zusammenhang zwischen den ersten beiden Akten des Werkes wieder her. Der Schüler lernt dabei, sich mit Hilfe der Inhaltsangaben der Collins Textausgabe schnell zu orientieren und frühere Phasen der Arbeit (z. B. die 2./3. Stunde) zu reaktivieren. Es wird eine Erwartungshaltung aufgebaut, die zur weiteren Beschäftigung mit dem Text motiviert.

*2. Unterrichtsschritt:*
*Präsentation von II, 1, ll. 1–30 –*
*The right conditions for murder*

Das ungelenkte Hören / Lesen versetzt uns in die Situation des Theaterpublikums – man erwartet Handlung auf der Bühne und wird von der lyrischen Phase überrascht. Die Frage ergibt sich von selbst, warum Shakespeare die Mordszene noch aufschiebt. Das vorgeschlagene Verfahren schafft – hoffentlich – ein Wissensbedürfnis, das für die Arbeit am Text motiviert. In der Gesprächsphase zur Frage ,,Why this kind of introduction to the regicide?" gilt es, auf die retardierenden Elemente, die Bedeutung der Gestik und die düstere Atmosphäre allgemein in II, 1 aufmerksam zu machen.

*3. Unterrichtsschritt:*
*Erarbeiten von Macbeths Monolog –*
*The psychology of a noble criminal*

Dem ungelenkten Hören / lauten Lesen muß eine kurze Worteinführung vorausgehen, da die Begriffe ,,to clutch, to draw a dagger; to marshal; a knell" mit Sicherheit unbekannt, aber für die Vorstellung der Ereignisse unentbehrlich sind.

Wenn wir uns mit Macbeths Situation näher beschäftigen, erkennen wir, daß er keineswegs der große Verbrecher ist. Die Aufforderung ,,Visualize Macbeth's external situation" lenkt die Aufmerksamkeit besonders auf die Gesten und deren Aussage. Der Schüler muß sich das Geschehen auf der Bühne aus dem Text des Monologs erschließen; wenn er die Aufgabe löst, beweist er, daß er den Monolog verstanden hat. Die Fragen ,,What is Macbeth actually doing? How many daggers are involved?" helfen ihm, das Ergebnis zu formulieren.

Obgleich die schwierige Aufgabe – ,,Characterize Macbeth's state of mind" damit bereits zum Teil gelöst ist, erhält der Schüler noch einmal Gelegenheit, sich mit dem Text auseinanderzusetzen. Dies geschieht zur Abwechslung in Partnerarbeit; die deutsche Übersetzung, wenn sie angeschafft worden ist, kann offiziell als Hilfsmittel hinzugezogen werden. Hier kommt es lediglich darauf an, daß der Schüler das Wichtigste, den paradoxen Zustand des sensiblen Mörders Macbeth, nicht aber unbedingt alle sprachlichen Einzelheiten erfaßt.

*Hausaufgabe:*

In der Hausaufgabe soll der Schüler die angegebenen Stellen zum Realbereich und ,,image cluster" Dunkelheit / Nacht / Schlaf deuten und dabei die Wechselbeziehung von Metaphorik und Realsituation auf der Bühne als Teil von Shakespeares Realismus erkennen. Eine einprägsame Formulierung dieser

Tatsache wird Aufgabe der Eingangsphase der folgenden Stunde sein, denn der Lehrer muß dabei Hilfestellung geben.

## 16. Stunde:
## Accomplishing and concealing the regicide
## 17. Stunde:
## The effect of the crime on the criminal

### Notes on Interpretation

The situation of II, 2 is one of great suspense and anxiety for Macbeth and Lady Macbeth. To use the play's language: we wonder whether they 'will manage' to commit the murder. Lady Macbeth could not, as Duncan resembled her father (ll. 12 f.); she prepared everything for Macbeth, as she tells us while waiting for the news that the deed is accomplished (ll. 1–13). Her first words of greeting – "my husband" (l. 13) – show her perverted pride in Macbeth who returns from the scene of murder and reports on his deed (ll. 14–57). Now any noise frightens him. His description of the scene of the murder is full of ghastly phantasms: there are the two servants witnessing the regicide in their sleep and praying, with Macbeth unable to join in, and hearing a voice prophesying that he will suffer from sleeplessness after killing the sleeping king. Then Lady Macbeth notices the servants' two daggers still in Macbeth's hands and goes to put them back so that the servants will appear guilty. Macbeth refuses to go himself and stays to deplore the deed, still shocked by the sight of his blood-stained hands (ll. 57–63). Lady Macbeth is aware of his suffering and comes back with her hands dipped in blood as well (ll. 64–72), symbolically sharing in the guilt so as to convince her husband of their common responsibility. She urges him to wash away the signs of guilt so that they – 'washing their hands of it', so to

speak – may seem innocent of the terrible deed, for as hosts they are officially in charge of Duncan's safety.

Shakespeare tells us about the murder and the eerie circumstances by presenting his characters' reactions in their own words. Not the sensational act of regicide, but the psychological processes that are set off by it interested the playwright – he wants us to concentrate on the psychology of the criminal, the pitiable tormented murderer who is alone with his nightmarish experience and his accomplice, both of them nearly beside themselves with the fear of being found out. The knocking on the gate reminds them and us that they have lost their peace and are about also to lose their position in society, which they have just tried to better. Everything is at stake for them from now on, there is no more security.

If the scene is to be given a heading, it has to take into account the absence of action and the abundance of psychological insight, or it could focus on the moral side, Macbeth's clear-sighted premonitions of the mental torture to come as a punishment of "even-handed justice" (I, 7, l. 10), and the self-destruction setting in. Therefore it is the psychological developments in Macbeth and his wife that are worth analysing in greater detail.

The effect of the murder on Macbeth is destructive. Coming back from the scene of the murder, he is so nervous that any noise alarms him. He only sees his bloody hands, still clutching the daggers, and regrets his deed passionately – he seems psychologically 'walled in', just as he is surrounded by the high walls of Inverness Castle. He has had another hallucination prophesying that he, having murdered "innocent sleep", sleeping Duncan who could not defend himself, shall not be allowed any more to sleep himself; as Macbeth sees sleep as the life-preserver (ll. 37–40), he makes the enormity of his guilt and of his punishment quite clear. Remembering how he could not say amen to the chamberlains' prayer, he realizes that the murder has not only estranged him from himself, but from God (ll. 22–33). He recognizes the psychotic state he is in and which he had foreseen; his eyes no longer know his bloody hands (l. 59; cf. I, 4, ll. 52f.) which have become the symbol of his monstrous guilt. Even Lady Macbeth's bloody hands cannot rouse him from his paralysis – he does not move when the knocking on the gate signals the growing danger of being caught red-handed (ll. 68–72). The fascination of evil has grown into a kind of hypnosis that estranges Macbeth from himself, his surroundings, and from God and isolates him completely. Macbeth knows that the process of self-destruction is well under way (l. 73).

Lady Macbeth's part in the regicide is so decisive that she identifies entirely with Macbeth. She has prepared everything for him; she would have done the deed herself had it not seemed parricide. She is sincerely proud of Macbeth when he has killed Duncan – he has done it for her. But her approval of her husband gradually fades away. She tries to calm him, admonishes him to control his feelings of fear and guilt (ll. 33f., 44ff.) and gives him practical advice that might help somebody less deeply agitated, but does not help Macbeth: "Go get some water and wash…" (ll. 46f.). She then does not conceal her annoyance and takes over entirely. But even the horrible sight of her bloody hands does not wake Macbeth from his nightmare and make him acknowledge her way of expressing her love for him and her intention of sharing his guilt. She is no longer able to arouse his love but has to push him to their bedroom so that the crime is not at once attributed to them. Does the murder then change the husband-wife relationship? They are still partners, in crime and guilt. Lady Macbeth stresses that fact by staining her hands with blood; her husband, however, cuts himself off from her now that he has to bear the burden of regicide. Their estrangement becomes apparent.

Also they concentrate on different aspects of the situation: Lady Macbeth only considers the practical needs and sees to it that their guilt is concealed for the moment; Macbeth, however, is so shaken by the metaphysical implication of the deed that in his suffering he neglects reality altogether. Though once more they may seem very well suited to each other, their separation starts at the scene of the murder. Their attempt to achieve more "greatness" destroys them both and dooms their relationship as well. Ambition proves fatal.

Of all the many admirable linguistic features that make scene II, 2 one of most understanding pieces of insight into the psychology of guilt, only the most important and striking can be singled out here as an example of Shakespeare's unique art of creating complex meaning: it is his building up of Lady Macbeth's proposal to wash their blood-stained hands (l. 67). Macbeth who earlier expressed his fears of the destructive forces set free by regicide (cf. I, 4, ll. 51ff.; I, 7, ll. 7–12, II, 1, ll. 44f.), experiences exactly that state of physical and psychological chaos he had envisaged: he loathes to see his bloody hands, and yet stares at them in fascination until, realizing his state, he metaphorically calls for even greater physical self-destruction (ll. 57ff.); he disagrees with his wife – this kind of guilt cannot simply be washed away. Lady Macbeth, however, is concerned with the practical side of being able to disown their deed when she suggests washing their hands. So this gesture emphasizes the difference between husband and wife. Shakespeare has built it up so systematically that it now forms a climax: we, in addition to that, are reminded of the biblical scene of Pilate washing his hands before the Jews to prove his lack of involvement. This analogy then relates the murder of Duncan to that of Christ. That might be overdoing interpretation, if the following scenes did not support this reading and if we – and Shakespeare's contemporaries as well – did not know of the king's position in medieval, that is in feudal Christian society as God's representative on earth. Once again images and gestures in Shakespeare's play combine to make reality more meaningful and to give more reality to words, another striking example of his fascinating 'poetic realism'.

## Verlauf der 16. Stunde

*1. Unterrichtsschritt:*
*Strukturierung des Inhalts von II, 2 –*
*Accomplishing and concealing the regicide*

Das Kennenlernen von II, 2 als erstem Höhepunkt von *Macbeth* steht im Mittelpunkt der 16. Stunde. Mit der Aufforderung, die Szene beim ersten extensiven Hören / Lesen und danach in einer Stillphase in Auftritte zu unterteilen und darauf den Inhalt zusammenzufassen, wird der Schüler angehalten, sich die äußere Handlung und die Strukturierung, die Shakespeare für sie findet, anzueignen. Die vier Teile werden im Text markiert, damit man sich schneller zurechtfindet, eine Technik, die dem Schüler das selbständige Erarbeiten von längeren Texten erleichtern wird. Die anschließende Diskussion der Frage – „Why does Shakespeare not show the murder on the stage?" – lenkt den Blick auf die Problemfelder, innerhalb derer der Schüler im folgenden sein Arbeitsvorhaben selbständig formuliert – auch dies ein Schritt auf dem Weg zur ungelenkten Arbeit am Text.

*2. Unterrichtsschritt:*
*Auffinden des Arbeitsvorhabens durch*
*die Schüler selbst –*
*The effect of the murder on the Macbeths*

Das zweite extensive Hören / Lesen dieser Szene schließt die Evaluation mit ein: Was ist die wichtigste Mitteilung? Sie wird zur

Überschrift – „Give the scene a heading"; der Schüler entscheidet weiterhin, welche Aspekte der Szene es wert sind, näher untersucht zu werden, auch dies ein wichtiger Schritt zur selbständigen Textinterpretation. Die Vorschläge zu den Arbeitsvorhaben werden an der Tafel stichwortartig festgehalten und die lohnenden ausgewählt; sie beziehen sich auf die beiden Hauptakteure, ihr Verhältnis zueinander und die Bildersprache der Szene. Hier werden zur Gruppenarbeit nur die ersten drei aufgegriffen. Der einzelne schließt sich der Gruppe an, die das von ihm gewählte Thema behandelt.

*3. Unterrichtsschritt:*
*Arbeitsteilige Gruppenarbeit zu II, 2*

Die Gruppenarbeit bietet Abwechslung von der Einzelarbeit im Zusammenhang mit dem Hören / Lesen des Textes. Die arbeitsteilige Aufgabenstellung erlaubt die kompakte Erarbeitung der aufgeworfenen Probleme. Jede Gruppe konzipiert eine Hektographie, auf der stichwortartig die wichtigsten Arbeitsergebnisse für die anderen zur folgenden Stunde festgehalten werden. Ein zusammenhängender Text ist als Vorlage für den Vortrag der Ergebnisse zu Hause zu verfassen.

## Verlauf der 17. Stunde

*1. Unterrichtsschritt:*
*Stillphase und Schülervortrag –*
*The effect of the murder on Macbeth*

Zu Beginn stimmen sich alle mit einer kurzen Phase der Rückbesinnung auf den Vortrag des ersten Gruppenergebnisses ein. Dem referierenden Schüler dient der ausformulierte Aufsatz (Hausaufgabe) nur als Gedächtnisstütze, er kommentiert die allen hektographiert vorliegenden Ergebnisse seiner Gruppe möglichst frei. Die daran anschließende Diskussion ergänzt und berichtigt die

Schüleräußerungen zum Thema und verallgemeinert sie unter der Fragestellung „How would you characterize Shakespeare's view of the criminal?"

*2. Unterrichtsschritt:*
*Stillphase und Schülervortrag –*
*Lady Macbeth's part in the regicide;*
*the effect of the murder*
*on the couple's relationship*

Wiederum bereiten sich alle Schüler auf den folgenden Kurzvortrag mit Hektographie vor. Sie reaktivieren ihr Wissen aus der 16. Stunde, um im folgenden sachkundig beurteilen zu können, was ihr Mitschüler leistet. Das Verfahren gleicht dem der ersten Phase oder läßt sich leicht abwandeln: An die Stillbeschäftigung schließt sich dabei das Lesen der neuen Hektographie über Lady Macbeth an. Es findet diesmal kein Kurzreferat statt, sondern die Schüler stellen Fragen an die Gruppe B als die Spezialisten. Damit sind dann alle auf die Frage C – „Does the murder change the husband-wife relationship?" – vorbereitet. Die beiden Hektographien der Gruppe A und B nebeneinander gelegt ergeben die parallelen Entwicklungen und die Unterschiede zwischen den Ehegatten in dieser Szene, die der Sprecher der Gruppe C mit der eigenen Hektographie kommentiert. Wenn dabei die Geste der Lady Macbeth, „her staining her hands with blood", bereits kommentiert wird, integriert sich die folgende Evaluations- und Diskussionsphase dadurch in den 2. Unterrichtsschritt.

*3. Unterrichtsschritt:*
*Formanalyse – Images and gestures*

Der letzte Unterrichtsschritt der Stunde zeigt auf, wie Shakespeare das komplexe Bild des Händewaschens und seine Anspielung auf die Pilatusszene der Bibel in seinen Einzelteilen in II, 2 und in früheren Szenen systematisch aufbaut und zum Höhepunkt führt; deshalb muß die Bildlichkeit der ganzen Szene noch einmal rückblickend aufgerollt werden. Da es sich um eine Geste handelt, die sich bei Lady Macbeth selbst (vgl. V, 1) und dem Publikum tief einprägt und die zu den bedeutendsten der Weltliteratur zählt, lohnt sich der zusätzliche Aufwand. Der realistische Zusammenhang von Gestik und Bildersprache läßt sich daran exemplarisch darstellen. Dabei übernimmt der Lehrer die Führung. Wenn genügend Zeit vorhanden ist, läßt sich das Vorgehen dahingehend abwandeln, daß der Schüler statt dessen die Stellen in II, 2 und die vorausgehenden Szenen selbständig aufsucht, an denen von den Händen die Rede ist, und sich so den Zusammenhang von Gestik und Bildersprache selbständig erarbeitet.

*Hausaufgabe:*

In der zusammenfassenden Hausaufgabe beschäftigt sich der Schüler nochmals mit den unmittelbaren Auswirkungen des Mordes auf die Ehepartner. Die Vorbereitung von II, 3, ll. 1–20 klärt das Textverständnis vor, damit das Zusammenhören von II, 2, ll. 57–74 und II, 3, ll. 1–50 in der 18. Stunde möglich wird. Ein zusätzlicher Hinweis darauf, daß die Wortfamilie „equivocal / equivocate / equivocator" im einsprachigen Wörterbuch nachzuschlagen ist, mag notwendig sein.

## Didaktische Vorbemerkungen zur 18. und 19. Stunde

In der Szene II, 3 entdeckt Macduff den Mord an Duncan; wir lernen die Reaktionen der anwesenden Ritter kennen und sehen, wie sich Macbeth und Lady Macbeth verhalten. In der folgenden Szene II, 4 erfahren wir vom Mann aus dem Volk mehr über die ungewöhnlichen Begleitumstände des schrecklichen Ereignisses.
Im großen ganzen unterscheidet sich das methodische Vorgehen in den vorliegenden

Stunden kaum von dem der 15.–17. Stunde: Die Schüler erhalten wieder viel Gelegenheit, den Gang der Untersuchung mitzubestimmen, indem sie die Arbeitsvorhaben für den zweiten Teil der 18. und für die ganze 19. Stunde selbst auffinden. Die Angaben des Stundenblatts sind infolgedessen nur Vorschläge, die zwar die lohnenden Themen benennen, aber durch solche ausgewechselt werden sollen, die die Schüler selbst formulieren. In arbeitsteiliger Gruppen- und Partnerarbeit, weitgehend ohne Hilfe des Lehrers, lösen sie im folgenden die selbstgewählten Aufgaben und referieren ihre Ergebnisse den Mitschülern, die unterschiedlich darauf eingestimmt werden. Damit bilden die 15.–19. Stunde methodisch gesehen einen Höhepunkt in der Erziehung zur Selbständigkeit, der bereits an dieser Stelle möglich ist, weil das äußere Geschehen wohlbekannt ist und sich der Schüler in dem faktischen Koordinatensystem bei der Erarbeitung von Einzelaspekten sicher bewegt.

Einen anderen methodischen Ansatz dagegen – vergleichbar dem der 10. und 21. Stunde – wählen wir mit der geistesgeschichtlichen Interpretation der Pförtnerszene. Als Einstieg wählen wir die Konfrontation des tragisch-schrecklichen Ausgangs von II, 2 mit dem burlesken Beginn von II, 3. Wenn eine gute Tonversion vorliegt, müßte der Schüler bereits im Hörverstehen geübt genug sein, um den großen Unterschied in der Stimmung und Atmosphäre der beiden Szenen, aber auch in der Persönlichkeitsstruktur der darin auftretenden Personen zu bemerken und seine emotionalen Reaktionen darauf richtig zu beschreiben (auch im 1. und 2. Unterrichtsschritt der 19. Stunde geht es darum, Zwischentöne und Implikationen möglichst über das Ohr zu erfassen). In der folgenden Detailanalyse der Rede des Pförtners lenken wir den Schüler zunächst stark, damit er sich dennoch auf induktive Weise selbst mit dem Problem der „equivocation" bekannt macht, und geben ihm erst dann, wenn die didaktische Notwendigkeit dafür geschaffen ist, die Informationen über den historischen Hintergrund, die er braucht, um die Aussage des Pförtners in ihrer vollen Relevanz und Tragweite zu erfassen und im folgenden das Verhalten Macbeths ebenfalls als „equivocation" zu erkennen. Die Einführung in den historischen Kontext der Szene ist damit unentbehrliche Hilfe für das philologische Verständnis des Textes.

Das vorgeschlagene Minimalprogramm läßt sich jederzeit durch ein Referat über „the Gunpowder Plot" und Guy Fawkes ausweiten. (Zuverlässige, knappe Informationen dazu finden sich in der *Encyclopedia Britannica* und der *Encyclopedia Americana* sowie in Trevelyans *History of England*.)

Die Kurzfassung der Unterrichtseinheit über *Macbeth* faßt die 18. und 19. Stunde zu einer zusammen und verzichtet deshalb auf das hohe Maß an Selbständigkeit der Schüler bei der Bearbeitung des zweiten Teils von II, 3 und von II, 4. Die Hausaufgabe der 17. Stunde erwartet anstelle der nachbereitenden Zusammenfassung von allen, daß sie II, 3 und II, 4 gelesen haben und eine kurze Inhaltsangabe geben können. In der Stunde selbst führt dann der Lehrer auf die für das weitere Verständnis des Werkes notwendigen Aspekte hin (18. Stunde, 2. Unterrichtsschritt; Themen der arbeitsteiligen Hausaufgabe; Themen der arbeitsteiligen Partnerarbeit; 19. Stunde, 3. Unterrichtsschritt).

## 18. Stunde:
### Inverness Castle as hell on earth: the discovery of the regicide

## 19. Stunde:
### First suspicions and signs of rising opposition; the people's view of the regicide: chaos in nature

## Notes on Interpretation

It is still a matter of discussion whether Shakespeare intended II, 3 to create comic relief or not. (Cf. Muir, p. XXIV) It is no longer denied, that II, 3 – contrary to Coleridge's argument – is really by Shakespeare, as it has several important contributions to make to the play as a whole. The porter as a figure from low comedy complements the Macbeths' tragic perspective of events – he belongs to the lower orders and has been drinking till the small hours (l. 23). He poses as the porter of hell-gate (l. 1 f.) who in the medieval miracle play guided visitors through that place of no redemption, and implies that Inverness is hell on earth. His monologue therefore is full of dramatic irony which makes his drunken nonsense turn out to be full of meaning.

He is preoccupied with equivocation – a farmer, a traitor, an English tailor (l. 4, 8–13) are all guilty of that sin and in hell for it. Are not Macbeth and his wife offenders of the same kind and is not their behaviour towards their guest Duncan a perfect example of treason for which they too deserve hell? How much the regicide Macbeth is 'in hell', Act II, 2 has only just shown us. Jokingly and yet very distinctly the porter teaches his audience, as II, 2 did on the tragic level, that regicide and treason do not pay.

The porter conveys that message to us, however, in a much more elegant way than can be expected from an uneducated man, his rhetoric is Shakespeare's (though he may talk dialect on the tape). By no more than hinting at it – if *a man were* porter of hell-gate he would close the place because too many people try to get in (ll. 1 f.) – he actually says: This world is too bad. He is just using a popular swearword when answering the knocking at the gate with a "Who's there, i' th' name of Beelzebub?" (ll. 3 f.) – but his audience associates this by now with the concept of "hell on earth". So by the time he definitely denies that his place is hell – "But this place is too cold for hell. I'll devil-porter it no further" (ll. 15 f.) – we have got his message and with a smile acknowledge the rhetorical device by which he suggests something by denying it or "as he says himself" by swearing in both the scales against either scale (ll. 8 f.), for it is "th' equivocation of the fiend that lies like truth" as Macbeth says later on (V, 5, ll. 43 f.). The porter's way of arguing illustrates equivocation – even more openly in his talk with Macduff (ll. 23–34) – though he condemns it as a sure path to hell: the Clown (Dover Wilson, p. 126) in the role of porter of hell-gate can still juggle and pun with it.

The porter is an example of a minor character having a rather important contribution to make to the structure and meaning of the play as a whole. We are reminded of the witches' "Fair is foul, and foul is fair" which holds all sorts of ambiguities, factual and verbal ones, equivocation being one of them. We remember what we learned about the medieval Christian view of man – the lowliest of human beings having the same chances as the princes in the moral field (10. Stunde). It is part of Shakespeare's admirable insight into the human condition that he makes us realize how the least of our fellow men is still a valuable member of society.

However, the porter's style of arguing is not peculiar to Shakespeare either. It was f. i. attributed to a well-known Jesuit in Shakespeare's time, Father Garnet, alias Farmer – l. 4 may allude to him directly –, who in 1606, the year of *Macbeth's* probable first production at court, was tried for complicity in the

Gunpowder Plot (1605) and sentenced to death after he tried to defend himself by "equivocating", that was, protesting the truth of two contradictory statements. There is a fair chance that Shakespeare was strongly interested in the Gunpowder Plot as a loathsome act of treason. These events were so much under discussion in 1606 that no doubt Shakespeare's allusions were highly topical to his contemporaries. The drunkard's nonsense made sense then and may have been specially pleasing to Shakespeare's royal patron, King James I (Muir, p. XV–XVIII, XXIII–XXIX). The extrinsic method of analysing Scene II, 3 in its original context is necessary, if we want the passage to communicate at least some of the meaning Shakespeare intended and not to be almost obscure for us, four centuries after it was written.

The following part of II, 3, ll. 41–146 (homework, 18. Stunde) reveals Inverness Castle to Macbeth's fellow knights as a place that deserves to be called hell on earth. Macduff discovers that good King Duncan has been murdered (ll. 63–68). He raises a hue and cry, waking everybody (ll. 72–79), while Macbeth and Lennox leave for the king's room. When they come back Macbeth confesses to killing the 'guilty' guards in his "violent love" for Duncan (ll. 106–111). During this speech Lady Macbeth faints and is being carried off the stage when the others, with Banquo leading them, call for an investigation into the murder and then withdraw to dress. The king's sons rightly see "daggers in men's smiles" (l. 140) and decide to flee from the place of treason.

Shakespeare presents the content of II, 3, ll. 41–146 to us in a great number of very short episodes that are each marked by the entrance or exit of a character, thereby creating quite a commotion on stage, as if he wanted to make "confusion's masterpiece" visible (cf. II, 3, ll. 41–146 are: ll. 41–50; 51–62; 63–72; 72–79; 80–86; 86–90; 91–96; 97–118; 120–125; 126–134; 135–146).

The discovery of the regicide already arouses the first suspicions against Macbeth and Lady Macbeth and the earliest signs of rising opposition. Banquo's curt comment to Lady Macbeth's studied surprise about Duncan's murder – "What, in our house?" – "Too cruel anywhere." (l. 88) – is in line with his nightmares and his recalling "the three Weird Sisters" at the beginning of that night (II, 1, ll. 6–9, 20f.). When Macbeth confesses to having killed the guards, Macduff's question "Wherefore did you so?" (II, 3, l. 107) implies criticism of Macbeth, who then gives a very long answer to explain his behaviour. Finally, Banquo calls for an investigation and pledges his word that he will fight treason under God's protection and all the knights present join in (ll. 126–134). Before he has even been crowned King of Scotland, Macbeth's fall seems certain; it is inherent in his rise. His fate can be read as an example of a favourite theme of baroque drama, the presentation of the vanity of this world ("vanitas vanitatum").

The knights all condemn the regicide and treason. Banquo declares that God will protect them in their fight against it (ll. 130 ff.). In Macduff's words, regicide appears as an act against God: he calls it a "most sacrilegious murder", an offence against secular and church law alike, he says it is the breaking into "the Lord's anointed temple" and therefore an act of violence against the divine order (ll. 63–68). It is to him "the great doom's image" (l. 77), like the Last Judgement when the good shall be separated from those who go to hell; we are reminded of the porter scene. Macbeth is the only one who does not openly call the regicide an act against God. To him it overturns the world of knightly values. Unintentionally, he pronounces his own punishment by saying that after the regicide this world is devoid of values and nihilism is the consequence (ll. 91–96). In other words, he equivocates, alternately belittling and crying out the importance of the king's murder. He does so again when he calls it a "breach in nature", as nature was ruled by divine law (l. 113) in the eyes of his contemporaries. Compared to Banquo's and Macduff's comments on the regicide, Macbeth's words sound like a conscious attempt to say what will win over a court audience.

Is his "false face" then convincing or does Macbeth give himself away as the murderer? As a kind of undercurrent, suspicion against him and latent opposition seem to be there all the time. Against his own will he sets them off: his complaint about Duncan's death and his speech explaining why he murdered the chamberlains are too wordy to be appropriate for the situation. He takes Macduff's question "Wherefore did you so?" (l. 107) to be an accusation and defends himself without actually having been accused (ll. 108–118). It will always remain a matter of interpretation whether Lady Macbeth pretends to faint in order to distract attention from her husband (l. 118) – because she found his speech too elaborate and therefore unconvincing –, or whether she really faints because things are getting too much for her. Though the majority of the knights present may not suspect anything, to Lady Macbeth, Banquo and the audience, Macbeth is overdoing his whitewashing, and Lady Macbeth's angry exclamation "What, in our house?" (l. 88) rings similarly false, both to Banquo and to us. Macbeth and Lady Macbeth resemble those equivocators the porter introduced to us: by overdoing their deception they give themselves away.

Scene II, 4 adds the people's view of the regicide. Remarks on how chaotic the night was form the main theme of the talk between Ross and the Old Man (ll. 1–20) reminding us of similar remarks in II, 1, ll. 49–56 and II, 3, ll. 53–62. It is the Old Man who equates the chaos in nature with that in society calling both unnatural (ll. 10f.). The regicide is seen as "gainst nature still" (l. 27) when Macduff reports on the results of the investigation that accuse the king's sons of instigating the murder (ll. 22–27). Like the porter, the Old Man, though a very minor character, makes an all-important statement by reminding us that the king's murder in his view has upset universal order. So when Macduff tells us that Macbeth is going to be crowned and Duncan buried (ll. 31–35) we cannot possibly take this for a re-establishment of order and are inclined to accept Macduff's premonitions that hard times are to come (l. 38).

Macduff does not openly doubt Macbeth's honesty, but his report on the events is so detached that we wonder: he, who was so close to Duncan, is not going to be present at his successor's coronation (l. 36) – an act of clear defiance in the feudal world which Shakespeare's contemporary audience was familiar with (and which we still understand if we read about royalty and their big social occasions in our time). The Old Man's blessing seems necessary, as if to counter-act the witches' spell for turning good into evil: once again God's assistance is called upon for those who turn evil into good and oppose treason. Banquo and Macduff have both become Macbeth's foes (ll. 40f.; II, 3, ll. 130ff.).

Reviewing Act II, several lines come to our minds that we remember as specially meaningful and which therefore might serve as a motto, indicating the main contribution of Act II to the play:

– "A little water clears us of this deed." (II, 2, l. 67)
– "Confusion now hath made his masterpiece." (II, 3, l. 65)
– "Most sacrilegious murder hath broke ope/ The Lord's anointed temple." (II, 3, ll. 66f.)
– "The great doom's image" (II, 3, l. 77)
– "There's daggers in men's smiles" (II, 3, l. 140)
– "Thriftless ambition" (II, 4, l. 28)

As the regicide is presented as the central event of Act II creating disorder in every sphere of life "confusion's masterpiece" (II, 3, l. 65) seems to sum it up best.

Before analysing Act III we should revise what we know about Macbeth's and Banquo's relationship so far (homework):

I, 3: they are fellow knights and meet the witches; both are promised future honours and greatness. Part of Macbeth's prophecy comes true. Banquo as a friend warns Macbeth that the witches are evil, but Macbeth will not listen.

I, 6: Banquo comes to Inverness Castle together with Duncan, he is very close to the king.

II, 1: Banquo gives Macbeth a penultimate reminder by presenting him with the king's gifts, and recalls the witches to him.

II, 3: Banquo rebukes Lady Macbeth for her inappropriate comment on Duncan's murder and seems to suspect her and Macbeth; he demands an investigation of Duncan's murder and rouses opposition to Macbeth.


## Verlauf der 18. Stunde

*1. Unterrichtsschritt:*
*Das tragikomische Element der Pförtnerszene – Inverness Castle as hell on earth*

Ehe wir den Text II, 2, ll. 57 – II, 3, ll. 40 hören, um innerhalb desselben Kontextes den Unterschied im Ton, der Sprechweise und der Thematik auf uns wirken zu lassen, muß der Schüler Gelegenheit haben, Fragen zu ihm unverständlichen Wendungen zu stellen; denn wer die Wortspiele des Pförtners nicht versteht, kann seiner Rede nicht folgen. Der Schüler soll darüber hinaus die emotionale Wirkung des Textes auf sich analysieren. Diese gefühlsmäßigen Eindrücke auf englisch zu formulieren ist nicht leicht, deshalb ist die Vorklärung auf deutsch in Partnerarbeit hier wünschenswert. Die evaluierende Frage „Why is II, 3, ll. 1–20 an essential passage of the play?" objektiviert die Äußerung der persönlichen Empfindungen und macht es dem Schüler leichter, sich im Plenum darüber in der Fremdsprache zu unterhalten. Voraussetzung dafür, daß diese Unterrichtsphase gelingt, in der sich der Schüler in das Theaterpublikum versetzt, ist eine gute Aufnahme des *Macbeth*. Das aufführungsbezogene Vorgehen führt hier nur zum Ziel, wenn sich der Pförtner durch die Dialektfärbung, die andere Sprechweise und das Register seiner Sprache lustspielhaft von den Personen in der tragischen Situation, Macbeth und Lady Macbeth, absetzt. Steht keine Tonversion zur Verfügung, geht die sprachliche Analyse dem lauten Lesen des Lehrers voraus, der versucht, den Unterschied hörbar zu machen. Am leichtesten fällt die Interpretation jedoch, wenn ein Film zu *Macbeth* eingesetzt wird.

*2. Unterrichtsschritt:*
*Stilistische Analyse und Hintergrundinformation – Equivocation*

Zur stilistischen Detailanalyse werden drei Stellen auf Folie geschrieben und mit dem Tageslichtprojektor vorgestellt:

l. 1 f. „If a man were porter of hell-gate"
l. 3 f. „Who's there, i' th' name of Beelzebub?"
l. 15 f. „But this place is too cold for hell. I'll devil-porter it no further."

Sie geben ein einleuchtendes Beispiel für „equivocation", d. h. für die Art der Rhetorik ab, die das Gegenteil von dem sagt, was gemeint ist, und doch die gemeinte Aussage vermittelt: Der Pförtner bringt es fertig, mit denselben Worten zu sagen, Inverness Castle ist die Hölle, und dasselbe zu verneinen. Damit der Schüler dies selbst erkennt, muß die Analyse der Sprachform „if *a man were...*" mit in die inhaltliche Diskussion einbezogen werden; ein kurzer Exkurs über die „if-clauses" mag nötig sein. Die Frage „Why does Shakespeare make the porter, the most minor character, give us such an important clue?" evaluiert das Ergebnis der Analyse und stellt es in einen größeren Rahmen – wir werden auf die 4. Stunde („Witches") und die 10. Stunde („chain of being") zurückverwiesen. Wenn die Binnenstrukturierung der Unterrichtsreihe auf diese Weise bewußt gemacht wird, reaktivieren wir zugleich früher Gelerntes und zeigen damit dem Schüler, daß er diese Kenntnisse braucht. Er kann außerdem die Einsicht gewinnen, daß wir oft zu Unrecht die Humanität unserer eigenen Epoche über die der vergangenen Jahrhunderte stellen.

Die Ausführlichkeit des anschließenden Lehrervortrags über Father Garnet, alias Farmer, als des Pförtners Urbild für den Verräter und „equivocator" orientiert sich am Schülerinteresse. (Einen zuverlässigen, knappen Abriß enthält Muir, pp. XV–XVIII.) Das Einbeziehen von Informationen zum historischen Kontext in die Interpretation erlaubt dem Schüler an einer passenden Stelle, sich induktiv selbst die Einsicht zu erschließen, daß eine Textstelle uns heutigen Lesern wie barer Unsinn vorkommen kann und doch zur Zeit ihrer Entstehung eine sinnvolle Mitteilung gemacht hat. Wir brauchen also historische Kenntnisse, um einen Text zu verstehen, d. h. seine Mitteilung geistig nachzuvollziehen; denn der Verfasser bezog die Reaktionen seines ursprünglichen Publikums mit in sein Werk ein, die wir uns heutzutage erst mit der geistesgeschichtlichen Interpretation erarbeiten müssen.

*3. Unterrichtsschritt:*
*Präsentation von II, 3, ll. 41–146 –*
*The discovery of the regicide*

Die Behandlung von II, 3, ll. 41–146 zielt zunächst auf das Grobverständnis des Textes ab. Die Schüler gliedern die Szene während des Hörens/Lesens mit dem Bleistift in der Textausgabe, damit die Frage – „What is the main message of II, 3, ll. 41–146?" – beantwortet werden kann und dabei die Möglichkeit, den Schwerpunkt verschieden zu setzen, deutlich wird. Was die wichtigste Mitteilung der Szene ist, hängt davon ab, ob wir die steigende äußere Handlung, Macbeths bevorstehende Krönung, oder die fallende Handlung, die Entdeckung des Mordes an Duncan und die Folgen für seine Söhne, oder Macbeths moralischen Verfall bzw. die neu einsetzende steigende Handlung der Opposition gegen den Königsmörder in den Mittelpunkt stellen. Diese vier möglichen zentralen Aspekte macht sich der Schüler in einer kurzen Stillphase und anhand der folgenden knappen Inhaltsangabe bewußt; sie werden an der Tafel festgehalten und bilden die Themen der arbeitsteiligen Hausaufgabe.

*Hausaufgabe:*

Im einzelnen verlangen die Aufgaben vom Schüler verschiedenartige Leistungen. Während er zu A) „Details of the discovery of the regicide" eine Inhaltsangabe verfassen muß, kommt es bei B) und C) darauf an, die wichtigsten Stellen im Text zum vorliegenden Thema aufzusuchen und detailliert, jedoch zugleich im Rahmen des Gesamtkontextes zu interpretieren. Aufgabe D) verlangt die gründliche Kenntnis des ganzen Textes und das meiste Einfühlungsvermögen. Deshalb wird der Lehrer die Aufgaben entsprechend der Leistungsfähigkeit des einzelnen verteilen und sich mit seinem Erwartungshorizont auf den unterschiedlichen Schwierigkeitsgrad der Aufgaben einstellen.

## Verlauf der 19. Stunde

*1. Unterrichtsschritt:*
*Schülervorträge –*
*First suspicions and signs*
*of rising opposition*

Der Vortrag der Hausaufgabe A) – „Details of the discovery of the regicide" – steht am Anfang der Stunde, weil er den Inhalt von II, 3, ll. 41–146 noch einmal ins Gedächtnis ruft. Das Überprüfen der Gliederung, die die Schüler im Buch vorgenommen haben, bildet die Grundlage der kurzen formalen Analyse der Szene. Auf den Schülervortrag B) – „First suspicions and signs of rising opposition" – muß eine Diskussion im Plenum folgen, die die ersten Anzeichen von Kritik und Widerstand gegen Macbeth verdeutlicht. Dem Referat C) – „The knights' views on the regicide" – geht eine Stillphase voraus, in der alle noch einmal die Abschnitte durchlesen, die der Referent im folgenden interpretiert.

*2. Unterrichtsschritt:*
*Das Erfassen von Andeutungen –*
*Macbeth and Lady Macbeth acting*
*the part of the good hosts*

Das nochmalige Hören zu Beginn der 2. Phase kann entfallen, wenn der Referent zu D) – „Do Macbeth and Lady Macbeth successfully act the part of the good hosts?" – die Szene feinfühlig nachvollzogen und interpretiert hat; der Lehrer muß sich dessen am besten durch Einsicht in die schriftliche Leistung vergewissern. Doch bietet das erneute Hören der Szene eine gute Übung im Aufnehmen von emotionalen Zwischentönen und implizierten Mitteilungen. Es ist besonders darauf zu achten, daß der Schüler seine Meinung mit Textstellen belegt und begründet. Eine Filmversion von *Macbeth* ist an dieser Stelle eine unersetzliche Hilfe; Mimik und Gestik geben eine Interpretation der Verse. Der Schüler erkennt dadurch leichter,

daß Macbeth und seine Frau hier – ähnlich den „equivocators" des Pförtners – ihre Schuld zu gut verleugnen und sich gerade dadurch verdächtig machen. Wenn der Vortragende die Frage „Does Lady Macbeth really faint or does she only pretend to swoon?" noch nicht einbezogen hat, stellt sie der Lehrer zum Abschluß als Stimulus; eine befriedigende Antwort setzt intensive Kenntnis der Akte I–III voraus.

*3. Unterrichtsschritt:*
*Präsentation von I, 4 –*
*The people's view of the regicide and signs*
*of rising opposition*

Damit der Schüler allmählich zur Selbständigkeit im Interpretieren des Shakespeare-Textes geführt wird, eignet er sich II, 4 ohne Leitfrage an und sucht selbst die Aspekte auf, die im Zusammenhang des ganzen Dramas gesehen eine nähere Analyse erfordern. Als Grundlage dienen die Stichwörter zum Inhalt der Szene, die er während des Hörens gemacht hat. Die beiden lohnenden Arbeitsvorhaben – A) Nature and society; B) More suspicions and signs of rising opposition against Macbeth – beziehen sich auf das Chaos in der Natur und seine Deutung (ll. 1–20 und die Zeilen II, 3, ll. 51–60) und auf die ersten Zeichen des Widerstands gegen Macbeth (ll. 20–41). Die Textanalyse wird als Partnerarbeit organisiert, damit sich die Schüler gegenseitig auf die wichtigsten Belegstellen aufmerksam machen. Der Austausch der Ergebnisse bietet dem Lehrer die Möglichkeit zu weiteren Hinweisen und Korrekturen. Der dritte Unterrichtsschritt soll nicht viel Zeit kosten. Wenn sich die Stunde schon dem Ende zuneigt, kann das Hören/Lesen des Textes zu Beginn auch durch eine Inhaltsangabe des Lehrers ersetzt werden.

*4. Unterrichtsschritt:*
*Zusammenfassung und Evaluation von*
*Akt II – Auffinden eines Mottos*

Auch der Rückblick auf den ganzen Akt II ist straff zu organisieren. Mit den Worten „Find a line that may serve as a motto to Act II" kann der Schüler aufgefordert werden, Verse zu nennen, die ihm im Gedächtnis geblieben sind, oder aber angeregt werden, aus einer Reihe von Versen (Folie!) denjenigen auszuwählen, der seiner Meinung nach am besten paßt. (Vgl. S. 91) Der wichtigste Beitrag des II. Akts zum ganzen Werk soll im Motto deutlich werden. Diese Übung ist unerläßlich, wenn wir den Schüler zu einem kritischen Leser / Hörer / Zuschauer erziehen wollen; denn sie fordert ihn auf, sich über den Text selbständig Gedanken zu machen.

*Hausaufgabe:*

Einen weiteren Schritt auf dem Weg zum kompetenten selbständigen Lesen tut die Hausaufgabe. Der Schüler muß den bereits gelesenen Teil des Dramas noch einmal auf Informationen zu der gestellten Aufgabe – „The development of Banquo's and Macbeth's relationship" – hin durchsehen. Er sollte dabei ein Erfolgserlebnis haben und sich selbst beweisen, daß er sich im Text gut auskennt. Dadurch wird es uns möglich, Akt III in der folgenden Stunde in das bereits Bekannte einzuordnen.

## Unit VI: III, 1–6
## "All is but toys": Macbeth proves a tyrant; his growing self-estrangement

### Didaktische Vorbemerkungen zur 20.–22. Stunde

In den Szenen III, 1–3 endet die Freundschaft zwischen Macbeth und Banquo mit dem Mord an Banquo, zu dem Macbeth zwei Männer anstiftet. Die Szenen bilden eine thematische Einheit und führen zugleich auf die Szene des Festmahls III, 4 hin.

Das methodische Vorgehen orientiert sich daran und ist daher an dieser Stelle szenenübergreifend organisiert. Der Schwerpunkt der einzelnen Stunde liegt jeweils auf einem anderen Thema. Um die notwendige Kompaktheit des Vorgehens zu erreichen, werden die Szenen III, 2 und III, 3 vom Lehrer vorausblickend zusammengefaßt, damit die Aussagen und Ereignisse in III, 1 richtig gewertet werden können; III, 2 wird nur als Hausaufgabe gelesen, und die Lektüre von III, 3 ist ganz dem einzelnen Schüler überlassen. Diese extensive Textbehandlung wird durch Phasen der Detailanalyse zu III, 1 und III, 2 ergänzt, in denen Macbeth in seiner neuen Rolle als König jeweils unter einem anderen Aspekt im Mittelpunkt steht.

Während der detaillierten Behandlung von III, 1 jedoch gehen wir sukzessiv-chronologisch vor, so daß wir – wie etwa früher bei der Behandlung von I, 4 – die Erfahrungen des Zuschauers nachvollziehen, dessen Erwartungen vielleicht wie die Banquos getäuscht werden, bis sich Macbeth in den Monologen als jemand entlarvt, der aus Furcht und innerer Unsicherheit mit dem Morden weitermacht. Noch stärker aufführungsbezogen sind etwa der Einstieg in die Unit – warum Shakespeare die Krönung nicht darstellt – oder der abschließende Impuls, wie sich das veränderte Verhältnis der Ehegatten zueinander in III, 2 gestisch auf der Bühne darstellen lasse, sowie die vorbereitende Hausaufgabe der 22. Stunde, die dem Schüler zum ersten Mal zumutet, daß er sich mit einer langen Szene nach dem ersten gemeinsamen Hören zu Hause allein auseinandersetzt und sie wie ein Regisseur zu strukturieren sucht. Zugleich aber fordern wir an dieser Stelle, etwa in der Mitte des Dramas, den Schüler in neuer Weise auf, sich als selbständiger, mitdenkender Leser zu beweisen, der sich in seinem Text auskennt und Vor- und Rückverweise darin bemerkt. Mit der Aufgabe, das Verhältnis Macbeths und Banquos zu skizzieren, muß er bis auf I, 3 zurückgreifen. Um Macbeths sich wandelnde Haltung zu seinen verbrecherischen Intentionen darzustellen, muß er I, 5 und I, 7 mit III, 1–3 vergleichen. Die Beziehung der Ehepartner schließlich läßt sich nur zusammenfassen, wenn ebenfalls das Material von I, 5 an herangezogen wird. Beim Vergleich der Szenen I, 7 und III, 1 beziehen wir auch die Form des Werkes in die Zusammenschau ein. Mit dem Überblick über das bereits Geleistete wird sich der Schüler zugleich seiner Textkenntnis bewußt; das Werk Shakespeares strukturiert sich für ihn ebenso wie die vorliegende Unterrichtsreihe. Diese Art der Binnenstrukturierung – z. B. schließen wir auch mit der Behandlung der Zusatztexte in der 21. Stunde (vgl. S. 102) an Früheres (10. Stunde) an – verhindert, daß der Schüler Notizen nur für die folgende Stunde macht und die besprochenen Textteile mit dem Stundenende vergißt. Wir erziehen ihn, wenn er uns folgt, zum bewußten, kritischen Leser, der Zusammenhänge erkennt, indem er sich auf das Werk einläßt und dennoch Abstand davon hält. Der Minimalkurs zu *Macbeth* faßt die 21. und 22. Stunde zu einer zusammen. Er kürzt den Einstieg und die Schlußphase (Zusatztexte) der 21. Stunde und stellt das Verhältnis der Eheleute zueinander nur durch den 2. Unterrichtsschritt der 22. Stunde dar, der an das erste Hören von III, 2 anschließt. Der 3. Unterrichtsschritt der 22. Stunde entfällt.

## 20. Stunde:
**From friendship to murder**

## 21. Stunde:
**Macbeth acting as a tyrant**

## 22. Stunde:
**Macbeth as the dominant partner**

## Notes on Interpretation

The scenes of III, 1–3 have two themes in common: they show Macbeth in "his new robes" as King of Scotland and they deal with Banquo's murder, leading up to the banquet scene (III, 4). Their external and internal action proves Macbeth a tyrant who abuses his power as a monarch.

Banquo's and Macbeth's relationship up to III, 1 is that of fellow knights who are too different from one another to be close friends; after Duncan's murder Banquo calls for an investigation and clearly suspects Macbeth in III, 1, l. 3 of having made the witches' prophecies come true. Macbeth on the other hand in III, 1 honours Banquo greatly as his "chief guest" (l. 11), invites him specially to his banquet and kindly inquires about his plans (ll. 14, 20–27). Both of them recall the witches and their prophecies to them, but to a different effect (ll. 1–10; 46–70). While Banquo vaguely hopes that the prophecies may come true for him too, Macbeth broods over his and feels so tormented by the thought of Banquo's descendants becoming kings of Scotland that he plans his murder. After Banquo's opening monologue (III, 1, ll. 1–10) we expect to see their friendship break up, but Shakespeare presents us with an official court scene instead. Macbeth in royal state behaves as a good king should, holding court, honouring his friend and vassal Banquo, and thus keeping his promises of showing him favour (II, 1, ll. 25 f.). In his subsequent monologue (III, 1, ll. 46–70) he reveals his true state of mind to us. He has indeed learned by now to put on a "false face" – like Banquo we are taken in by his courtesy. However, the powerful, self-assured king in reality is driven by fears that all centre on Banquo. Therefore he approaches two men with a grievance and we watch him turn them into murderers (ll. 72–140) by making them believe that Banquo is guilty of their ill fortunes. In III, 2 Macbeth tells his wife of his sleepless nights and his fears of Banquo so that Lady Macbeth suggests murder as a means of freeing himself from his anxiety (l. 38). In the following Scene III, 3 the audience witnesses murder in the depth of the night with the lantern extinguished. Fleance, however, manages to flee.

Only for a short spell in III, 1 may we believe Macbeth to be a good king. His monologue shows his kindness for what it is. Banquo's and Macbeth's asides (ll. 1–10, 46–70) summarize their relationship in Acts I and II. Furthermore, ll. 46–70 show us that Macbeth, having obtained "the golden round", is not at all the sovereign king and contented man we might expect him to be, but brimful of fears of Banquo's integrity (ll. 47–55). He is afraid of the prophecy that Banquo's offspring will succeed to the Scottish throne, for he has no son of his own and loathes the thought of having endangered his soul for the gain of others (ll. 58–68). Mad with envy and fear, he is incited to murder yet again. He tells his wife of the nightmares which keep him awake, making death seem preferable to his present state, while Duncan, who in his grave can sleep, is the object of his envy (III, 2, ll. 19–26). The word 'fear' is given just as central a position in these two paragraphs (III, 1, ll. 46–70: 47, 49, 53; III, 2, ll. 13–26: 17) as the notion of insecurity and restlessness. Macbeth's mental tortures are exactly those he foresaw (I, 7, ll. 7–10; II, 2, ll. 35–43); life has lost its value for him: it is simply a "fitful fever" (III, 2, l. 23) – "all is but toys" (II, 3, l. 94), as he said when he described the world after the regicide, a line that characterizes Macbeth's present mentality so well that it seems to provide a motto for his way of thinking as well as for his deeds in Act III: Macbeth would rather upset the universe and stake life after death than live on with his fears (III, 2, l. 16 f.). Soon after the regicide, Macbeth is already deeply steeped in nihilism and cannot enjoy the object of his ambiton. Shakespeare thus characterizes crime as not being worthwhile. Macbeth is caught in a vicious circle, a mechanism that leads him deeper and deeper into crime. Without any qualms he commits the second murder to secure the results of his first and we know that there will be others – out of sheer fear. But as a criminal driven by fear, Macbeth is not so much a monster to us as a pitiable human being who has lost his moral stance, become estranged from God, from goodness and from his fellow men; his friendship with Banquo is perverted into murder, his wife complains to him about his cutting himself off from her (III, 2, ll. 8 f.) and he deplores having risked his soul's salvation (III, 1, ll. 62–68).

Macbeth's miserable state of mind is closely connected with his changed attitude towards crime (homework, 20. Stunde). Now in III, 1 and 2 as a ruler he no longer shrinks from killing with anything like his heart-rending scruples before the regicide (cf. I, 3 ll. 135–43; I, 7, ll. 1–28; II, 1, ll. 33–61); he uses murder as a means of ridding himself of his fears. His criminal, selfish and paranoid ways of thinking and acting in order "to be safely thus" (III, 1, l. 47) appear not so much as an enormity, but as a pitiful absurdity; for he suffers from the general human condition; nothing on this earth can be secure in the way that Macbeth would have it. If we see him from this angle, once again, we can identify with him and simply wish he had less to fear. Why are we not shown a coronation ceremony to mark these changes? The answer is that Shakespeare is not interested in the baroque display of royal splendour, but in the psychological consequence of having gained the crown by criminal means. That is why we meet Macbeth after the coronation acting in his official role of king. His holding court, keeping company with his vassal Banquo and asking his advice makes him appear as a good king – but, alas, he is only concealing his plans for murder. Moreover, he actually creates murderers out of his innocent and needy subjects. All this characterizes him as a bad king, a tyrant.

It is worthwhile analysing the steps by which he turns the two men into murderers in ll. 71–140. He first incites them to action by persuading them that Banquo – not he, Macbeth – was guilty of their misfortunes. Then he accuses them of unmanly behaviour if they show Christian forgiveness. He promises them his special favour and confides in them that Banquo is his personal enemy as well, but that politics forbid him to take action himself. In other words, he misuses his position as king whom these men have to please by necessity; he misuses language by lying to them and making Banquo the cause of their misfortunes; he misuses the code of knighthood by suggesting to them that Christian forgiveness is unmanly cowardice; he misuses his charisma as a king, making his favour the ultimate value, and then, when they are his willing tools, presents them with a detailed plan of murder. Small wonder, that the two men leave determined to please him.

Analysing Macbeth's arguments in this part of III, 1 we recall how Lady Macbeth drove her husband on towards regicide in I, 7 with the insinuation that he would be no man, unless he murdered Duncan (cf. I, 7, ll. 49, 51). Now, in a similar situation and arguing with a similar purpose, Macbeth uses the same taunt to the two murderers (III, 1, ll. 90 f.). By thus reminding us of the similarities of the two situations, Shakespeare also reminds us that Macbeth has not always been such a thoroughgoing tyrant, but has become a criminal giving in to the force of circumstances. This clear echo of the earlier scene illustrates character development with the most economical dramatic means.

Reading the additional texts on tyranny, we generalize what the play has told us: a tyrant lacks goodness, he is unjust, selfish, and misuses his royal power for his personal advantage, neglecting the common good – Macbeth perverts his royal office in just this way. We realize that the Middle Ages had fairly clear and well-defined conceptions of a good king (10. Stunde) and of a tyrant. Therefore – as we shall soon see – the rules of resistance within the state were specific enough to distinguish between treason and lawful opposition to an unjust monarch.

Distortion and perversion in *Macbeth* are not only manifested on the official, the state level, as we know (homework, 21. Stunde); Lady Macbeth misuses her own and her husband's love to drive them both towards the regicide (I, 5 and I, 7), so that the witches' promise and Macbeth's hopes may come true. This makes them not so much "partners of greatness" as partners in crime. While Lady Macbeth takes the lead in planning the murder, Macbeth actually commits it. They both have a decisive share in the king's murder and in the terrors that arise from it. Their separation from each other begins in the scene of the murder (II, 2). They both feign innocence when the deed is discovered and are far from being perfect dissemblers (II, 3). In III, 1 we meet them as "partners of greatness", as King and Queen of Scotland in the limelight of success. But their personal relationship has deteriorated. They are getting more and more estranged from each other. Lady Macbeth becomes increasingly unhappy (III, 2, ll. 4–7); she has to ask to be admitted if she wants to talk to Macbeth and then she no longer welcomes her husband enthusiastically as in I, 7. Instead she reproaches him with keeping himself too much to himself (ll. 8 f.). He cannot at all take her Machiavellian piece of advice to forget what is past el(l. 9–12). Her lack of understanding for Macbeth has grown. Macbeth has now taken over from her. When she admonishes him to be sociable at their official banquet, he advises her to be courteous as well, especially to Banquo (ll. 27–31), though he knows that Banquo will not be present that night. They have become so much estranged from one another, that Macbeth conceals the planned murder from his wife. Macbeth, who was her pupil in I, 7, has become the master, so much so that he can fool his teacher: he displays his mastery of persuasion when he turns the two innocent men into murderers basically by the same techniques that Lady Macbeth used for turning him into a regicide. However, Lady Macbeth does not become repulsive to him in spite of her declining influence. Macbeth calls her "dear wife" (III, 2, l. 36), "dearest chuck" (l. 45) and seems to realize that she – in her rather limited way – is only trying to help him. In short, they both lack stamina and the kind of self-criticism that checks evil. That is why the mechanisms of evil cannot be brought to a stop in their case.

How could that change in their husband-wife relationship be expressed on stage? The BBC film of *Macbeth* found an adequate gesture: Macbeth and his wife embrace at the beginning of III, 2, just as they did when they met for the first time (I, 5). However, now there is something frighteningly violent in their action. Macbeth seems about to strangle his wife while he holds her in his arms, and her love for him hardly any longer shines through her fears of being found out. Their partnership in crime has destroyed their love.

Though the scenes III, 1–3 contain a message of their own, at the same time they lead up to the banquet scene which is the climax of that strand of action that deals with Banquo and Macbeth. Again and again III, 1–3 hint at the first great social occasion in Macbeth's reign, the banquet that night. Comparing the two official court scenes in III, 1, ll. 1–70 and III, 4, we watch Macbeth and his lady in their of-ficial roles as monarch and queen and realise how they are less and less able to live as 'split personalities', as dissemblers pretending to be innocent in public while privately tortured with the worst pangs of conscience and fears of disclosure. While III, 1, ll. 1–70 still conveys some of the splendours of royalty to us, III, 4, characterizes Macbeth and his wife as so deeply troubled and confused that their official and their private roles can no longer be made congruent and thus fall apart in public. Macbeth from now on is known as a murderer.

## Verlauf der 20. Stunde

*1. Unterrichtsschritt:*
*Integration der Hausaufgabe –*
*Macbeth and Banquo as friends*

Als ein weiterer Schritt auf dem Weg zum kritischen Lesen ist die Aufgabe zu verstehen, in Akt I und II die Beziehungen zwischen Macbeth und Banquo zusammenzufassen; der Schüler überdenkt das bereits Erarbeitete und integriert das Neue. Die Perversion der Freundschaft durch den Mord vermag ihn nun emotional zu treffen. Der Vortrag der Hausaufgabe – u. U. mit Auflistung der wichtigsten Stellen auf einer vom Schüler zu Hause vorbereiteten Folie – geht deshalb direkt in die Analyse von Banquos Monolog (ll. 1–10) in Stillarbeit über, damit die Entwicklung in der ebengenannten Richtung deutlich wird. Mit dem Sammeln von Hypothesen zum unmittelbar folgenden Teil der Handlung (ll. 11–45) an der Tafel wird der Schüler zum Mitdenken angeregt. Er vollzieht nach, wie der Dramatiker sein Werk strukturiert, da er sich vor dem Lesen einen Erwartungshorizont erworben hat, und kann so überrascht werden.

## 2. Unterrichtsschritt:
*Erarbeiten des Grobverständnisses von III, 1, ll. 11–70 –*
*Macbeth's official courtesy and his falseness*

Während der Schüler im Vorausgehenden sprachlich produktiv tätig ist, kann er sich in der zweiten Phase zur Abwechslung im wesentlichen rezeptiv verhalten und den Text auf sich wirken lassen. Mit der Wahl der ‚besten' Überschrift für das Gespräch zwischen Macbeth und Banquo beweist er danach sein Grobverständnis; er bezeichnet das für ihn Wichtigste und stellt es zur Diskussion. In dem Unterrichtsgespräch über die verschiedenen Vorschläge wird zugleich der Inhalt der Szene geklärt. Der Schüler ist in der Lage des Zuschauers, der Szene für Szene kennenlernt und erst in Macbeths folgendem Monolog (ll. 46–70) die trügerische Freundlichkeit durchschaut. Er vollzieht die emotionale Wirkung des Dramas – wenigstens bis zu einem gewissen Grade – auch ohne Aufführung nach.

## 3. Unterrichtsschritt:
*Lehrerinformation zu III, 1 bis III, 3 –*
*Murder carried out*

Der folgende Lehrervortrag zum Inhalt von III, 1 – III, 3 erleichtert es dem Schüler, die Doppelbödigkeit der Handlung und der Worte des Macbeth selbständig zu erfassen, wenn er diese im folgenden detailliert analysiert.

## 4. Unterrichtsschritt:
*Detailanalyse –*
*Macbeth's motives for murder*

In der folgenden Phase der Gruppenarbeit handelt es sich nur auf den ersten Blick nicht um gleichwertige Aufgaben; denn obgleich der Abschnitt der Gruppe A um einiges länger ist, enthält er viele bereits bekannte Aussagen. Wenn genügend Zeit zur Verfügung

steht, stellt die Übertragung von III, 2, ll. 13–26 in modernes Englisch eine lohnende zusätzliche Aufgabe dar. Die Gruppen sollten jedoch möglichst aus nicht mehr als drei Schülern bestehen, damit die Arbeit zügig vorangeht. Jeweils eine Gruppe A und B schreibt ihre Arbeitsergebnisse auf Folie, damit sie die Gesprächsgrundlage in der folgenden Phase im Plenum bilden. Bei der Besprechung des Gehalts der beiden Passagen wird besonders auf die nihilistische Weltsicht hingewiesen, die sich mit dem Vers „All is but toys" (II, 3, l. 94) wie mit einem Motto kennzeichnen läßt, daß Macbeths Denken und Handeln im ganzen III. Akt charakterisiert. Als Ergebnis der Wertung der Einzeleinsicht gilt es, die Spiralbewegung des Teufelskreises des Bösen in einer Tafelskizze anschaulich darzustellen.

## Hausaufgabe:

Die Hausaufgabe fordert zum Textvergleich auf, den derjenige ohne großen Arbeitsaufwand leisten kann, der seine Notizen zu den großen Monologen in I, 3, I, 7 und II, 1 noch zur Verfügung hat.

# Verlauf der 21. Stunde

## 1. Unterrichtsschritt:
*Schülervortrag und Diskussion –*
*Macbeth as a tyrant*

Der Einstieg in die Stunde über die aufführungsbezogene Frage „Why does Shakespeare put the coronation between Acts II and III and not show it on stage?" lohnt sich besonders, wenn eine Filmversion zur Verfügung steht. Andernfalls kann der Lehrer referieren, wie III, 1 mit einer Großaufnahme der Krone und danach der zerquälten, doch stolzen Gesichter von Macbeth und Lady Macbeth beginnt, die Kamera dem Königspaar dann die Stufen vom Thron herab vorauséilt, bis sich Macbeth zeremoniell Banquo zuwendet. Die Deutung dieser Filmeinstellung erleichtert dem Schüler die Antwort auf die obige Frage. Der Vortrag der Hausaufgabe über „Macbeth's changing attitude towards crime" erfolgt unter der übergeordneten Fragestellung: „Macbeth as a king – his behaviour towards Banquo". Der Schüler muß dabei über das Wissen, das er sich zu Hause angeeignet hat, so verfügen, daß er es unter einer neuen Fragestellung frei in eine Diskussion einbringen kann. Der Lehrer erfragt den Begriff „tyrant" oder stellt ihn selbst vor.

*2. Unterrichtsschritt:*
*Detailanalyse – The tyrant turns*
*his subjects into murderers*

Die Partnerarbeit an dem Dialog zwischen Macbeth und den zwei Männern, die er zu Mördern macht (ll. 71–140), kann, wenn es die Zeit zuläßt, von einer Hörphase eingeleitet werden. Die detaillierte Fragestellung dazu lenkt den Schüler absichtlich stark, damit der Unterricht straff abläuft. In der Evaluationsphase unter der Leitfrage „Why does Macbeth persuade the two men and not order them to murder Banquo?" versucht der Lehrer das Gespräch dahingehend zu lenken, daß der Schüler die Parallelen zwischen III, 1, ll. 71–140 und I, 7 ll. 28–83 selbst erkennt (vgl. 14. Stunde). Dies wird am unauffälligsten geschehen, wenn er nach seinen Assoziationen mit dem Wort „man" in *Macbeth* gefragt wird und dadurch auf das analoge Verhalten von Lady Macbeth und Macbeth aufmerksam wird. Er macht sich dabei die dramatische Funktion der Szene klar. Der anschließende explizite Hinweis auf die Strukturmittel des Dramatikers – „Why and by what means does Shakespeare quote earlier scenes?" – bietet einmal mehr Einblick in die Werkstatt des Dramatikers und erlaubt es uns, einen kleinen Teil seiner künstlerischen Leistung wenigstens annähernd nachzuvollziehen. Dabei erweist sich die Notwendigkeit, das Werk als Ganzes zu betrachten und früher Gelerntes deshalb abrufbar zu halten, damit es zur weiteren Interpretation zur Verfügung steht.

*3. Unterrichtsschritt:*
*Interpretation der Zusatztexte I und II –*
*When does a king turn tyrant?*

Die Auswertung der Zusatztexte unter dem Aspekt, wie ein Tyrann im Gegensatz zum König in der mittelalterlichen Staatsphilosophie definiert wurde, macht abschließend das ganze Ausmaß der Verfehlung des Macbeth sichtbar und kann einen ersten Ausblick auf sein kommendes Schicksal enthalten. Das laute Lesen der Texte bietet Abwechslung; wenn Zeit dazu übrig ist, sollten sie jedoch zunächst still gelesen werden. Die Einzelheiten zu „When does a king turn tyrant?" werden auf Folie festgehalten. Ein Vergleich mit den Ergebnissen der 10. Stunde ist wünschenswert. Auf diese Weise wird der Schüler erneut darauf hingewiesen, daß er frühere Arbeitsergebnisse immer wieder braucht, um sie mit den neuen zu verbinden.

*Hausaufgabe:*

Auch die arbeitsteilige Hausaufgabe greift auf früher Erarbeitetes zurück, und faßt einen Handlungsstrang zusammen. Der Schüler stützt sich dabei wieder auf seine früheren Notizen, muß aber seine Meinung außerdem mit Textstellen belegen. Je einer schreibt auf Folie. Seine Arbeit wird in der nächsten Stunde der Besprechung zugrunde gelegt und durch andere ergänzt und kritisiert.

**I.** The Prince is *custos justi,* the guardian of what is just; he is *justum animatum,* the personification of what is just. He is the peace-maker of society. By virtue of this title he is qualified to direct the activities of his subordinates, to bid men to pray or to battle or to build or to farm, – always for the greatest common good.

**II.** If, nevertheless, he who governs fails to be inspired with this sense of the public good and abandons himself to a selfish and capricious use of power, then he must be regarded as a tyrant.

Every treatise, written for the use of princes and future kings, exhibits a dread of the tyrant who allows his own personal advantage to override the good of the group. Dante reserves a special place in his hell for tyrants, by the side of brigands and assassins.

*brigand* robber – *assassin* murderer

De Wulf, M., Philosophy and Civilization in the Middle Ages, pp. 247 ff.

## Verlauf der 22. Stunde

*1. Unterrichtsschritt:*
*Besprechung der Hausaufgabe –*
*Reviewing the husband-wife relationship*

Die Besprechung und Diskussion der Hausaufgabe bildet den Einstieg in die Stunde; sie dient der Reaktivierung des Verhältnisses der Ehegatten zueinander in Akt I und II.

*2. Unterrichtsschritt:*
*Partnerarbeit zum Textvergleich –*
*Macbeth as the dominant partner*

Der kurze Textvergleich – „Has the husband-wife relationship changed with the coronation?" – wird in Partnerarbeit organisiert, damit die Schüler sich gemeinsam ein Urteil bilden und sich beim Vergleichen gegenseitig helfen – je ein Buch wird bei I, 5 bzw. I, 7 und eines bei III, 2 aufgeschlagen. Die zusätzlichen Hinweise lenken die Arbeit, damit sie möglichst gezielt abläuft. Aber der Schüler muß wissen, daß er weitere Aspekte einbeziehen kann. Das Sammeln der Einzelbeiträge wird vom Festhalten von Stichwörtern an der Tafel begleitet. Die Summe daraus ist die Einsicht, daß sich das Verhältnis der Eheleute verändert und Macbeth die dominierende Rolle übernommen hat. Die abschließende evaluierende Zusammenfassung verläuft zunächst in Partnerarbeit; die Vorbesprechung findet in denselben Gruppen statt wie zuvor. Mit etwas Glück erhalten wir mehrere Vorschläge, die unterschiedliche Interpretationsansätze erahnen lassen. Sonst stellt der Lehrer eines oder mehrere Beispiele für die Inszenierung der Szene III, 2 zur Diskussion.

*3. Unterrichtsschritt:*
*Überblick über die Szenenfolge III, 1–4,*
*Textvergleich*

Die letzte Phase der Stunde leitet zur Behandlung der nächsten Szene III, 4 über. Das anschließende Hören von III, 1, ll. 1–70 und III, 4 bereitet auf den Textvergleich von III, 1 und III, 4 vor; der Schüler soll die Wirkung auf sich analysieren und feststellen, wie Shakespeare Erwartungen aufbaut und dann anders erfüllt als vorauszusehen. Es geht dabei nur um das Grobverständnis der Szene III, 4.

*Hausaufgabe:*

Die vorbereitende Hausaufgabe erfordert vom Schüler eine detaillierte Beschäftigung mit III, 4. Er muß versuchen, sich dabei in den Regisseur zu versetzen und sich über die Positionen der Schauspieler auf der Bühne sowie ihre jeweiligen Gesprächspartner klar zu werden.

## Didaktische Vorbemerkungen zur 23. und 24. Stunde

Die Szenen III, 4 und III, 6 – III, 5 gilt allgemein als Interpolation – hängen eng zusammen: In der Szene des großen Festmahls erscheint Banquos Geist, wie um die Untat zu rächen; Macbeth gesteht dabei vor Verwirrung und Schreck den Mord. Wenn wir auch nicht feststellen können, was genau seine Gäste hören, so hat ihn doch Lennox, der ebenfalls anwesend war, in der folgenden Szene III, 6 als Mörder und Tyrannen erkannt. Die Szene III, 6 gibt den Kommentar zu dem Geschehen während des Banketts und kündigt darüber hinaus den bewaffneten Widerstand an.

Das didaktische Vorgehen sucht die ungewöhnlich bühnenwirksame Szene III, 4 als solche nachzuvollziehen und den Schüler zum sinngestaltenden Lesen zu führen. Die formale Analyse in der Hausaufgabe und im ersten Unterrichtsschritt ist notwendig und schafft die Voraussetzung zur schauspielerischen Gestaltung der Szene durch das laute Lesen der Schüler. Das rollenspezifische Hören wendet an, was wir in der Formanalyse erkannt haben und bietet vor allem das Sprechmodell, das die Schüler im folgenden imitieren können. Wenn dies gelingt, wird der Schüler bemerken, daß wir einen Höhepunkt des Dramas erreicht haben, der die Wende im Geschehen ankündigt. Außerdem kennt er den Text nun intensiv genug, um auch den einen oder anderen sprachlichen

Anklang an Früheres im Ohr zu haben. Die Szene III, 4 eignet sich für dieses praxisnahe, gestalterische Vorgehen besonders, weil sie vom lesenden Schüler viel spielerische Phantasie und sprecherisches Talent verlangt, aber, da die Aussagen der einzelnen Personen verhältnismäßig kurz sind, keine allzu hohen Anforderungen an sein Englisch stellt. Für die Behandlung der folgenden Szene III, 6 gilt das nicht. Deshalb verzichten wir auf das laute Lesen, übernehmen aber die rollenspezifische Interpretation. Die Atmosphäre der Unfreiheit, die Macbeth verbreitet, wird durch die inhaltliche und formale Interpretation des Textes herausgearbeitet. Die Beschäftigung mit dem Zusatztext schließt direkt an und greift die Ergebnisse der 21. Stunde wieder auf.

Die Kurzfassung der Unterrichtsreihe zu *Macbeth* verzichtet auf die detaillierte Behandlung von III, 6 und berichtet von dem beginnenden offenen Widerstand gegen den Tyrannen Macbeth am besten zu Ende von III, 4 mittels eines Lehrer- oder Schülerreferats. Wenn der Bericht erst in die Szene IV, 1 eingebaut wird, dann am besten als Einschub bei der Nachricht, daß Macduff nach England geflohen sei.

## 23. Stunde:
## "Most admired disorder": Macbeth gives himself away

## 24. Stunde:
## Macbeth as the tyrant manifest

## Notes on Interpretation

Scene III, 4 is the climax of that part of the plot which concerns Banquo and Macbeth. Banquo who was cordially invited to the banquet in III, 1 is now expressly missed among the guests by Macbeth (l. 41, 90f.), although the murderers have only just told him that Banquo has been killed. So the main focus of the scene can either be the apparition of Banquo's ghost avenging murder, or Macbeth giving himself away as the murderer. Killing one of his most important vassals makes the king a tyrant to everyone (cf. 21. und 24. Stunde) – no doubt the most important message of the scene.

As for the structure of III, 4. Macbeth's "most admired (= strange) disorder" (l. 110), his mental confusion and his psychological inability to distinguish between his official and his private roles any more, create a similar formal tendency towards the chaotic. The scene starts off in a ceremonial way, everybody being seated in order of social position (ll. 1 f.), and ends in a turmoil, everybody getting up and leaving at once (ll. 118 ff.).

There are five distinct parts to Scene III, 4 (homework):

ll. 1–13: Macbeth's and Lady Macbeth's official welcome to their guests

ll. 14–32: Macbeth conversing with the murderers

ll. 32–73: the first apparition of the Ghost

ll. 73–121: the second apparition of the Ghost

ll. 122–144: after the banquet

Twice Banquo's ghost alarms Macbeth so much that he gives himself away as the murderer (ll. 50 f., 93–96) and both Lady Macbeth and her husband make thin excuses to cover up his indiscretion, inventing a mental illness (ll. 53–58, 86 ff., 117 f.). So the royal couple speak to their guests formally, talk to each other privately, Macbeth mutters to himself, and speaks to the Ghost being overheard in part by the lords. It is often not quite easy – if not downright impossible – to decide once and for all with whom the two main characters are speaking at one time and who can hear them. Like the producer, we have to form a theory about it in order to be able to read the scene dramatically in an adequate manner, or act it with the appropriate official or private gestures and facial expressions.

However, these are not the only problems Scene III, 4 poses for the producer. He has to find further ways of making a distinction between the formal conversations, private exchanges between Macbeth and Lady Macbeth and the monologues by arranging the stage accordingly and positioning his actors in the right places. Another problem is the exact cue for the Ghost's entrance and exit (Cf. K. Muir, annotations to III, 4, l. 40, 90) and whether it is visible to the audience (as Shakespeare intended it to be) or invisible (the choice taken by most modern productions).

These points should be discussed before we consult the text again and analyse Macbeth's and Lady Macbeth's roles chronologically in greater detail.

Banquo's revenge is not only the first step towards Macbeth's downfall as a monarch, but it quickens the process of the ruler's mental and moral decline. Macbeth is utterly unable to play his official role convincingly in the banquet scene. His words of formal welcome to the lords (ll. 1–13) are interrupted by the furtive entrance of the blood-smeared murderer (l. 14) who gives him the news that Banquo is dead, but that Fleance lives and leaves him in agitation (ll. 21–25, 29 ff.). He is then reminded of his duties as a host. When the Ghost appears, Macbeth is confused to find his official seat taken by Banquo's ghost. His behaviour grows even stranger when he recognizes the Ghost and talks to it in the presence of everybody, forgetting that he can be heard, and gives himself away as the murderer (ll. 50 f., 93–96). Again reminded of his official duties he accuses Lady Macbeth of a lack of understanding (ll. 58 f.) and rants about his vision (ll. 75–83) before he apologizes for his absentmindedness. When he takes heart again and proposes the toast (ll. 89–92), Banquo's ghost appears for the second time. Macbeth is now scared out of his wits and practically says that he sees the spirit of a murdered man, although Banquo's death is not yet known (ll. 75–83, 93–108). The guests are so alarmed that there is a commotion and Macbeth has to ask them not to leave (l. 108); he himself is so staggered that he almost reproaches his wife for keeping her countenance (ll. 110–116). Finally, she asks the guests to leave. As a split personality Macbeth can no longer play the two contradictory roles, seeming innocent while being plagued by remorse. Consequently, he becomes more and more agitated and less and less the master of his facial expressions, gestures, and his fears. Macbeth's mood after the guests' departure therefore seems a mixture of dejection and a mad, nihilistic determination to proceed on the path of evil, for Macduff is going to be his next victim after he has conferred once again with the witches (ll. 122–144). These mental tortures make Macbeth anything but the unscrupulous criminal that he nevertheless is in his deeds. Thus his criminal actions return indeed, as he foresaw, "to plague th' inventor" (I, 7, l. 10). The strain on Lady Macbeth is enormous. She who advised her husband to be cheerful at the banquet (III, 2, l. 28) now finds him leaving the table (ll. 13–32) as in I, 7 and, when shaken by his visions, giving himself away as a murderer. Talking to him in an aside she reminds him that he is given to hallucinations (ll. 60–68), and reproaches him for his uncontrolled reactions, at the same time trying to keep up appearances and making excuses for Macbeth to the lords. Finally, she scolds him for disturbing the festive occasion and he almost rebukes her for keeping her countenance (ll. 109–116). Though she is not the perfect hostess, she is able to fulfil her official functions up to the end of the scene and takes on Macbeth's part as well, dismissing the lords (ll. 117–120). In public she acts as the loving and helpful wife as in II, 3, but when everybody has left she seems exhausted and depressed: Macbeth and his wife now appear to be utterly cut off from everyone else and from each other. The night is "al-most at odds with morning, which is which" (l. 127); nature once again joins in and here forms part of the general theme of ambiguity, dissembling, loss of identity, and equivocation. Man has upset the divine order by his depraved behaviour. Chaos is universal.

Shakespeare obviously intended us to read the banquet scene as a kind of climax, as the turning point of the play; for Scene III, 4 alludes to the earlier ones, including the scene of the regicide, in a variety of ways. Some of them are:

– allusions to the vision of the dagger: II, 1 and 2 / III, 4, l. 62
– the fear of losing what they have achieved: III, 1 / III, 4, l. 25
– the image of the serpent: I, 5, III, 2 / III, 4, ll. 29 f.
– Macbeth's sleeplessness: II, 2, III, 2 / III, 4, l. 141 f.
– the problem of being a "man" or behaving in an unmanly manner: I, 7, III, 1 / III, 4, ll. 58 ff., 73, 99
– a reminder of equivocation in the porter scene II, 3 / III, 4, l. 127.

Whether the audience is conscious of these allusions or hears them subconsciously, they will not fail in their influence: Scene III, 4 not only appears as the scene of revenge for Banquo's killing, but as the consequence of the Macbeth's murderous actions altogether. Macbeth from now on will be publicly known as the murderer on the throne, as a tyrant.

Another problem when producing III, 4 on the stage still remains to be solved: is the Ghost visible to Macbeth only or do the audience and the guests see it as well? Going by the guests' behaviour, we can at once exclude the last suggestion – the lords don't see it, because they are surprised by Macbeth's behaviour; Shakespeare – or slightly later productions of *Macbeth* – obviously wanted the Ghost to be corporeal, as we can gather from the stage directions (Cf. Muir, annotations to III, 4, l. 40); that was in accordance with the world picture of his day, that still gave physical shape to God's agents in this world and saw good reason to believe in the rule of divine justice on this earth. But at the same time the entrance of the Ghost on the stage was a sensational theatrical effect that kept the wayward groundlings attentive. Modern productions prefer an invisible Ghost, clearly Macbeth's hallucination and part of his mental illness, his pathological condition. This fits our modern interpretation of evil. Each age seems to have its own Shakespeare.

The following Scene III, 5 is widely considered to be a later interpolation. It reminds us of the witches' presence at all stages of the plot.

Lennox, one of the knights present at the banquet, in III, 6 (homework, 23. Stunde) comments on Macbeth obliquely and ironically. Putting two and two together, he then openly calls him a tyrant (l. 22), as his deeds have proved him one: good Duncan died under strange circumstances; Banquo simply was on the road too late at night, and as Fleance fled like Duncan's sons, surely he must have been a parricide like them. Out of noble motives only did Macbeth kill the chamberlains, his anger was so just – after all, they might have denied the deed, and who would have liked that? Could Macbeth get hold of the three parricides, they would surely suffer. Macduff lives in disgrace because he did not follow the summons to the banquet. Macbeth now is the tyrant manifest and action against him is being organized.

How cleverly Lennox argues after the fashion of "And Brutus is an honourable man" (*Julius Caesar*, III, 2), can be shown by the comparison of two nearly identical lines: l. 2f.: "Only I say / Things have been strangely born". – l. 16f.: "So that, I say, / He has borne all things well". Lennox first says openly that the events have something peculiar about them, and then uses nearly identical words to praise Macbeth, but actually disapproves of his deeds. This kind of indirect speaking ("equivocating") about a sovereign is only necessary when he is a tyrant and open criticism nearly always means risking one's life and possessions.

Macbeth appears even more the bad king as he is contrasted with "the most pious Edward" (l. 27), that "holy King" (l. 30) to whom Malcolm has fled and to whom Macduff has gone to ask for help in the struggle against Macbeth. An army is to be raised that will – with God's help (ll. 32f.) – free Scotland from Macbeth's tyrannous reign where lives are not safe (l. 35), so that true loyalty can rule men's relationships again and feudal order may be restored (ll. 36f.). Macduff has openly defied Macbeth (ll. 40–43) before he left for England. The two knights fear for him and ask for a quick ending to Macbeth's reign and for God's blessing on Macduff (ll. 47ff.). Scene III, 6 by suggesting the preparations for the tyrannicide offers a contrast to Macbeth's killing of King Duncan, just as Macbeth, the tyrant, is set off against the good kings Duncan and Edward of England. The short additional texts (Zusatztexte I und II, S. 109) tell us that resisting the tyrant, eventually deposing or even killing him was widely considered legal, if not a feudal duty. We are reminded that England herself had known a famous example of feudal resistance to a tyrannical ruler, namely the Barons' War against King John I that led to the *Magna Carta* (1215), the first instance of limitation of a feudal king's absolute powers and control of his decisions, the very first step in Western civilization towards a modern constitution that puts the power into the hands of the people.

What we know about Macduff, Shakespeare's rebellious baron in *Macbeth*, from Act II and III (homework, 23. Stunde) characterizes him as Macbeth's main opponent, next to Banquo. He is very close to Duncan and comes to conduct him away but finds him murdered. He wakens everybody and, when Macbeth confesses to having killed the two chamberlains, he criticizes him immediately

(II, 3). He then refuses to be present at Macbeth's coronation and rides home instead (II, 4). We hear about him next when Macbeth tells his wife after the banquet that he has sent an urgent command to Macduff which the latter ignored, an act of open defiance in the feudal world (III, 4). It is the anonymous Scottish lord who then tells us in III, 6 (ll. 37–43) that Macduff has refused to follow the tyrant into war – another instance of outright resistance. The two Scottish gentlemen are therefore afraid for Macduff and pray for God's assistance and quick success to his course (III, 6, ll. 45–49), just as the Old Man asked for God's blessing when he left Inverness in II, 4. So the Macduff strand of the plot has been interwoven into the action of Acts II and III before it comes to be the main theme of Act IV.

Reviewing Act III and taking survey of Act IV, the heading we found for Act III earlier on (20. Stunde) – "All is but toys" (II, 3, l. 94) – might well be applied to Act IV as well. If we look for another motto, several memorable lines in Act III, that might all be learned by heart, suggest themselves to us:

- "Thou play' dst most foully for 't" (III, 1, l. 3)
- "Treason has done his worst" (III, 2, l. 24)
- "…night's black agents to their preys do rouse" (III, 2, l. 53)
- "Things bad begun make strong themselves by ill" (III, 2, l. 55)
- "…they say blood will have blood" (III, 4, l. 122)
- "By the worst means the worst" (III, 4, l. 135)
- "I am in blood / Stepp 'd in so far that, should I wade no more / Returning were as tedious as go o'er" (III, 4, ll. 136 ff.)
- "With Him above to ratify the work" (III, 6, ll. 32 f.)

The most appropriate line as a motto of Act IV appears to be III, 2, l. 55, the tyrant's motto, as Dover Wilson says.

## Verlauf der 23. Stunde

*1. Unterrichtsschritt:*
*Besprechung der Hausaufgabe –*
*The structure of III, 4*

Der Einstieg in die Stunde mit der Lehrerfrage „What is the main event in III, 4?" überprüft das Globalverständnis der Szene. Der Schüler muß die Ergebnisse seiner Hausaufgabe im Kopf haben, um darauf kompetent zu antworten. Die Aufgabe wird ihm erleichtert, wenn die möglichen Antworten vom Lehrer auf Folie geschrieben worden sind und nun zur Diskussion gestellt werden. Im Verlauf des kurzen Unterrichtsgesprächs darüber, welches die beste Zusammenfassung darstellt, suchen wir auch die beste Gliederung der Szene in Auftritte. Die Vorschläge dazu müssen inhaltlich begründet werden; die Ereignisse in III, 4 werden wieder ins Gedächtnis gerufen. Die darauf folgende Phase – „To whom are Macbeth and Lady Macbeth talking?" – mit Aufschrieb der Zeilenangaben und Fakten auf Folie vergewissert sich des Detailverständnisses. Dieses muß zu Beginn des zweiten Unterrichtsschrittes vorliegen, damit sich der Schüler beim erneuten Hören auf die Nuancen im Sprechverhalten der Schauspieler konzentrieren kann. Im Anschluß an die Klärung der Einzelheiten ergibt sich die Frage von selbst: „What problems arise from this for the producer of the play?" Wenn keine Beiträge dazu kommen, engt der Lehrer die Frage ein und verlangt von den Schülern, daß sie sich in einer kurzen Phase vor und während des Hörens die Positionen der Schauspieler – the guests, the Ghost, Lady Macbeth, Macbeth – auf der Bühne klarmachen. Das Erstellen einer Tafelskizze geht dann im folgenden der Charakterisierung der beiden Hauptpersonen voraus.

## 2. Unterrichtsschritt:
*Rollenspezifische Analyse und Lesen*
*mit verteilten Rollen –*
*"Most admired disorder"*

Mit der Aufforderung, „Characterize A) Macbeth's or B) Lady Macbeth's role in III, 4" erreichen wir das rollenspezifische Hören, das mit der perspektivischen Inhaltsangabe zur aufführungsnahen Charakteristik der Eheleute führt. Der Schüler beobachtet seine Hauptperson, damit er ihre Rolle im folgenden imitierend lesen kann. Während der Hörphase macht er sich bei geschlossenem Buch Notizen, wobei er sich ganz auf die gestalterische Komponente des Vortrags konzentriert. Die jeweiligen Partner, die die Rollen danach zusammen lesen, tauschen ihre Beobachtungen aus. Eine kurze Kontrollphase im Plenum (Folie 2) erscheint wünschenswert, damit die Umrisse der Rollen von Macbeth und Lady Macbeth sichtbar werden und der Schüler sich beim folgenden sinndarstellenden Lesen in sie hineinversetzen kann. Wenn genügend Zeit zur Verfügung steht, werden mehrere Leseproben gemacht und auf Tonband / Kassette aufgenommen, untereinander und mit einer professionellen Aufnahme verglichen. Da die Szene geringe linguistische Schwierigkeiten aufweist, dafür aber schauspielerisches Talent vom Sprecher verlangt, müßte eine motivierte Gruppe an dieser Aktivität besonders Freude haben und gute Ergebnisse erzielen.

## 3. Unterrichtsschritt:
*Formanalyse –*
*III, 4 as a turning point*

In der Stillphase sammelt der Schüler – u. U. auch im Gespräch mit seinem Nachbarn – Anspielungen auf frühere Szenen, die ihm aus seiner Arbeit an III, 4 noch in Erinnerung sind. Das Auflisten der Beispiele mit Stellenangaben an der Tafel erfolgt unter der Fragestellung: „What effect do these allusions to earlier scenes have on the audience?" Das Nachvollziehen der Strukturierung des Stücks mittels verbaler und inhaltlicher Analogien führt zur Charakterisierung der Szene III, 4 als einen Höhepunkt des Werkes und als Wendepunkt im Leben des Macbeth und seiner Frau und verweist damit auf die erste Frage der Stunde nach dem wichtigsten Ereignis zurück. Wenn Zeit verbleibt, kann der Lehrer weitere Anspielungen auf frühere Szenen diskutieren lassen, die der Regisseur eines Films oder einer Theateraufführung hinzugefügt hat.

Das letzte praktische Problem der Stunde – „Who sees the Ghost?" – muß jeder Regisseur lösen, der *Macbeth* aufführt. Die Diskussion darüber kann weitreichende Einsichten in das Weltbild Shakespeares vermitteln. Eine Tafelskizze veranschaulicht die verschiedenen Möglichkeiten.

## Hausaufgabe:

In der Hausaufgabe wird der Schüler zu einer perspektivischen Inhaltsangabe aufgefordert und befaßt sich dabei mit den Folgen der „banquet scene" für Macbeth und Lady Macbeth.

## Verlauf der 24. Stunde

## 1. Unterrichtsschritt:
*Integration der Hausaufgabe –*
*Macbeth as the tyrant manifest*

Zu Beginn der Stunde referiert ein Schüler die Hausaufgabe. Die folgende Detailanalyse ist zugleich eine Verständniskontrolle für alle. Obwohl es um die Interpretation von zwei Einzelversen geht, können diese nur aus dem ganzen Text heraus richtig gelesen werden. Mit der Aufforderung – „Characterize Lennox's way of speaking" – wird der Schüler angeregt, seine Einzelbeobachtungen zur Sprechweise Lennox' auf einen Begriff zu

**I.** Finally, some of these guarantees are repressive. Resistance is not only permitted to unjust orders of the tyrant, but it is enjoined; and in extreme cases the people who have chosen can depose. While John of Salisbury considers tyrannicide as *licitum, aequum* and *justum*, Thomas Aquinas expressly condemns tyrannicide... He allows the right of deposing an unworthy ruler, which indeed is the necessary corollary of the power of choosing him.

While it is clear that the philosophers of the thirteenth century were keenly sensitive to the pictures of tyrants, which they found in the *Politics* of Aristotle, it is no less clear that the public life of their own age afforded them actual illustrations of tyranny, which helped to provide an inspiration for their theory... Thomas Aquinas must surely have known cases of feudal tyrants, sovereigns who abused their power. The thirteenth century witnessed more than one royal deposition. It suffices to recall how the barons of John Lackland declared against him.

*to enjoin* to command – *corollary* condition

De Wulf, M., Philosophy and Civilization in the Middle Ages, pp. 248 f.

**II.** Several clauses in Magna Carta give expression to the spirit of individual liberty, as it has ever since been understood in England. And the constant repetition of these brave words in centuries to come, by persons who were ignorant of the technical meaning they bore to the men who first wrote them down, helped powerfully to form the national character:

"No freeman shall be taken or imprisoned or disseised or exiled or in any way destroyed, nor will we go upon him nor will we send upon him except by the lawful judgement of his peers or (and) the law of the land."

...The Charter was regarded as important because it assigned definite and practical remedies to temporary evils. There was very little that was abstract in its terms, less even than later generations supposed. Yet it was the abstract and general character of the event at Runnymede that made it a great influence in history. A King had been brought to order, not by a posse of reactionary feudalists, but by the community of the land under baronial leadership; a tyrant had been subjected to the laws which hitherto it had been his private privilege to administer and to modify at will. A process had begun which was to end in putting the power of the Crown into the hands of the community at large.

G. M. Trevelyan, A Shortened History of England, pp. 147 f.

bringen. Die evaluierende Frage – „Why does Lennox talk indirectly like that?" – regt zum Nachdenken an. Der Schüler muß sich in Lennox hineinversetzen, um die Gründe für diese Art des höchst ironischen und indirekten Sprechens zu finden.

*2. Unterrichtsschritt:*
*Perspektivische Analyse –*
*Armed resistance against tyranny*

Die Perspektive schwenkt auf den zweiten Sprecher der Szene über, während der Schüler den Text – auch zur Entspannung – hört.

Durch die rollenspezifische Inhaltsangabe – „What does the other lord tell us?" – bemerkt der Schüler, daß beide Adligen Macbeth ablehnen und den Widerstand gegen ihn begrüßen, von dem der Lord ausdrücklich berichtet. Mit der Frage – „What do we get to know about the tyrant and his rule?" – konzentrieren wir uns auf den wichtigsten Teil der Mitteilung. Im Unterrichtsgespräch werden die Beiträge zunächst gesammelt und geordnet, ehe wir an die bereits früher zusammengetragenen Charakteristika des Tyrannen in der mittelalterlichen Staatsphilosophie erinnern (vgl. Folie zur 21. Stunde) und hinzufügen, was wir über die Tyrannei in III, 6 erfahren. Der zweite Teil der Detailanalyse – „What do we get to know about Macduff and the armed opposition to Macbeth?" – leitet zum nächsten Unterrichtsschritt über.

*3. Unterrichtsschritt:*
*Behandlung der Zusatztexte I und II –*
*Feudal resistance against tyranny*

Das laute Lesen von Zusatztext I (vgl. S. 109) dient dem selektiven Detailverständnis. Es gilt zu klären, worin der Widerstand gegen den Tyrannen bestand und wie er gewertet wurde. Der Lehrer muß hierbei stärker helfend eingreifen, da es sich um einen recht abstrakten Text handelt und dem Schüler die Terminologie De Wulfs nicht vertraut ist. Die Ergebnisse der Besprechung werden ergänzend auf der Folie zur 21. Stunde eingetragen. Der Zusatztext I berichtet von dem berühmtesten historischen Parallelfall zu den Ereignissen in *Macbeth*.

*Hausaufgabe:*

In der Hausaufgabe verschafft sich der Schüler einen Überblick über die Handlung von Akt IV und vergegenwärtigt sich noch einmal den III. Akt, indem er darin blättert und nach einem Vers als Motto für das kommende Macduff-Drama ausschaut. Der zweite Teil verlangt von ihm eine kurze schriftliche Leistung, für die er nochmals die Stellen im II. und III. Akt aufsuchen muß, an denen wir etwas über Macduff erfahren. Ein Schüler hält die Hausaufgabe auf Folie fest.

## Unit VII: IV, 1–3
## "Things bad begun make strong themselves by ill":
## the Macduff tragedy

## Didaktische Vorbemerkungen zur 25.–27. Stunde

Der IV. Akt führt uns zunächst Macbeth bei den Hexen vor, der sich durch seine Blindheit und Furcht nur noch stärker als Tyrann erweist, und stellt ihm wiederum Banquo und Macduff gegenüber. Nach diesem Prolog steht das tragische Schicksal des aus gutem Grund aufständischen Macduff und seiner Familie im Mittelpunkt.

Der vorliegende Teil des Dramas schafft ein besonderes didaktisch-methodisches Problem. Alle drei Szenen bereiten dem Schüler große inhaltliche und sprachliche Verständnisschwierigkeiten, das Abrakadabra der Hexen (IV, 1) ebenso wie der Dialog darüber, ob Macduff ein Verräter ist (IV, 2), und die Auflistung von Tugenden und Lastern, die Malcolm gegen Macduff ins Feld führt (IV, 3). Dennoch ist es unser Ziel, den Schüler so zu führen, daß ihn das Schicksal des Macduff emotional betroffen macht. Es gilt, Verständnis zu schaffen. In IV, 1 klären wir deshalb die inhaltliche Aussage und machen uns nochmals die Notwendigkeit des Interpretierens bewußt. In IV, 2 und IV, 3 gehen wir ebenfalls vom Abklären der linguistischen und inhaltlichen Fakten aus, versuchen jedoch tiefer in das Geschehen einzudringen. Mit dem Schicksal der Macduffs identifizieren wir uns, indem wir den Text von IV, 2 hören, um die einzelnen Personen danach beim lauten Lesen zu imitieren. Durch dieses Hineinversetzen erleben wir ihre Emotionen und die große Spannung, die über der Szene liegt. Der Mord an den Unschuldigen erschüttert uns; deshalb suchen wir nach einem Weg, wie er sich hätte vermeiden lassen: Shakespeare erreicht sein didaktisches Ziel, in uns Abscheu vor dem Tyrannen zu wecken, über unser Mitgefühl für dessen Opfer. Macduffs wortloser Schmerz, als er die Nachricht erhält (IV, 3), bedarf erst recht unserer Interpretation. Diese setzt voraus, daß wir zunächst seine Rolle – und die Malcolms – klären und seinen wahren Wert erkennen. Das geschieht durch die kommunikationsorientierte Analyse des Dialogs mit Malcolm; denn hier sind Gut und Böse genauso dialektisch vertauscht wie in Lady Macduffs Gespräch mit Ross über den ‚Verräter' Macduff. Daraus ergibt sich die Aufgabe, für Macduffs stumme Erschütterung und Fassungslosigkeit Worte zu finden: Der Schüler muß Gelegenheit zur eigenen Stellungnahme erhalten, seine emotionale Betroffenheit auszudrücken versuchen; dies kann auch noch geschehen, wenn es ihm über Macduffs Größe und Naivität die Sprache verschlägt.

Das Minimalprogramm zu *Macbeth* kürzt die 25. Stunde, indem es den Inhalt der Prophetien und Macbeths verstärkten Haß auf Macduff zu Beginn der Stunde referierend mit Lady Macduffs Schicksal konfrontiert und das laute Lesen der Szene IV, 2 aufgibt, wenn die Zeit zu knapp wird; die Schüler lernen dann den Text erst in der Stunde kennen.

**25. Stunde:**
**"To know by the worst means the worst" –**
**Macbeth and Macduff as antagonists**

**26. Stunde:**
**To do "by the worst means the worst" – Macbeth kills Macduff's defenceless family**

**27. Stunde:**
**Macduff as a rebellious baron**

## Notes on Interpretation

When comparing Macbeth's second encounter with the witches in IV, 1 to his first in I, 3, we find that he has now taken the lead in his relationship with them. The witches no longer meet him, he goes to seek their advice and demands that they tell him about his future (ll. 49–59). He is as impressed by what he is shown as he was earlier on, but has lost all sense of awe for them and actually curses the "midnight hags". These, however, have not changed since we met them last; they still roam the wild countryside, look ugly, talk strange nonsense in their inelegant doggerel, calling up visions "from their masters" for Macbeth: "an Armed Head" warning him of Macduff (ll. 67 f.), "a Bloody Child" (ll. 75 f.) telling him that "none of woman born" can harm him, "a Child Crowned with a tree in his hand" saying that he will not be vanquished until Birnam Wood advances against him at Dunsinane Castle where he resides (ll. 91 ff.); at last a line of kings led by Banquo, the last of them holding a glass which mirrors all the future kings of Scotland who will be Banquo's descendants. As before, Banquo and Macduff are shown as Macbeth's enemies und the tyrant decides to kill Macduff (ll. 82 f.). Soon afterwards he hears from Lennox that Macduff has gone to England (ll. 140 f.) and now determines to dispossess him and murder his family (ll. 149–52).

Looking back on IV, 1, we easily realize why

Shakespeare inserted it into the Macduff strand, begun in II, 3: it intensifies Macbeth's wrath against Macduff and singles him out as the special threat to the tyrant. Furthermore, it may have been written especially to please its first court audience as King Christian of Denmark, King James' brother-in-law and guest, did not understand much English, yet would undoubtedly have been interested in an 'interlude', a pageant, illustrating the royal genealogy. Our age tends to take the apparitions for hallucinations and modern productions then replace the dumbshow by focussing on Macbeth and his facial expressions of horror.

Macbeth reacts with extreme anger to the visions of Banquo and his line of descendants (ll. 111–123) and shortly after that to the news that Macduff has gone to England (ll. 143–155). As he can no longer murder Fleance and Macduff, he is going to slaughter Macduff's defenceless family. This plan – like the regicide earlier on – is a terrible offence against knightly morals; it makes the innocent and the helpless suffer the worst fate, and this seems totally vile to us. We shudder to see what a tyrant will do when he and his absolute power are checked. But another reason why Macbeth, who not so long ago passed for the perfect vassal (I, 3 f.), now commits such atrocities will be found in his changed attitude towards crime generally (20./21. Stunde). He no longer suffers from scruples, murder is now only a means of ridding himself of fear; moreover, he feels challenged to carry out his plans, as if he had taken to heart his wife's criticism of his hesitant nature (I, 5; 11./12. Stunde). Macbeth is caught in the "chain of evil" that adds one evil deed to another – "things bad begun make strong themselves by ill" indeed (homework, 24. Stunde).

Macbeth's and Macduff's relationship in Acts II and III after the coronation can be characterized as that of a feudal overlord and his defiant baron (homework, 24. Stunde). In this role Macbeth rightly dispossesses Macduff and treats him as an outlaw whose life is forfeit. But Macbeth is not a legitimate and good monarch; as a tyrant he must be opposed and defied by any morally responsible vassal in feudal society (cf. 24. Stunde). So Macbeth proves even more tyrannical by planning the assault on the unprotected wife and children of Macduff, his justly rebellious baron, who would be called a dissident today.

How little of this feudal context we still understand readily in our time can be seen from the humorous jazz version of Cleo Laine's and John Dankworth's *Dunsinane Blues* (cf. p. 117). It turns *Macbeth* into a Gothic ballad – in fun, of course. It makes us realize how much effort is needed to interpret a text that contains more of its contemporary reality than we notice at first sight.

One of the parts of the play where the gulf between the original context of *Macbeth* and an immediate modern reading becomes most obvious is therefore Scene IV, 2. Macduff is called a traitor by nearly everyone, but is he one? In her despair Lady Macduff characterizes the traitor as a person who is unreliable, full of fear, lacking in love and reason, unnatural because he leaves his family and household unprotected to save his own life (ll. 6–14). To her young son her accusations are equally serious though uttered jokingly: "Your father's dead" (l. 30) refers to the fact that Macduff, should he return and be caught, would indeed be a dead man; for the rebellious baron would be treated like an outlaw in his mother country (cf. Benecke, 1973, chapters III and IV). He is someone "who swears and lies" (l. 47), that is, does not keep his oath of allegiance, the opposite of an honest man, and will be punished by hanging if caught (l. 49 ff.) – in her slightly nervous small talk, Lady Macduff tells the truth. On the other hand, the murderers' actions and words (ll. 81 ff.) make not only the 'traitor' himself but his whole family suffer death for treason – an unheard of incident –, only to be expected from such as are the tools of a tyrant. So far everybody seems to take Macduff for a real traitor. Ross gives us a clue to the problem: he checks Lady Macduff's grief by reminding her that Macduff is too excellent a man to lack loyalty. He explains his behaviour by reference to the hard, "cruel" times and thinks him an honest man who does the right thing, and yet is held to be a traitor (ll. 14–22). His good opinion of Macduff is supported by what we read about legitimate resistance to a tyrant – that was "enjoined", a moral obligation in the feudal world (cf. 21. und 24. Stunde). That is what Macduff has undertaken. Lady Macduff, however, is not politically-minded enough to know about it and be warned.

Both Macduff and his wife lack political prudence. While he should have taken precautions and put his family and household under proper protection against the tyrant, Lady Macduff once warned, – "Whither should I fly? I have done no harm." (ll. 72 f.) –, should run for her life. To sum up, the evil that Macbeth does, is so immense that neither Macduff nor his wife nor their friends foresee it. It is beyond what a good person in their day could envisage.

The audience is shocked and moved at the same time. Shakespeare here again comes near to mixing the tragic and the humorous. The little dialogue between Young Macduff and his mother is a mother-and-child idyll; it is so strongly contrasted with the immediately following brutal murder of the young boy defending his father in front of his mother that, in addition to our pity with their innocent and naive trustfulness, an almost unbearable terror is aroused in us.

How much the theme of proper feudal behaviour and the underlying distinction between the king and the tyrant was in Shakespeare's mind when he wrote *Macbeth* we learn once again from Scene IV, 3. Shakespeare's catalogue of qualities adhering to a good king[1] makes the ruler into a saint, because he works for his subjects' welfare selflessly and does God's will, while the tyrant[2], exploiting his people and misusing them to satisfy his selfish desires and passions, is a devil. Shakespeare was very much aware of the dangers of tyranny in the shape of feudal absolutism; he felt strongly pro-democratic within the context of feudalism.

The catalogues of qualities characterizing a king and a tyrant are well integrated into a dispute between Macduff and Malcolm which again exemplifies Shakespeare's exceptional art in writing dialogue. It is full of the traps and counter-moves of persuasion. Once we have recognized the strategies, we realize that Malcolm cannot trust Macduff and puts him to the test by pretending to be a potential tyrant before he reveals himself as a very good man. He uses techniques of arguing which honest Macduff does not see through, and therefore nearly leaves the English court in despair. He has come to ask Malcolm to fight Macbeth (III, 6, ll. 29–37); his personal safety and happiness are at stake for his country; it is no longer safe for him to return to Scotland, unless Malcolm returns with him (IV, 3, ll. 106–114). Malcolm at first holds back but eventually stops pretending (ll. 131–137). He has by now convinced himself that Macduff is reliable. His movement to-

---

[1] The virtues becoming a king are the following: Justice, truthfulness, temperance, stability, generosity, perseverance, mercy, humility, devotion, patience, courage, constancy (ll. 91–95); piety, prudence, wisdom (ll. 108–120); innocence, loyalty, truthfulness (ll. 123–132); gift of healing, the gift of prophecy, grace (ll. 147–159).

[2] The tyrant is characterized by the following qualities: he is an evil man, kills his subjects, brings disaster upon his country (ll. 3–8); he induces his men to do evil, treason (ll. 14–22); his country suffers grievously from him (ll. 38–44); he is murderous, lustful, greedy, treacherous, deceitful, impetuous, malicious, has every vice possible, is lascivious (ll. 57–90); he is intolerant, loves war, spreads discord among his own men instead of uniting them in a common course (ll. 95–100).

wards this end shows his prudence: he first deplores Scotland's present state (ll. 1 f.) and recalls that Macduff loved Macbeth when he was still taken for a good man and hence fears the possibility of betrayal (ll. 12–24). He then doubts his probity as he has left his family at Macbeth's mercy (ll. 25–31). He goes on to describe himself as the worst tyrant possible and says he lacks all the virtues of a good king (ll. 43–100). Only when he sees how Macduff despairs (ll. 102–114) is he satisfied and comes to believe in his trustworthiness and so is able to confess to his strategem for sounding Macduff out (ll. 114–125). The good knight is stunned (ll. 138 f.). In order to win Malcolm for his fight against Macbeth, Macduff has made concessions to his allegedly vicious tastes reluctantly (ll. 66–76, 84–90), and has given up all hope for Scotland and his own future; and now he is told that his loyalty was simply being tried; his wish for goodness to check tyranny is going to be fulfilled after all (ll. 32 f.). Malcolm thus proves to us that he, unlike his father Duncan (I, 4), has learned how to deal with the ambiguities of "fair" and "foul" and will not be deceived so easily by the "equivocation" of courtiers and the tyrant's slaves.

Macduff gets to know of his family's terrible fate after his argument with Malcolm; in Holinshed's *Chronicle,* which describes and organizes the scene very similarly in other respects, Macduff learns about the catastrophe before his attempt to win Malcolm over to armed resistance: why does Shakespeare deviate from his source in this one feature? Had Macduff known of his frightful tragedy when arguing with Malcolm, he could not have appeared disinterested, but would have been motivated by feelings of personal revenge. As it is, he speaks solely for his country whose welfare, whose common good is his only incentive. His own and his family's fate is that of a brave man risking everything for the public good in the face of a tyrant who does not respect the most basic human rights – his tragedy is that of a dissident who staked everything to fight tyranny. We can easily think of parallels to Macduff's struggle which would differ as far as the social system and the conditions of opposition are concerned, but not as far as the neglect of human rights and the abuse of power are concerned.

How does Macduff's tragedy then fit into Shakespeare's optimistic world picture? It seems that Macbeth's own moral view of life, that justice is done in this world (I, 7), is refuted by Macduff's experience. Why should these innocent people suffer such a terrible death and God not protect them? At first Macduff is just as much at a loss as we are (ll. 223 f.); he then blames himself for it, some obscure sin of his (ll. 224–227). His argument does not satisfy us and perhaps is not even meant to do so; it was too savage an event. However, we still look for an explanation, a different kind of justice perhaps, that makes the individual just as much an instrument of goodness as Macbeth is one of evil; as Banquo's death kindled the oposition against Macbeth so does the tragic end of Macduff's family inspire the armed resistance. Both incidents together eventually bring about Macbeth's fall and the rising fortunes of the descendants of Malcolm and Banquo. Sub specie eternitatis – and from this perspective only – the divine order is re-established. though the individual has to suffer undeservedly.

But we can learn from their fate. When dealing with evil on Macbeth's scale, to hope for the protection of the innocent by God is to be naive and sentimental – God does not check evil in this world, he needs men to do that. At the same time, the tragic effect of the Macduff drama is in large part due to the fact that it is the result of mistakes and errors of judgement made by people of integrity. Nobody earlier on in the play foresees the full extent of the evil that Macbeth stands for and deals out to others. After all, even the English language does not know a proper term for his atrocious behaviour towards the Macduffs.

'Sippenhaft' is a German word and can only be paraphrased in English (*Langenscheidts Enzyklopädisches Wörterbuch,* Deutsch-Englisch, entry "Sippenhaft": "liability of all members of a family for the crimes of one member.")

The audience cannot help feeling with the victims of tyranny and being terrified at what takes place – the didactic effect of tragic catharsis is ensured.

## Verlauf der 25. Stunde

*1. Unterrichtsschritt:*
*Textvergleich von IV, 1 und I, 3 als Einstieg*

Nachdem der Schüler zu Hause den III. Akt noch einmal durchgeblättert und sich über den IV. Akt als ganzes informiert hat, kann die Stunde mit einem übergreifenden Stimulus zum Nachdenken beginnen: „Why does Shakespeare interrupt the Macduff strain of the plot and insert Macbeth's second meeting with the witches?" Der Schüler soll Hypothesen aufstellen; die zur Beantwortung der Frage im einzelnen notwendigen Detailkenntnisse erwirbt er sich erst im folgenden. Im 1. Unterrichtsschritt beschäftigt er sich mit Macbeths Entwicklung, indem er die Szenen I, 3 und IV, 1 vergleicht; der Arbeitsauftrag soll nur das Grobverständnis der Szene IV, 1 absichern und schnell erledigt werden. In Partnerarbeit schlagen die Schüler die beiden Textstellen IV, 1 und I, 3 nebeneinander auf und regen sich gegenseitig zu Beobachtungen an.

Wenn die Zeit vorhanden ist, bietet ein Kurzbericht über die Gestaltung der Szene auf der Bühne oder im Film einen aufführungsbezogenen Anreiz zum Nachdenken darüber, ob Shakespeare bzw. ob wir heute den Hexen objektive Realität zugestehen oder sie für die Ausgeburten der subjektiven Phantasie halten.

*2. Unterrichtsschritt:*
*Extensives Hören / Lesen –*
*Macbeth and Macduff as antagonists*

Die beiden Fragen zum extensiven Hören bauen aufeinander auf. Die erste – „What is the witches' message this time?" – verlangt eine kurze Inhaltsangabe und sichert damit die detaillierte Kenntnis der Szene IV, 1 ab, die Voraussetzung für das Verständnis des V. Aktes ist. Die zweite Frage nimmt den ersten, übergreifenden Stimulus der Stunde wieder auf und erwartet nun eine befriedigende Antwort. Der Lehrer muß in der Diskussionsphase verstärkt auf die Konfrontation des Macbeth mit Macduff hinweisen, wenn die Schüler nicht selbständig genügend Material dazu beim Hören gesammelt haben.

*3. Unterrichtsschritt:*
*Textvergleich und seine Auswertung –*
*Macbeth's lack of self-control*

Die aufgabenteilige Partnerarbeit gibt dem Schüler einen Einblick in Macbeths Persönlichkeitszerfall; sie soll straff organisiert ablaufen und nicht viel Zeit kosten. Der Stimulus A) – „Describe Macbeth's reactions to seeing Banquo as an apparition and hearing that Macduff has fled." – verlangt deshalb nur eine globale Aussage zu Macbeths Verhalten – seine Reaktionen verraten ungezügelten Zorn. Bei Frage B) – „What do you get to know about Macbeth's present state of mind?" – haben die Schüler weniger Text wesentlich detaillierter danach zu befragen, wie Macbeth mit sich selbst umgeht. Sie haben in Partnerarbeit die Bücher an den jeweiligen beiden Stellen zum Vergleich aufgeschlagen. Bei der Auswertung der Ergebnisse ist darauf hinzuweisen, daß Macbeth erst so gewalttätig geworden ist, woraufhin ihn seine früheren „peers" nun in die Schranken weisen und an die Grenzen seiner Macht gemahnen; auch sich selbst gegenüber hat er die diktatorischen Züge erst angenommen und jeden Ansatz zu Selbstkritik inzwischen aufgegeben. Die Macht verdirbt ihn. Der Tafelanschrieb wird um die Beiträge ergänzt, die das Bild des Tyrannen Macbeth anschaulicher machen.

*4. Unterrichtsschritt:*
*Integration der Hausaufgaben und*
*Entspannungsphase –*
*"Dunsinane Blues"*

Die Besprechung der Hausaufgabe setzt die Schritte 1–3 voraus, die Macbeth als Tyrannen charakterisieren. Dem Schüler ist nun klar, daß der Rest des IV. Aktes lediglich Macbeths Pläne in der Szene IV, 1 in Taten umsetzt und die Reaktion der anderen darauf darstellt. Jetzt erst können die Vorschläge – der Schüler und des Lehrers – für ein Motto zum IV. Akt begründet diskutiert, kann der beste ausgewählt werden ( der sich selbstredend von dem hier gemachten – „Things bad begun make strong themselves by ill" – unterscheiden kann). Deshalb liegt die Besprechung der Hausaufgabe diesmal in der Abschlußphase der Stunde. Auch der Abriß der Beziehungen von Macbeth und Macduff im II. und III. Akt findet hier seinen richtigen Platz, da er begründet, warum sich Macbeth so unmenschlich gegen Macduffs Familie verhalten will; der Tyrann erscheint uns eher als Mensch, der eine falsche Entwicklung durchgemacht hat, denn als absolutes Monster. Es erhebt sich im Anschluß daran die Frage, ob Macbeth nicht ein Recht habe, Macduff zu strafen, der doch die Obrigkeit gewaltsam bekämpfen wolle. Der Lehrer kann, wenn nötig, an die Ergebnisse der 21. und 24. Stunde erinnern. Er wird auch den Blick vergleichend auf die ähnliche Situation in Ländern mit diktatorischer Regierungsform heute lenken.

Das abschließende ungelenkte Hören des Jazzsongs von John Dankworth, *Dunsinane Blues,* gesungen von Cleo Laine, (vgl. *Cleo Laine Sings Wordsongs,* RCA Stereo RL 25176 [2]) ist zunächst als Entspannungsphase gedacht. Der Schüler liest den Text mit (vgl. S. 116); der Songtext kann auch als Lückentext vorgegeben werden. Beim Hören dieser modernen balladesken Kurzform wird sich der Schüler bewußt, wie wir heute *Macbeth* auffassen, wenn wir uns nicht um Shakespeares dichterische Intention und Mitteilung interpretierend bemühen und das Werk aus seiner Zeit heraus zu verstehen suchen. Dies ist ein Ausblick auf die Methode der Literaturbehandlung allgemein. Ein Rückverweis auf Szene II, 3 (18. Stunde) ruft dabei nochmals ins Gedächtnis, wie notwendig die Bemühung um das historisch angemessene Verständnis ist.

**Arbeitsblatt zur 25. Stunde**

**Cleo Laine / John Dankworth: Dunsinane Blues**

"Macbeth"
Said an apparition
"Shall never vanquished be until"
Said the apparition
"Great Birnam Wood to High Dunsinane Hill
Shall come against him." Mac said, *"That'll*
*Never be, that'll never be*
I will not *be afraid of death* and bane
*Till* Birnam Forest *comes* to Dunsinane."

Macduff
Marchin' with his army
*Came toward* Birnam Wood. Macbeth
Waited in his castle
And *Malcolm* said, "Let ev'ry soldier hew him
Down a bough and *bear it before him*."
Macbeth that day was heard to say,
"I will not *be afraid of death and bane*
*Till* Birnam Forest *comes* to Dunsinane."

Macbeth
*Listened to a servant*
"I look'd t'ward Birnam and anon"
Said the wretched servant
"Methought *the wood began to move.*
May you see it coming, I saw a *moving* grove."
Then quoth the *Scot* "The Spirit said 'fear not
Till Birnam Wood *will come* to Dunsinane.'
And *now* a wood *comes* towards Dunsinane."

"Macbeth,"
Said another *apparition*
"Macbeth, beware Macduff. *Beware!*"
Said another apparition,
"Be *bloody, bold and resolute and laugh* to scorn
The power of man, for *none of woman born*
Shall harm Macbeth" (did this *disarm* Macbeth!).
He said, "Swords I smile at, *weapons* laugh to scorn
Brandished by a man *of a woman born*."

Macbeth
*Fighting* in a battle
Sighted Macduff who said: "Despair"
Then (to put it my way)
"Now's the time for you to be a wary 'un;
*I wasn't really born* – it was a Caesarian."
Macbeth is said *to have lost his head*
But he never was afraid of death and bane
Till Birnam Forest came to Dunsinane.

Der Kursivdruck kennzeichnet die Auslassungen im Lückentext.

# Verlauf der 26. Stunde

*1. Unterrichtsschritt:*
*Linguistische Analyse –*
*The 'traitor'*

Die Stunde beginnt mit der Zusammenfassung der Ereignisse in IV, 2, die der Schüler aufgrund seiner Hausaufgabe vortragen kann. Wir vergewissern uns, daß er die Gliederung und den Ablauf der Szene durchschaut. Mit der Frage „Is Macduff a traitor?" leiten wir zur Detailanalyse auf linguistischer Ebene über, die notwendig wird, um die Antwort auf die gestellte Frage zu finden. Wir klären, was jede Person unter dem Begriff „traitor" versteht, wobei der Lehrer die Reihenfolge festlegt.

Ross' Meinung, Macduff sei ein „guter Verräter", trifft den Nagel auf den Kopf und bildet deshalb den Abschluß. Ein Schüler trägt dabei seine Hausaufgabe zur Meinungsbildung in der Gruppe vor, ehe wir die von einem anderen vorbereitete Folie auflegen, diskutieren, ergänzen; sie dient dann allen als Vorlage zur Korrektur ihrer eigenen Notizen.

*2. Unterrichtsschritt:*
*Lehrerinformation und Diskussion –*
*The "good traitor" and his destiny*

Wenn der Schüler den Abschnitt ll. 14–26 auch im Detail richtig verstanden und das im Vorausgehenden bewiesen hat, erübrigt sich die Stillphase hier. Der Lehrer führt ihn zu der Einsicht, daß Macduff ein „guter Verräter" ist.

Die Notizen zur 24. Stunde erinnern uns an die Pflicht der Vasallen zum Widerstand gegen den Tyrannen – Schülerbeiträge dazu lockern die Lehrerinformation auf. Damit liegen die notwendigen Vorinformationen zur Diskussion des Schicksals der Familie Macduff im folgenden vor. Mit der Frage „Could the tragic fate of the Macduff family have been avoided?" wird der Schüler aufgefordert, sich nun stärker emotional mit den Figuren der Lady Macduff und ihres Sohnes zu identifizieren und sich in ihre Situation hineinzudenken, als sei sie real und die seine. Dies wird ihm nicht schwerfallen; denn die liebenswerte Naivität der Macduffs dem Bösen in Macbeths Gestalt gegenüber ist der unseren verwandt. Der Lehrer bringt dabei als weiteren Stimulus in die Diskussion ein, daß das Englische keinen festen Ausdruck für den deutschen Begriff der „Sippenhaft" besitzt und Shakespeare vielleicht sogar der Meinung war, Macbeths Verhalten sei absolut böse und deshalb nicht vorauszusehen. Der Schüler soll dadurch so weit geführt werden, selbst zu fordern, man müsse sich und könne sich dennoch mit List und Klugheit gegen ein solches verheerendes Schicksal wappnen.

*3. Unterrichtsschritt:*
*Vorbereitung und Durchführung*
*des dramatisierten Lesens*

Wir stellen keine Leitfrage zum Hören der Szene, weil die vorausgehende Besprechung bereits das Ohr für Nuancen geschärft hat. Statt dessen entscheidet sich jeder Schüler vor dem Hören für eine Person, die er danach imitierend laut lesen möchte. Da die Szene IV, 2 wieder einmal im wesentlichen aus recht kurzen, staccatohaften Aussagen besteht, tritt das schauspielerische Element in den Vordergrund; der Auftritt eignet sich deshalb in unserem Unterrichtszusammenhang besonders zum dramatisierten Lesen. Zuvor müssen wir uns aber über die Konturen der einzelnen Gestalten, ihre Art zu sprechen und damit über die idyllisch-tragische Wirkung der ganzen Szene klar geworden sein. Die tragische Wirkung des brutalen Mordes wird durch den ungeheuren Kontrast zur Mutter-Kind-Idylle und ihrem scherzhaften Ton verstärkt und löst eine starke emotionale Betroffenheit beim Zuschauer aus.

Damit das sinngestaltende Lesen für die Leser und Zuhörer wirklich befriedigend verläuft, kann daran gedacht werden, eine Fassung des Textes in modernem Englisch dafür auszuteilen. (Eine solche Übertragung in modernes Englisch in Prosafassung liegt z. B. vor in: *Shakespeare made easy, Macbeth. Modern English version side-by-side with full original text*, ed. Alan Durband, London, 1984 [Hutchinson].)

*Hausaufgabe:*

Eine neuenglische Version der Szene IV, 3 sollte der Schüler nach Möglichkeit zur Hand haben, wenn er sich zu Hause selbständig in den nächsten Auftritt einliest, dabei die Stellen arbeitsteilig auffindet, die den guten König (A) bzw. den Tyrannen (B) charakterisieren. Die Liste der Attribute in modernem Englisch, die er dazu aufstellt, ergänzt die früheren Aufzeichnungen zur Charakteristik des guten Königs und des Tyrannen (vgl. 10., 21., 24., 25. Stunde). Ein Schüler schreibt deshalb wiederum auf Folie. Beim Bearbeiten dieser Aufgabe eignet sich der Schüler zugleich die ganze Szene IV, 3 im Detail an.

## Verlauf der 27. Stunde

*1. Unterrichtsschritt:*
*Austausch der Hausaufgabe –*
*The good king and the tyrant*

Der Austausch der Hausaufgabe A) und B) (Folie) zu Beginn der Stunde kontrastiert die Charakterisierung des guten Königs mit der des Tyrannen. In der anschließenden Evaluationsphase fassen die Schüler den Gegensatz in eigene Worte und werden sich dabei bewußt, daß Shakespeare ihn ausschließlich im Bereich des Ethischen ansiedelt. Die Frage – „Why does Malcolm give us these lists of attributes?" – macht auf seine Redeintention und Gesprächsstrategie aufmerksam und leitet auf den 2. Unterrichtsschritt über. Wenn in diesem Zusammenhang bereits im Unterrichtsgespräch eine befriedigende Klärung der Intentionen, der Strategien und der Argumente beider Gesprächspartner erfolgt, entfällt die Aufgabenstellung zum Hören im folgenden Teil der Stunde.

*2. Unterrichtsschritt:*
*Kommunikationsorientierte Analyse –*
*Macduff passes the test*

Ob das Hören der Szene IV, 3, ll. 1–139 rollenspezifisch gelenkt oder ungelenkt abläuft, hängt vom Ergebnis der vorausgehenden Phase ab. Wenn die aufgabenspezifische Gruppenarbeit stattfindet, wird die Gruppe A) durch die Vorgaben des 1. Unterrichtsschrittes zu Recht entlastet; denn Malcolm argumentiert sehr viel ausführlicher als Macduff. Der Kommunikationsvorgang gestaltet sich hier wegen der verborgenen Vorgaben und Rollenprobleme ungewöhnlich schwierig: Malcolm lenkt das Gespräch sehr bewußt, während Macduff ihm arglos folgt; der Prinz fühlt sich als das mögliche Opfer des Verrats und damit als der eigentlich Unterlegene und verstellt sich deshalb. Macduff kommt als Bittender und ist der gesellschaftlich Untergeordnete; er lehnt die Rolle des potentiellen Verräters jedoch so entschieden ab, daß er Malcolms Strategie nicht erahnt und erst nachträglich bemerkt, wie er auf die Probe gestellt worden ist. Die Detailanalyse von ll. 102–114, 32 ff. stellt darauf Macduffs Situation in den Mittelpunkt, der das fast unerträgliche Los seines Landes und sein eigenes unter der Diktatur des Macbeth beklagt. Diese Kurzcharakteristik des Macduff leitet zum folgenden Unterrichtsschritt über.

### 3. Unterrichtsschritt:
### Rollenspezifische Interpretation –
### Macduff as a rebellious baron

Der Vergleich von Holinsheds und Shakespeares Variante der Macduff-Tragödie greift auf die Arbeitsergebnisse der 3. Stunde zurück. Dabei geht die Informationsphase – „When does Macduff get to know of his family's destiny in *Macbeth* and in Holinshed's *Chronicle?*" – in die Diskussion des Unterschieds über, den das für die Rolle Macduffs bedeutet. Das Ergebnis der Partnerarbeit wird ins Plenum eingebracht: Macduff bei Holinshed will sich an Macbeth rächen – Shakespeares Macduff handelt ausschließlich aus altruistischen Motiven heraus, wenn er Malcolm für den Widerstand gegen Macbeth zu gewinnen sucht. Nachdem der Schüler am Anfang der Stunde – und im ersten Teil der Szene – vorwiegend Malcolm zu verstehen sucht, konzentriert er sich beim Hören des zweiten Teils von IV, 3 ganz auf die Gestalt des Macduff und sein Verhalten, als ihm Ross die schreckliche Nachricht bringt. Dieses rollenspezifische Vorgehen will ein wenig von der ungeheuren emotionalen Wucht vermitteln, mit der Macduff von dem Schicksalsschlag getroffen wird, und dadurch die Schüler emotional betroffen machen. In der auf das Hören folgenden Gesprächsphase sollte sich dieses Mitleid äußern. Der Schüler muß – mit Hilfe von Malcolms und Ross' Anmerkungen – Macduffs Wortlosigkeit interpretieren. Wenn genügend Zeit und Interesse vorhanden ist, kann – z.B. anhand einer vorbereiteten Folie – aufgezeigt werden, wie Shakespeare mittels der verbalen Anspielung „man" an frühere Szenen (I, 7; II, 2; III, 1; III, 4) erinnert und dadurch die beiden Gegenspieler Macbeth und Macduff so kontrastiert, daß Macbeths ganzer moralischer Niedergang deutlich wird.

Die abschließende Diskussion zur Evaluationsfrage „How does the Macduff tragedy fit into Shakespeare's optimistic picture of the world?" führt in die Erörterung der wirklichen Tragik hinein, bei der die Kategorien der irdischen Gerechtigkeit, nämlich die von Übeltat und Strafe, Unschuld und Wohlergehen, Richtig und Falsch, Gut und Böse, Legal und Illegitim, nicht mehr zur Deutung des Geschehens taugen und wir fassungslos sind. Ein zusätzlicher Stimulus des Lehrers wie der folgende – „The murder is good for something; it strengthens the opposition against Macbeth and leads to his death" – ist nicht als Rationalisierung des Unfaßbaren gedacht, sondern soll zum Widerspruch reizen und die Schüler zur eigenen Stellungnahme herausfordern.

### Hausaufgabe:

Die Hausaufgabe wird diesmal individualisiert gestellt. Jeder Schüler erweist sich dabei als Spezialist für eine Szene des V. Aktes, indem er sich deren Text selbständig erarbeitet, die wichtigste Mitteilung im Rahmen des ganzen Werks erkennt, die entsprechenden Verse benennt und der Szene eine Überschrift gibt, aus der ihre Hauptaussage hervorgeht. Die Szenen V, 1; V, 3; V, 8 sind etwas länger als die übrigen und könnten deshalb an je zwei Schüler vergeben werden. Szene V, 5 enthält als einzige eine schwierigere Passage, so daß sich auch in sie zwei Schüler teilen können. Das Erfassen der äußeren Handlung steht im Vordergrund.

## Unit VIII: V, 1–8
## "Macbeth is ripe for shaking": The tyrant's fall and the true king's rise to the throne

### Didaktische Vorbemerkungen zur 28.–30. Stunde

Macbeths und Lady Macbeths private Tragödie und Macbeths schändliches Ende als König von Schottland, zusammen mit Malcolms Aufstieg und Einsetzung als legitimer Nachfolger, bilden den Inhalt des V. Aktes des Dramas.

Die Methode der Textbehandlung wendet das Verfahren der ganzen Unterrichtsreihe hier auf den letzten Akt von *Macbeth* speziell an: Zunächst erarbeitet sich der Schüler einen Überblick über den Inhalt in groben Zügen, ehe er sich in der Detailanalyse mit wenigen Versen intensiver auseinandersetzt und dabei einem speziellen Aspekt, einem besonderen Problem des Werkes nachgeht. Es folgt die evaluierende Zusammenschau am Schluß.

Damit dieses Vorhaben gelingen kann, legen wir zu Beginn der Behandlung des V. Aktes (28. Stunde) zunächst die generelle Richtung fest: Mit der Wahl eines Mottos geben die Schüler dem letzten Akt eine Überschrift, benennen sein Thema und finden damit eine Leitlinie für die inhaltliche Zusammenfassung der einzelnen Szenen in ihren Kurzreferaten. Wir verhindern damit, daß die Besprechung des V. Akts in Einzelreferate zerfällt und können immer wieder an den allen gemeinsamen Schwerpunkt erinnern und die Referenten bitten, darauf sowie aufeinander Bezug zu nehmen.

Wenn diese letzten Stunden der Arbeit an *Macbeth* gelingen, ist das ein Beweis, daß der Schüler gelernt hat, sich auf sinnvolle Weise selbständig mit einem Text auseinanderzusetzen.

Das Schülerreferat zu jeweils einer Szene – oder einem Teil der Szene – gibt nicht nur unter dem gemeinsam erarbeiteten Thema Auskunft über das faktische Geschehen, sondern benennt auch die Zeilen, deren Aussage besonders wichtig für die äußere oder innere Handlung der Szene bzw. des ganzen Werkes erscheint. Diese Verse werden dann gemeinsam einer detaillierten Analyse unterzogen, ehe wir offene Fragen aufgreifen und diskutieren. Das ist im wesentlichen das Vorgehen der 28. und 30. Stunde, wobei wir uns zu Beginn stärker mit der Klärung des Inhalts beschäftigen und zum Schluß vermehrt Wert auf die zusammenfassende Diskussion der offenen Probleme und die Evaluation des äußeren und inneren Geschehens legen. In Tafelanschrieb und Folie stellen wir dabei das Material zum Überblick in der 31. Stunde zusammen.

Die 29. Stunde bringt mit dem Vergleich und der Wertung mehrerer deutscher Übertragungen von Macbeths berühmtem Monolog in V, 5 nochmals einen methodischen Neuansatz. Wenn der Schüler die nicht leichte Aufgabe mit unserer Hilfe gut bewältigt, können wir stolz sein; denn dann hat er sich nicht nur den Kern des Werkes, Macbeths Größe und Niedergang, klargemacht und angeeignet, sondern sich auch in diesem Rahmen ein sicheres literarisches Urteil erworben. Besonders erfreulich wäre es, wenn darüber hinaus einer der zwei oder gar beide großen Monologe der Lady Macbeth in I, 5 und der des Macbeth in V, 5 auswendig gelernt worden wären und zum Abschluß in der 30. oder 31. Stunde frei vorgetragen würden. Sollte(n) die Hörversion(en), die wir im Unterricht eingesetzt haben, nun allen zu Hause zum deklamatorischen Einüben der Verse zur Verfügung stehen, wäre dies eine zusätzliche Hilfe, die auch diesen Teil des Unterrichts aufführungsbezogener, theaterpraktischer gestalten könnte.

Falls wir wiederum kürzen, wird dies auf Kosten des Übersetzungsvergleichs in der 29. Stunde geschehen. Wir müssen dann besonders darauf achten, daß die verbleibenden zwei Stunden nicht zu gleichförmig ausfallen und zumindest in der Diskussion einen jeweils neuen Akzent setzen.

## 28. Stunde:
## Macbeth's private tragedy

### Notes on Interpretation

Consulting our synopsis of *Macbeth* (2. Stunde) we find that the central theme of Act V is the catastrophe in a special sense: We hear of Lady Macbeth's suicide and of Macbeth's death in battle, but are told as well of Macduff's and Malcolm's victorious fight against the tyrant. So to sum up what happens, we might give Act V a heading like "the tyrant's fall and the re-establishing of order or the true king's rise to the throne". If we look for a line in IV, 3 that points towards this ending, we might choose one of the following. (The line marked with an asterisk has been slightly changed to fit the context.):
– *Great tyranny, lay thou thy basis sure,
   For goodness dare (not) check thee. (IV, 3, ll. 32 f.)
– ... our country sinks beneath the yoke;
   (IV, 3, l. 39)
– ... I shall tread upon the tyrant's head,
   (IV, 3, l. 45)
– .... I saw the tyrant's power afoot.
   Now is the time of help; (IV, 3, ll. 185 f.)
– ... your eye in Scotland
   Would create soldiers, make our women fight
   To doff their dire distresses.
   (IV, 3, ll. 186 ff.)
– Let's make us med'cines of our great revenge
   To cure this deadly grief. (IV, 3, ll. 214 f.)
– ... Macbeth
   Is ripe for shaking... (IV, 3, ll. 237 f.)
– ... the pow'rs above
   Put on their instruments. (IV, 3, ll. 238 f.)

Lines 237 f. serve our purpose best. They imply Macbeth's mental and physical decay, the 'ripening' bringing a natural process to its climactic end in accordance with the natural laws and – as the Middle Ages and the Elizabethans thought – the divine order of growth and death. Furthermore, they make us realize that there is a 'natural' correspondence between Macbeth's mental state and his fate: When his fall comes in Act V, 8 he has been carrying around with him the symptoms of spiritual death for quite some time (cf. II, 3, ll. 92–96; III, 2, ll. 16–22; V, 3, ll. 22–25; V, 5, ll. 9–15, 17–28, 49f.; V, 8, 1f.). In our summaries of Act V we shall therefore have to concentrate on this gradual development towards the spiritual and physical death that is Macbeth's destiny. At the same time we shall have to take note of the rising fortunes of Malcolm, the legitimate heir to the Scottish throne.

Scene V, 1 can be called "Lady Macbeth's 'illness'" as this is its central aspect. A lady at court and a doctor are watching Lady Macbeth walking and talking in her sleep and washing her hands. We realize how she merges the killing of Duncan and that of Banquo into one (ll. 56 ff.) and confesses to both, repeating earlier words and gestures from II, 2 such as scolding Macbeth for being afraid, comforting him, dragging him to bed, and washing her hands. In her sleep Lady Macbeth has learned that blood cannot simply be washed away with water, contrary to her earlier attitude (cf. II, 2, ll. 67; V, 1, ll. 46 f.). However, no true remedy comes to her mind. The doctor notices that it is her guilty conscience which robs her of her peace, and that her illness is a kind of punishment for earlier crimes. Lady Macbeth's moral failure brings about her mental confusion and her physical decline. In his commentary on what he has watched, the doctor voices the same kind of moral world order as Macbeth did earlier on (ll. 65–73). "Even-handed justice" is at work. It is worth reflecting on the question of why Shakespeare creates such an intrinsic connection between a person's well-doing and his mental and physical well-being, between somebody's deliberate guilt and his mental and bodily disease. If we once again remember what we learned about the "chain of being" (10. Stunde), we easily find an answer: within a universe structured by divine order man cuts himself off from the source of spiritual life that creates the cosmos out of chaotic matter, if he leaves the "chain of being" to commit a crime against divine law, regicide being the worst possible instance of this (10. Stunde). The absolute isolation of the criminal from his surrounding world in mental illness and death is the logical consequence of such a moral view of the world, while doing good is then simply the healthy thing to do. Moreover, Lady Macbeth's sufferings remind us of her initially good motives for her crime, her intense love for her husband (I, 5; I, 7), and consequently the immense strain that dissembling put on her (II, 3; III, 1; III, 4). We feel pity for her and are sorry that she did not consider resisting the temptation and now knows no spiritual remedy to cope with her guilt; perhaps, if we identify strongly enough with her, we even shudder to see what may become of someone if invested with absolute earthly power, without having the necessary stamina to abstain from abusing it. Shakespeare's view of what crime, especially regicide, does to the criminal, is thoroughly humanistic, as he is not content merely to condemn but sincerely tries to understand and reveal the motives for atrocious murder even in the blackest soul. The playwright was, after all, a man of the Renaissance and knew the story of Dr Faustus, archetypal man in the battle between good and evil, God versus the devil.

Scenes V, 2, 3, 4 concentrate on Macbeth's personal decline and on the rising opposition to him that will lead Malcolm to success. Scene V, 2 tells us about Macbeth's failing fortunes as a feudal lord in consequence of his own moral failure. Scottish knights meet on their way to Malcolm's forces near Birnam Wood and discuss the just cause of the advancing English army (ll. 3 ff.) and Macbeth's dismal state of mind – some call him mad (l. 13), others say that he lacks self-control and reason (ll. 14 ff.); he has broken the feudal contract by committing murders, has become a traitor, a "thief" on the throne (ll. 16–22); thus condemning himself (ll. 22–25), he belongs to the "weeds" (l. 30) that have to be plucked out – an allusion to the Bible that uses the same metaphor for evil men. Therefore the knights revolt against him or show him obedience only unwillingly (ll. 18 ff.). Disobedience in this situation is, as the knights make clear, their moral and feudal duty (ll. 25–29) – their lot is that of Macduff (cf. IV, 2 / 21. Stunde).

In Scene V, 3 we meet Macbeth who in his isolation acts just as tyrannically as the knights reported. To us he still does not appear as a monster, but as a pitiable man: he knows that his men are deserting him (ll. 1, 7 f., 49; 61 f.) and that he is without sincere friends (ll. 24–28); yet he treats his few remaining servants in a very rough way indeed. When told of Lady Macbeth's troubled frame of mind (ll. 37 ff.), he only gives the somewhat brusque order to cure her (ll. 39–45) without much compassion or sorrow. Simultaneously, he finds himself confronted with the "ten thousand" (l. 13) soldiers of the English army. He scolds his servant too harshly for being afraid (ll. 11 f. 14–17), professes a few times too often that he is not afraid himself, blindly believing in the witches' second set of prophecies (ll. 3–7, 9 f., 59 f.), for us to believe that he really is without fear.

Scene V, 4 takes us to the camp of the opposing army: Birnam Wood is going to walk towards Dunsinane Castle! Malcolm orders every soldier to camouflage himself with a branch from the wood (l. 4 f.). The audience is thus already certain that the witches' prophecies will not protect Macbeth from death. The most noteworthy lines of scenes V, 2 to 4 are those that characterize Macbeth as someone whose time is up. Being ill himself, he has made Scotland a sick country that must be cured. The knights' rebellion against him is therefore their feudal duty – they join Malcolm "to give obedience where 'tis truly ow'd" (V, 2, l. 26). In a short monologue in V, 3 Macbeth tells us that he, as clear-sightedly as ever, knows that his situation is hopeless (ll. 19–29). He feels so weary of life that he compares it to a yellow leaf in autumn that is about to drop, an echo of the earlier phrase that said "he was ripe for shaking" (IV, 3, 237 f.). Absurdly enough, he knows his end is near, in spite of his hubristic belief in the witches' apparent promise of life for ever. It remains a debatable question whether he acts admirably by deciding to fight against the overpowering numbers of his enemy's army or whether that intention only expresses his supreme blindness and tyranny towards himself, as he clearly cannot win. Shakespeare's time would most likely have admired his behaviour as heroic and would have felt deeply with him. We in our time can still see how little it would take to turn him into a great and noble man. For even his hubris and his most tyrannical moments are not without a touch of greatness.

Macbeth's last longish monologue (V, 5, ll. 17–28, homework) is perhaps his most famous one and is most often quoted – for instance in the title of William Faulkner's novel *The Sound and the Fury*. If transposed into modern English, it might go as follows:

She should have died after this;
There would have been a more fitting time
For such a message later,
Tomorrow, and tomorrow, and tomorrow,
Time passes so very slowly, day by day,
And that will be so till the last moment of time,
And all our past days will only have shown fools
The way to decay and death. Out, out, short candle,
Life is only a shadow that moves about:

A poor actor
That walks on the stage for an hour over-playing,
And then is never heard of any more. Life is a story
Told by an idiot, there is a lot of noise and emotion,
But it means nothing.

## Verlauf der Stunde

### 1. Unterrichtsschritt:
### Überblick über Akt V

Nachdem sich jeder Schüler in der Hausarbeit mit einer Szene des V. Akts intensiv beschäftigt hat, erarbeitet er sich zu Beginn der Stunde in einer kurzen Stillphase und in Partnerarbeit einen Überblick über den ganzen Akt. Er benützt dazu die Synopse des Stücks, mit der er sich zu Anfang der Unterrichtseinheit über den Inhalt des Dramas orientiert hat (2. Stunde). Die Aufforderung – „Put the content of Act V into a sentence or two of your own" – aktiviert ihn, das Gelesene zusammenfassend mit seinen eigenen Worten auszudrücken. Auf der Suche nach einem Motto für den V. Akt stellt er im folgenden mit der Durchsicht der Szene IV, 3 die neuen Ereignisse in den Zusammenhang des ganzen Stücks. Die endgültige Wahl des Mottos erfolgt aus den Schülervorschlägen im Plenum oder mit Hilfe einer bereits vom Lehrer vorbereiteten Folie, die mögliche Verse angibt. Dabei werden die Zitate diskutiert, so daß der Schüler sie auch im Detail versteht; gleichzeitig muß er seine Entscheidung aus dem Verlauf des gesamten Werks heraus begründen. Dies erzieht sowohl zum Abstrahieren wie auch zum Verifizieren des abstrahierten Gehalts an den konkreten Einzelzügen des Dramas. Das hier vorgesehene Motto – „Macbeth is ripe for shaking" – deckt, knapp formuliert, die Hauptereignisse des V. Akts ab und gibt damit an, was in der anschließenden Besprechung im Mittelpunkt zu stehen hat.

## 2. Unterrichtsschritt:
*Schülerreferat und Diskussion –*
*Lady Macbeth's illness*

Der Schüler wird aufgefordert, sich mit seinem möglichst frei zu haltenden Vortrag der Inhaltsangabe zu Szene V, 1 auf den Leitgedanken des Akts einzustellen. Auch die Überschrift, die er seiner Szene gibt, muß in die Gesamtthematik eingepaßt sein. Dadurch wird er angeleitet, sich in seiner Mitteilung auf das Wesentliche zu beschränken. Die Zeilen 65–73 lohnen das laute Lesen und die genaue Analyse, denn sie stellen am Beispiel der Lady Macbeth Shakespeares auf klassische Weise humanes Menschenbild und damit seine Weltsicht dar. Bei der Besprechung der Arbeitsergebnisse dazu im Plenum lenkt der Lehrer, wenn nötig, damit die Phase straff verläuft.

## 3. Unterrichtsschritt:
*Schülervortrag und aufgabenteilige*
*Partnerarbeit –*
*Macbeth's isolation and blindness*

Die Inhaltsangabe von Szene V, 2–4 erfolgt kompakt mit der nachdrücklichen Aufforderung an den jeweiligen Referenten, auf seinen Vorgänger einzugehen und Wiederholungen zu vermeiden. Danach werden die Kurztitel der Szenen, die die Schüler ihnen gegeben haben, an der Tafel so angeordnet, daß am Schluß der Behandlung des V. Akts dessen Struktur anschaulich hervortritt; aus den Eintragungen im Tafelanschrieb wird eine Hektographie für die folgende Stunde angefertigt, die fortlaufend ergänzt wird. In aufgabenteiliger Partnerarbeit analysieren die Schüler darauf zwei Textstellen, die unter unserer Fragestellung als die wichtigsten gelten können, um Macbeths moralischen, physischen und deshalb auch gesellschaftlichen Niedergang zu erfassen. Die Aussprache im Plenum holt zunächst die Arbeitsergebnisse ein und diskutiert diese dann wertend unter der Fragestellung: „What do you think of Macbeth and the way he reacts to the situation?"

## Hausaufgabe:

Die Hausaufgabe verlangt vom Schüler, daß er sich mit dem letzten großen Monolog des Macbeth detailliert auseinandersetzt. Er soll sich dabei der Verständnisprobleme bewußt werden und die Schwierigkeiten des Übertragens in ein anderes sprachliches Medium erfahren; das Ergebnis der Arbeit, die Version in modernem Englisch, wird sich ohnehin nur behutsam an das Original herantasten können. Ein Schüler schreibt auf Folie.

## 29. Stunde:
## Macbeth's nihilism

## Notes on Interpretation

In Scene V, 5 Macbeth's private tragedy reaches its climax. Bad news comes in continually. The English troops are approaching and Macbeth knows that his men are among Malcolm's ranks. Then the women's crying announces Lady Macbeth's suicide (V, 5, l. 7) and shortly after that a messenger reports that he has seen Birnam Wood move towards Dunsinane during his watch. Macbeth realizes that he has become the victim of the witches' devilish "equivocation" (ll. 42ff.). He decides to fight nevertheless and finishes arming himself. In a statement typical of his present frame of mind he says how tired he is of life and wishes the world as a whole to perish (ll. 49f.) – a dangerous mood which our time can understand better than any before us. That taedium vitae, the feeling that the world can yield nothing worth living for, is Macbeth's prevailing mood; this is what we learn from his monologues in V, 5 (ll. 9–15,

17–28, 42–50). He has felt such great horror and has lived with evil so long, that nothing can move him any more (ll. 9–14). When told of his wife's suicide, his view of life is utterly pessimistic; the usurpation of the throne has made him lonely, life is without meaning, no more than an absurd performance on the stage, and not a good play either (ll. 17–28). Before leaving for the battlefield he wishes for death and the destruction of all the world (ll. 38–52). Macbeth has never been able to enjoy the royal position he won by evil means. The regicide has destroyed him mentally, just as it has been too much for Lady Macbeth. The private tragedy of Macbeth and Lady Macbeth as a married couple began with the perversion of their love: trying to please each other, they committed murder together instead of restraining one another – Macbeth promising greatness to his wife and she thinking of the realization of his ambitions only (I, 5, 7; II, 2). But the accession to the throne deeply scarred their love (III, 2) and their estrangement from each other has grown to the point of utter separation in death, their mutual evil aspirations having led them to destruction instead.

Once we have grasped the spirit of Scene V, 5, putting Macbeth's great monologue (ll. 17–28) into modern English becomes easier, but still poses diverse problems. It is not only a question of finding the adequate words, there are syntactical problems to solve (cf. ll. 22, 24 ff., 26 ff.); some of Shakespeare's phrases are of such complex meaning that we should paraphrase them extensively or else keep to them in order to convey their poetic content (cf. l. 24: poor = pitiable, incompetent; l. 26: tale = story, lie; l. 27: idiot = madman, stupid person); and there are the intricate problems of adequate verse structure and rhythm. However, once we have realized that Macbeth has become nihilistic and, in addition to that, we have become aware of the problems of translation, we shall be able to weigh the German translations of the monologue and find out which one is better than the rest. The following criteria, put as questions, will help us to decide:

– Which translation conveys Macbeth's despair and nihilism best?
– Is the German version still understandable to us or partly obsolete?
– Which version finds the best German equivalents for the English images?
– Which keeps the rhythm of the English blank verse best?
– Which conveys the meaning of each individual phrase most successfully?

The German translations belong to different periods and are therefore different in style. Our pupils may be misled into thinking the latest version the best. Except for a phrase or two that strike us as slightly old-fashioned, (Gaukler, Märchen), Schiller's rendering (IV) still seems best to me; its images are precise, its verse reads well, the version keeps close to the original and yet uses idiomatic German expressions. Rojahn-Deyk's version (II) is – as far as modern German prose goes – similarly acceptable, except for ll. 9 f. ("und dann nicht mehr gehört wird" ) and ll. 10 f. ("von einem Idioten erzählt"), which do not match up to the complexity of the original.


## Verlauf der Stunde

*1. Unterrichtsschritt:*
*Überblick über V, 5 – Macbeth's nihilism*

Der von einem Schüler vorbereitete Überblick über die Szene V, 5 kann unter der Überschrift stehen: „Macbeth's violent reactions to the bad news" oder auch, stärker abstrahiert, „Macbeth's nihilism" betitelt sein. Da die Zeilen ll. 17–28 in modernes Englisch umzusetzen waren, wird der Schüler wohl einen Vers aus diesem Abschnitt hervorheben, so möglicherweise ll. 24–28. Doch noch wichtiger im Rahmen des ganzen Werkes erscheinen ll. 49 f., die den heutzutage unerträglich gefährlich erscheinenden Nihilismus des Macbeth am deutlichsten ausdrücken: Der Tyrann ist aus Lebensüberdruß bereit, die ganze Welt in Stücke zu schlagen, sein eigenes taedium vitae allen zu unterschieben – in unserer Zeit zum ersten Mal eine reale Möglichkeit. Die Zeilen verdienen auch deshalb unsere besondere Aufmerksamkeit. Da die Szene mehrere Passagen enthält, die Macbeths negative Haltung zum Leben ausdrücken, wird der Schüler in aufgabenteiliger Partnerarbeit aufgefordert, sich selbständig jeweils mit den Abschnitten ll. 9–14 oder 17–28 oder 42–50 zu befassen. Die begriffliche Bezeichnung für diese Weltsicht – ,,a nihilistic attitude towards life", ,,the taedium vitae has taken hold of him" – wird der Lehrer beim Austausch der Beobachtungen im anschließenden Unterrichtsgespräch zu erfragen suchen oder selbst einführen. Das zentrale Thema, die Shakespearesche Auffassung des Verbrechers, wird dabei noch einmal aufgegriffen und zu Ende geführt: Macbeths und Shakespeares moralische Weltsicht setzt sich durch, ,,even-handed justice" hat das letzte Wort; das Verbrechen zerstört den Verbrecher. Auch die Zusammenfassung von ,,Macbeth's and Lady Macbeth's tragedy as a married couple" greift auf frühere Stunden zurück. In beiden Fällen können die einzelnen Phasen der Entwicklung, von einem Schüler in Hausaufgabe oder vom Lehrer vorbereitet und auf Folie notiert, nun als Gedächtnisstütze der Diskussion zugrunde gelegt werden, womit sich die Arbeit an den beiden thematischen Schwerpunkten abrundet.

## 2. Unterrichtsschritt:
### Besprechung der Hausaufgabe

Auf den Überblick über die ganze Szene und das Grobverständnis einzelner Abschnitte folgt nun die detaillierte Arbeit am wichtigsten Monolog des Macbeth (ll. 17–28), indem wir uns um die beste Fassung in modernem Englisch bemühen. Ein Schüler hat seine Hausaufgabe auf Folie geschrieben; seine Version wird im Unterricht durch die Verbesserungsvorschläge der Gruppe so verändert, daß sie von der Mehrheit als beste mögliche Übertragung empfunden wird. Dabei geht es um die Klärung der inhaltlichen Details, wobei die Anmerkungen im Buch helfen können. Außerdem wird die Problematik jeder Übersetzung eines Textes in ein anderes sprachliches Medium angesprochen, nämlich die Tatsache, daß es dabei immer um eine Interpretation geht, die bestenfalls in sich schlüssig ist und dem Original so nah wie möglich kommt, daß jedoch immer etwas davon auf der Strecke bleibt und anderes hinzugefügt wird, ja mehrere Übertragungsversionen u. U. auf unterschiedlicher Interpretation des Originaltextes beruhen. Wir markieren die Stellen im Monolog, die wir als schwierig empfunden und vielleicht sogar verschieden gelesen haben (l. 17; l. 21: ,,recorded time"; l. 22: who are ,,the fools"? l. 24 ,,walking shadow"; ,,poor"; l. 26: ,,and then is heard no more"; l. 26: ,,tale"; l. 27: ,,idiot"; l. 28: ,,signifying"). Auf diese Details werden wir folglich in der Phase der Gruppenarbeit über die deutschen Versionen des Monologs besonders achten.

## 3. Unterrichtsschritt:
### Übersetzungsvergleich

Es hängt von der vorhandenen Unterrichtszeit ab, wie detailliert der Übersetzungsvergleich durchgeführt wird. Man kann eine ganze Stunde darauf verwenden; dann stehen die Unterschiede zwischen den einzelnen Fassungen als Ausdruck ihrer jeweiligen besonderen Interpretation des Originals im Mittelpunkt. Im vorliegenden Unterrichtsmodell sind nur 10 Minuten Zeit vorgesehen. In einer Stillphase vergleicht der Schüler seine detaillierte Kenntnis des Urtextes mit

**Macbeth, Act V, Scene 5, ll. 17–28**

*Macb.* She should have died hereafter;
There would have been a time for such a word.
To-morrow, and to-morrow, and to-morrow,
Creeps in this petty pace from day to day
To the last syllable of recorded time,
And all our yesterdays have lighted fools
The way to dusty death. Out, out, brief candle!
Life's but a walking shadow, a poor player,
That struts and frets his hour upon the stage,
And then is heard no more; it is a tale
Told by an idiot, full of sound and fury,
Signifying nothing.
*Enter a Messenger.*
Thou com'st to use thy tongue; thy
story quickly.


**I.** Macbeth:
Warum nicht später?
Dann wär die Zeit gewesen für dies Wort. –
Auf morgen und auf morgen und auf morgen
So kriecht mit kleinen Schritten Tag für Tag
Zur letzten Silbe der verbuchten Zeit.
Jed Gestern wies Verblendeten den Weg
In Grab und Gruft. Aus, aus, armselig Licht!
Was war's? Ein Schattenspiel. Der arme Held
Tritt auf, stolziert sein Stündlein, tut sich groß
Und wird nicht mehr gehört. – Ein Narrenmund
Hat was erzählt: Wortschwall und Raserei,
Und sinnlos alles.
*Ein Bote tritt auf*
Du hast ein Wort zu melden, mach es kurz!

*Rudolph Alexander Schröder (1963)*


**II.** *Macb.* Sie hätte später sterben sollen: da wäre eine Zeit für solch ein Wort gewesen.
– Das Morgen und das Morgen und das Morgen schleicht langsam dahin von einem Tag
zum andern bis zur letzten Silbe der aufgezeichneten Zeit; und alle unsere Gestern haben Narren den Weg zum staubigen Tod geleuchtet. Aus, aus, kurzes Licht! Das Leben
ist nichts als ein wandelnder Schatten; ein armer Schauspieler, der seine Stunde auf der
Bühne stolziert und sich quält und dann nicht mehr gehört wird: es ist eine Geschichte,
von einem Idioten erzählt, voller Schall und Raserei, ohne Bedeutung.
*Ein Bote tritt auf.*
Du kommst, um deine Zunge zu gebrauchen; schnell deinen Bericht.

*Barbara Rojahn-Deyk (1977)*

**III.** Macbeth:

Sie wäre später auch gestorben, einmal
mußte der Tag für diesen Schrecken sein:
das Morgen, und das Morgen, und das Morgen,
so kriecht er mühsam hin von Tag zu Tag
bis zu dem letzten Laut im Buch der Zeit:
all unser Gestern hat nur Narren den Weg
zu Staub und Tod erhellt. Aus, kleine Kerze,
Leben – ein ziehender Dampf, ein armer Mime,
der prunkt und tobt sein Stündchen im Theater,
und wird nicht mehr gehört. Leben ist ein Märchen
das ein Verrückter spricht, voll Schall und Wut,
und es bedeutet nichts.
*Ein Bote tritt auf*
Macbeth.
Du hast was auf der Zunge: rasch heraus!

*Hans Rothe (1922)*


**IV.** Wär' sie ein andermal gestorben!
Es wäre wohl einmal die Zeit gekommen
Zu solcher Botschaft!
*(Nachdem er gedankenvoll auf und ab gegangen.)*
Morgen, Morgen
Und wieder Morgen kriecht in seinem kurzen Schritt
Von einem Tag zum andern, bis zum letzten
Buchstaben der uns zugemessnen Zeit,
Und alle unsre Gestern haben Narren
Zum modervollen Grabe hingeleuchtet!
– Aus, aus, du kleine Kerze! Was ist Leben?
Ein Schatten, der vorüberstreicht! Ein armer Gaukler,
Der seine Stunde lang sich auf der Bühne
Zerquält und tobt; dann hört man ihn nicht mehr.
Ein Märchen ist es, das ein Tor erzählt,
Voll Wortschwall, und bedeutet nichts.

*Friedrich Schiller (1800)*


**V.** Einmal – wär' sie ja doch gestorben;
Auch für dies Wort mußte die Stunde kommen.
Das „Morgen" und das Morgen und das Morgen,
Das kriecht im Schneckengang von Tag zu Tag
Zur letzten Silbe der gemeßnen Zeit –
Und alles Gestrige leuchtet uns Narren
Den Weg zu Tod und Staub. Aus, trübe Kerze!
Leben? – ein bloßer Schatten, der verschwindet;
Ein armer Komödiant –

Stolziert und stelzt sein Stündchen auf der Bühne,
Dann hört ihn keiner mehr; verworrnes Zeug,
Erzählt von einem Irren, aufgeregt, lärmend:
Bedeutung? – nichts.
*Ein Bote tritt auf.*
Du hast was auf der Zunge: sprich es aus!

*Rudolph Flatter (1952)*


**VI.** Sie hätte später sterben sollen...
Es wäre Zeit gewesen für solch Wort.
Das Morgen und das Morgen und das Morgen
Schleicht so im winzigen Schritt von Tag zu Tag
Bis zu der letzten Silb im Buch der Zeit.
All unsre Gestern leuchten Narren heim
Zu Staub und Tod. Aus, Lichtstumpf, aus! Das Leben
Ist nur ein wandelnd Schemen, bloss ein Mime.
Der stelzt und knirscht sein Stündchen auf der Bühne
Und wird nicht mehr gehört...ist eine Mär
Die ein Verrückter bringt, voll Schall und Wut,
Doch sie bedeutet nichts.
*Ein Bote tritt auf.*
Du hast was auf der Zunge: schnell dein Sprüchlein!

*Friedrich Gundolf (1914)*


**VII.** Macbeth. Sie hätte später sterben sollen. –
Die Zeit sich für ein solches Wort gefunden. –
Morgen, und morgen, und dann wieder morgen,
Kriecht so mit kleinem Schritt von Tag zu Tag.
Zur letzten Silb' auf unserm Lebensblatt;
Und alle unsre Gestern führten Narr'n
Den Pfad des stäub'gen Tods. – Aus! kleines Licht –
Ein wandelnd Schattenbild nur ist das Leben,
Ein armer Komödiant, der auf der Bühn' sich spreizt
Sein Stündchen, und dann nicht mehr
Vernommen wird; ein Märchen ist's, erzählt
Von einem Dummkopf, voller Klang und Wut,
Das nichts bedeutet. –
*Ein Bote kommt.*
Macbeth. Du hast was auf der Zunge: schnell heraus!

*Dorothea Tieck (1833)*

den jeweils vier Versionen geübter deutscher Übersetzer und ‚Nachdichter' – A) I–IV, B) IV-VII – und bildet sich ein Urteil darüber, welche Fassung uns heute den englischen Monolog am besten nahebringt. Es kann ihm dabei eine wichtige Arbeitshilfe sein, wenn er aufgefordert wird, in seinen vier Texten jedes Mal die Zeilen mit einem Pluszeichen am Rand zu markieren, die er für besonders gelungen hält, und diejenigen, die er nicht gut übersetzt findet, mit einem Minuszeichen zu versehen. Daraus ergibt sich fast von selbst, welche Version er am besten bewertet und weshalb. Seinen Mitschülern in der Gruppe gegenüber soll er diesen Text verteidigen und dafür Verbündete zu gewinnen suchen. Im Anschluß an die Meinungsbildung im Plenum werden das Original und die beiden ‚besten' deutschen Übersetzungen – wahrscheinlich wohl II und IV – vorgetragen.

*Hausaufgabe:*

Die Hausaufgabe, die besprochenen Zeilen ll. 17–28 auswendig zu lernen, ist nun nur noch mit geringem Aufwand verbunden. Der Schüler soll sich jedoch zugleich die Vortragsweise des Macbeth auf Kassette zu Hause imitierend aneignen.

## 30. Stunde:
## Macbeth's death and Malcolm as the new king

## Notes on Interpretation

The scenes V, 6–8, ll. 1–34 tell us about the events on the battlefield that end in Macbeth's death. In Scene V, 6 Malcolm prepares for battle, in Scene V, 7 Macbeth has come to the battlefield to fight. A very short monologue characterizes his situation as clearsightedly as ever, poetically calling it that of a bear in bear-baiting, when he is fixed to a pole and has to fight the attacking hounds till he dies. Macbeth kills Young Siward in cold blood after that inexperienced knight has uttered brave words railing the tyrant. Even after that shameful deed Macbeth rejoices in the witches' prophecies that "none of woman born" shall kill him; Macduff is searching for him and refuses to kill anybody else to avenge his family's terrible destiny. Dunsinane Castle has surrendered and Macbeth's men are now all fighting on Malcolm's side. Finally, Macbeth and Macduff meet (V, 8). In his last brief monologue Macbeth once again appears as the fighter to the bitter end who will not take his own life but seeks that of others. Macduff calls him the vilest names, but Macbeth tries to discourage him from fighting, telling him of the witches' protecting charm. Macduff happens not to have been born in the usual way but owes his life to a Caesarian birth. This makes Macbeth confess to a fear of death, and he blames the witches' equivocation for his fate (ll. 8–22). Macbeth and Macduff fight until Macbeth is killed.

To the very end, Macbeth shows no repentance; he is the bloody killer, as first described in Scene I, 2. There is something mad and yet admirable in his blind resistance to the last moment, exactly summed up in the image of the baited bear (V, 7. ll. 1f.). He is a great tyrant; yet there is something of the hero in him: he knows the hopelessness of the situation and yet – like absurd man in our time – carries on with it. But Macbeth is absolutely a man of his own time, a knight to whom his personal honour means too much to consider debasing and exposing himself to the "rabble", the common masses. He will not even bow to the rightful king Malcolm, his successor to the throne, and therefore fights until he dies (V, 8, ll. 34). In spite of crippling his nature, Macbeth is still a great man at heart, a black knight who should have been a noble one. Macduff is his equal in fighting and definitely his superior in humanity.

He is, however, the opposite of Macbeth in all essentials. He refuses to kill innocent men, Macbeth alone is to suffer punishment for what he did (V, 7, ll. 17–20). His family's terrible fate is on both men's minds when they meet at last (V, 8, ll. 4–8). Macduff has to incite the tyrant to fight, first by cursing him and then by promising him an ignoble end, should he not fight (V, 8, ll. 23–27) so that the "coward" Macbeth draws and is at last killed by Macduff.

The last part of the play (V, 8, ll. 35–75) is a fitting finale. Macduff and Young Siward have not joined Malcolm. Now the news is brought that Young Siward has been killed and he is mourned by his father and Malcolm. Then Macduff arrives carrying Macbeth's head. He hails Malcolm as King of Scotland. Malcolm then addresses his men; his words leave no doubt that like his father he is going to be a very good king: he will reward those who fought for him; he honours them by conferring new titles, those of earls; he will call home all those who had fled because of Macbeth, will punish every one who acted as the tyrant's willing instrument; asking for God's grace, he invites each and every one to his coronation. Disorder, tyranny was after all only an episode, and order in feudal society has been restored, if not strengthened, by the fact that old Scotland's thanedoms are replaced by (English) earldoms, a change that historically started off the process of feudalization in Scotland (2. Stunde).

The general rejoicing is disturbed by a painful discord that – in the eyes of a modern audience – is forgotten too easily: Old Siward, hearing of his young son's death, wastes no breath lamenting, but wants to know whether his son was mortally wounded on the chest or the back, fighting bravely or fleeing. When told that his wounds were "on the front", he praises his death, calling him "God's soldier" (V, 8. ll. 46–53). For a father this behaviour seems to us utterly inappropriate. We can no longer accept this kind of harmony that hands over to God what is otherwise to us an unbearable catastrophe just in order to show this world as "the best of all possible ones". Does Shakespeare really allow a false note to interfere with the genuine joy of victory over the tyrant and Macduff's proud words that at last "the time is free" (l. 55)? To solve the enigma we once again have to look for help in the general context of the play. God's blessing is to be with the knights fighting Macbeth from the very first signs of opposition (II, 3, ll. 130ff.; II, 4, ll. 40f.); the knights expressly fight with God's help (III, 6, ll. 32f., 45–49); Malcolm is going to "tread upon the tyrant's head" (IV, 3, l. 45) as on the devil incarnate and Macduff amongst others curses Macbeth as a "hell-hound" (V, 8, l. 3). Shakespeare was of the opinion that armed resistance against Macbeth was fighting in God's service. The Middle Ages generally called those knights "God's soldiers" who fought against the godless, the heathens. The war against the tyrant in *Macbeth* is a "holy war", a "bellum iustum". The knight who dies in its course is a kind of martyr who wins eternal bliss and fame for his self sacrifice. In that context Old Siward's words lose their false ring, but they still sound strange in our ears. There is no clear-cut and simple answer to the question of whether a "just war" is still acceptable in our time. Though the concept of the "bellum iustum" is a deeply Christian one, we tend to put more emphasis on the second Christian answer to the problem, that of non-violent struggle against evil in society. Gandhi, Martin Luther King and, last but not least, men like A. Sakharov and many other dissidents all over the world are our heroes. In other words, the Macduffs' end and Young Siward's death are the drops of bitterness in the celebration of victory that take the operatic effect out of it: the cost of overcoming tyranny often is so terribly high – think of the many that died in vain opposing Hitler – as to make freedom priceless.

## Verlauf der Stunde

*1. Unterrichtsschritt:*
*Überblick über V, 6–8 – Schülerreferate*

Die Schüler tragen ihre Inhaltsangabe von V, 6–8, ll. 1–34 hintereinander vor und nehmen dabei aufeinander Bezug, damit der Zusammenhang der Handlung hervortritt. Wir nehmen die Überschriften für die einzelnen Szenen in den Tafelanschrieb`/ die Hektographie der 28./29. Stunde auf und halten so die Hauptereignisse des V. Aktes fest, aus denen sich seine Struktur ergibt.

*2. Unterrichtsschritt:*
*Rollenspezifische Partnerarbeit*
*und Diskussion –*
*Macbeth's death*

Auf den Überblick über die Szenen V, 6, 7, 8, ll. 1–34 folgt die detaillierte Analyse weniger Zeilen, die die Schüler am besten selbst als besonders wichtige Aussage im Rahmen des übergreifenden Themas des V. Aktes nennen: die Zeilen V, 7, ll. 1–4 und V, 8, ll. 27 ff. befassen sich mit Macbeths Tod aus seiner eigenen, fast episch-heroischen Sicht heraus. Die Gruppe A) analysiert die Zeilen, um Macbeths Rolle an dieser Stelle besser kennenzulernen. Die zweite Gruppe B) beschäftigt sich mit vergleichbaren Aussagen Macduffs, die der Lehrer erfragen oder selbst angeben muß, da sie nicht direkt auf das übergreifende Thema des Aktes hin zielen. Während der arbeitsteiligen Detailanalyse schlagen die beiden Partner den Text an je einer Stelle auf, um sich so die Zusammenschau zu erleichtern und sich zunächst gegenseitig zu referieren, wie sie ihre Textstelle verstehen. Darauf folgt die Diskussion im Plenum über das Thema „In what way can Macbeth and Macduff still be called 'peers' as earlier on in the play?" Macbeth und Macduff werden dabei aneinander gemessen; sie erscheinen uns immer noch als ebenbürtig, aber als zwei Männer, die unterschiedlich über ihr Leben entschieden haben und deshalb Gegensätze verkörpern.

*3. Unterrichtsschritt:*
*Schülervortrag und Diskussion –*
*Malcolm as king and the problem*
*of the "bellum iustum"*

Auch über das Ende des Dramas gibt zunächst ein Schüler einen Überblick (V, 8, ll. 35–75). Malcolm handelt als der gute König, der zu sein er versprochen hat (IV, 3). Ein aufführungsbezogener Hinweis des Lehrers auf die Szenenanmerkung „re-enter Macduff, with Macbeth's head" (p. 203) und die Bemerkung dazu, daß manche Inszenierungen Macbeths abgeschlagenen Kopf genauso auf eine hohe Stange gespießt zeigen wie den Kopf des Verräters im I. Akt (I, 2, ll. 21 ff.), andere dagegen Macduff ohne Macbeths Kopf die Bühne betreten lassen, erinnert daran, daß sich hier der Kreis schließt: Shakespeare hat uns den Verräter in seinem Titelhelden Macbeth verstehen gelehrt, den das Mittelalter unbesehen ins Jenseits beförderte, weil er ein Kapitalverbrechen begangen hatte. Moderne Aufführungen, die diese Geste weglassen, verkürzen Shakespeares didaktische Intention – gegen den Königsmord, aber für den Tyrannenmord. Der vorausgehende Impuls bildet die Überleitung zur letzten Detailanalyse; denn gleichermaßen fremd wie die eben besprochene grausame Geste erscheint uns heute die Art, wie der alte Siward den Tod seines Sohnes auf dem Schlachtfeld beklagt (V, 8, ll. 46–53). Wir gehen dabei bewußt vom Unverständnis des Schülers aus, um ihn für die notwendige kurze Lehrerinformation zum bellum iustum zu motivieren, die in das Gespräch einfließt. Die darauf folgende freie Diskussion zu dem Thema „Is there such a thing as a 'just war'?" wird von den meisten Klassen lebhaft geführt; sie greift ein Problem auf, das diese Thematik in *Macbeth* zusammenfassend evaluiert und zugleich aber für unsere Zeit (Widerstand gegen Hitler, Friedensbewegungen heute) zentral ist. Wir müssen uns mit der wichtigen Einsicht begnügen, daß es dafür keine eindeutig und ausschließlich richtige Lösung gibt, wir als mündige Staatsbürger jedoch Stellung beziehen müssen. Zum letzten Mal erfährt der Schüler dabei, daß *Macbeth* ein eminent klassisches Werk ist, dessen Problematik aktuell geblieben ist.

*Hausaufgabe:*

In der Hausaufgabe vergegenwärtigt sich der Schüler noch einmal die Handlung des ganzen Dramas und zeichnet den Verlauf der Handlungsstränge nach, indem er ein Verlaufsdiagramm erstellt.

## Unit IX.
## The structure of the play

### 31. Stunde:
### Is "Macbeth" a tragedy?

## Didaktische Vorbemerkungen

Die letzte Stunde der Unterrichtsreihe zu *Macbeth* dient der abschließenden Zusammenschau. Die Strukturanalyse bietet dazu den Einstieg; sie wertet den Tafelanschrieb der 28.–30. Stunde aus. Die theoretische Information über die Tragödie allgemein und zu Shakespeares Zeit im besonderen stellt wiederum nur ein Minimalprogramm dar, das im Einzelfall ausgeweitet werden kann. Der eigentliche Zielpunkt der Stunde ist die zusammenfassende Beobachtung, daß Shakespeare mit seinem Werk nicht nur Freude bereiten will („delectare"), sondern gleichermaßen eine didaktische Intention („prodesse") verfolgt, die aus dem Verlauf und dem Ende des Dramas eindeutig hervorgeht: Dem guten König gebührt die Treue und Ergebenheit eines Macduff, der das Land vom Tyrannen befreit. Die schottische Geschichte hat ihre Helden – sicherlich für König James I. ein erfreulicher Schluß. Daß es Shakespeare dabei gelingt, den verabscheuungswürdigen Bösewicht Macbeth als Menschen darzustellen, mit dem wir trotz allem Mitleid haben, für den wir fürchten, ist ein letzter Beweis seiner bewunderungswürdigen Humanität. Die Unterrichtsreihe schließt mit einer solchen zusammenfassenden Evaluation der Hauptpersonen und dichterischen Leistung Shakespeares.

## Notes on Interpretation

Although we have seen frequent changes in the setting of the scenes before, the alternating pattern of Act V deserves comment. The playwright uses the structure of the last act to tell us that Macbeth and Malcolm's parties are to be given an equal amount of attention for two reasons: first, Macbeth's psychological decline, his being more and more steeped in nihilism (cf. scenes V, 3, 5, 7, 8), is just as important as his defeat in battle and his ignoble end as a tyrant (V, 2, 4, 6, 7, 8). Macduff, having killed him in battle, cuts his head off to show it to Malcolm in V, 8 (2nd part). Secondly, the same emphasis is put on Macbeth's downfall as a tyrant as on Malcolm's rising fortunes as the legitimate heir to the throne.

These two developments are clearly complementary. It may never have struck us before that Malcolm is a kind of foil to Macbeth throughout the play and therefore, although not often on stage, of similar importance. That is why we now look back on the play as a whole and follow up the two main parts of the plot – the action concerned with the Macbeths and the counteraction centring on Malcolm – in the diagram (Hausaufgabe / Tafelskizze). The sketch makes it obvious that the two main strands of the play run in contrary directions throughout the play.

From his nomination as Duncan's successor onwards, Malcolm's misfortunes are related to Macbeth's advancement (cf. I, 4 – II, 3). On the other hand, Malcolm's growing prominence is at the centre of the rising opposition against Macbeth and culminates in the tyrant's downfall (cf. II, 3 – V, 8). So the diagram shows us, once again, that Macbeth's evil rule is but an episode in Scotland's history, framed and thus limited by the reigns of the good kings Duncan and Malcolm. We have thus found another instance of Shakespeare's basically optimistic view of the world that gives evil and disorder in all spheres a subordinate place only and believes in a universe otherwise ruled by divine order in the Christian sense.

Consequently, the question arises of whether *Macbeth* must be considered a tragedy on internal evidence. Shakespeare's contemporaries obviously thought so; for Heminge and Condell printed it amongst the tragedies in their First Folio edition of Shakespeare's works. And in as much as the play presents us with "serious and important actions which turn out disastrously for the protagonist, or chief character" (Abrams, M. H. *op. cit.,* pp. 201 – 205; for a short survey of the tragedy in Britain and more detailed reading on *Macbeth* as a tragedy cf. J. Dover Wilson, pp. XLII f.) we have, indeed, dealt with a tragedy – one that introduces us to an example of the rise and fall of princes, that popular theme of medieval and Elizabethan classical, that is, Senecan tragedy as then in fashion.

But when we think of the last scene of the play our doubts grow for we side with Malcolm and his party against Macbeth and therefore the play ends on a happy note with the re-establishment of order and the beginning of a happier life for everybody: Macbeth, Scotland's scourge, has found the death he deserved.

Macbeth then is not a typical tragic hero in the Aristotelean sense, a man "better than we are". Only in a technical sense did his fortune change because he made an "error of judgment": he believed in the witches' prophecies; for Macbeth knows that he follows the wrong course when he plans the regicide and goes on murdering after his coronation. On the other hand we must not forget that we are indeed able to identify with the Macbeths: in spite of the enormity of their crime we feel pity for them and fear for them, because in their blindness (hubris) they do so much harm to themselves. Trying to improve their wordly fortunes they bring about their own mental and physical destruction: Lady Macbeth sleepwalking and Macbeth sleepless, experiencing the taedium vitae, and their mutual love for each other deteriorating more and more at the same time. Neither of them is able to enjoy the fruits of their crimes. Macbeth could so easily have been a good man. We feel with him because we can share in his suffering as Shakespeare presents him in his great monologues and in scenes like the banquet scene (III, 4) that reveal the couple's internal struggle. So, after all, the happy reestablishing of order at the end of *Macbeth* is achieved at the very high cost that we call tragic.

Shakespeare indeed was not interested in complying with set ideas of what a tragedy should be like. He was interested in showing human beings, mixed characters on the stage, who out of sheer fear and insecurity cannot stop the evil course once embarked on. Macbeth is a traitor and tyrant whom the Middle Ages and Shakespeare's own time – cf. the Gunpowder Plot and Guy Fawkes or Father Garnet's destiny – condemned to death without much ado: Macdonwald's head is simply fixed upon the battlements in I, 2 (l. 23) and Cawdor executed (I, 4). In Shakespeare's humane view of the world even such a thoroughly detestable person as "the butcher" (V, 8, l. 69) Macbeth had a past history, a life during which he *turned* criminal, became a traitor, a regicide, a tyrant. He is not only a great criminal, he is great and a criminal, endowed with a delicate conscience and with the thorough awareness of the evil he does and yet with the murderous drive to go on killing until it becomes sheer madness (V, 7). Perhaps that is why *Macbeth* does not so much leave us with the feeling of tragic catharsis, the purging of an evil drive in us, but with the clear, rational and emotional certainty that crime does not pay, that the destruction of the destroyer is imminent. In its narrow sense that must have served Shakespeare's didactic purpose well: his patron James I abhorred tyrannicide, let alone regicide and condemned it in his writings, punishing any attempt at it severely. The Gunpowder Plot was the then topical example of treason and James I took a personal interest in the legal proceedings. Shakespeare, however, achieved more than that. He managed to turn the Macbeths' regicide into a parable of crime and punishment that is of perennial validity and made Macbeth *the* great criminal whose unique suffering at the same time has something of universality in it.

## Verlauf der Stunde

*1. Unterrichtsschritt:*
*Strukturanalyse von Akt V*

Die Zusammenschau und Interpretation der Tafelanschriebe aus der 28.–30. Stunde bilden den Einstieg in die Stunde und zugleich die Hinführung auf die Strukturanalyse des ganzen Dramas. Der Schüler hat die Tafelanschriebe der vorausgehenden Stunden mitgeschrieben und erhält sie hier außerdem als Hektogramm, das ein Mitschüler angefertigt hat. Die Phase verläuft in Gesprächsform, der Lehrer hält sich zurück.

*2. Unterrichtsschritt:*
*Einbringen der Hausaufgabe –*
*The structure of the play*

Die abschließende Frage des 1. Unterrichtsschritts – „Can you guess at Shakespeare's intention in structuring Act V like that?" – lenkt den Blick auf das ganze Stück und integriert die Hausaufgabe in den Unterricht. Der Vorschlag eines Schülers zur Visualisierung des Handlungsablaufs wird an der Tafel skizziert und kommentiert. Die Gruppe nimmt Stellung und unterbreitet Änderungsvorschläge. Damit vergegenwärtigen wir uns nochmals den Ablauf des Dramas in groben Zügen und reaktivieren das Material für die abschließende Diskussion.

*3. Unterrichtsschritt:*
*Lehrerinformation und Diskussion –*
*Is "Macbeth" a tragedy?*

Aus der Tafelskizze und der Beobachtung, daß die Handlung für Malcolm und ganz Schottland glücklich endet, sich für Macbeth aber die Katastrophe vollzieht, ergibt sich die Frage: „Is *Macbeth* a tragedy?" Ein Blick in die Textausgabe, die das Werk zu Recht nur als *Macbeth* betitelt, macht die Frage um so dringlicher. Doch zunächst gibt der Lehrer ein paar Zusatzinformationen über die Tragödie, ihr Wesen, ihre Auffassung in Shakespeares Zeit (Material in knapper Form dazu bieten J. Dover Wilson, pp. XLIIIf. und M. H. Abrams, pp. 201–205.) und steckt so den Rahmen für die folgende Diskussion etwas genauer ab. Es geht in ihr um eine Art abschließender Evaluation der dramatischen Handlung und der Charaktere, bei der der Schüler einerseits sein ganzes Wissen einbringen, andererseits aber selbständig Stellung beziehen muß. Wie weit der Lehrer sich dabei zurückhalten kann oder den Schüler immer wieder zur Begründung seiner Meinung auffordert, hängt von der Motivation der jeweiligen Schülergruppe ab.

## Vorschläge für weiterführende Arbeiten

Es lassen sich ohne weiteres noch ein oder zwei Anschlußtexte behandeln, die *Macbeth* in einen für die Schüler bedeutsamen Rahmen einbetten. Die Wahl des Zusatztextes orientiert sich am Interesse der Schüler. In Frage kommen – neben einer Vielzahl theoretischer Texte – die folgenden Aufgaben:

a) Wir lesen James Thurber, *The Macbeth Murder Mystery* (in: *Life, Language, Literature*, Stuttgart: Klett 1982, S. 237–240). Über der Freude am Spaß vergessen wir nicht den methodischen Aspekt. Thurbers amerikanische Leserin analysiert *Macbeth* mit ihrem speziellen Verstehenshorizont; sie entnimmt ihm, was sie interessiert. Auf scherzhafte Weise werden hier die Grenzen der Interpretation aufgezeigt, eine Mahnung, der auch wir uns nicht entziehen können: Die vorliegende Unterrichtsreihe basiert auf einer geschlossenen – obgleich ernsthaften – Deutung des Textes, die manches am Rande abtut, was anderen wichtig ist, sich dabei aber durchgehend an Shakespeares Werk orientiert und sich stetig an ihm überprüft.

b) Wir lesen Willy Russell, *Educating Rita,* besonders den Auszug über Macbeth (Frankfurt: Diesterweg 1984, S. 44–48). Dabei begegnen wir in gleicher Weise, aber mit anderer Akzentsetzung, einer individuellen Lesart des Werks und des Tragischen, die wir diskutieren können.

c) Wir lesen einen Text über den legitimen politischen Widerstand in unserer Zeit und lernen die Persönlichkeit eines Menschen näher kennen, der es sich in unserem Jahrhundert zur Aufgabe gemacht hat, dem Bösen in der Gestalt des selbstherrlichen, zerstörerischen Mißbrauchs der politischen Macht Einhalt zu gebieten: Texte über Mahatma Gandhi, Martin Luther King, A. Sacharow, die Geschichte des *Nuclear Disarmament Movement* und Lord Bertrand Russells Rolle in dieser Bewegung bieten sich an. Texte über M. Gandhi und M. L. King finden sich in unseren Schulbüchern. Über A. Sacharow informiert ein Lebensbild von Lev Kopelev im *Guardian Weekly* vom 20. Dezember 1981 oder z. B. ein Artikel im selben Wochenblatt vom 27. Mai 1984.

Zum *Nuclear Disarmament Movement* und Bertrand Russell vgl. z. B. den programmatischen Artikel *Act or Perish. A Call to Non-Violent Action* von Earl Russell und Rev. Michael Scott, in Bertrand Russells Autobiographie: *The Autobiography of Bertrand Russell,* London, 1982, pp. 137 ff.

d) Eine historisch besonders interessierte Schülergruppe wird sich durch Mark Twains 13. Kapitel „Freemen!" in *A Connecticut Yankee at King Arthur's Court* (ed. J. Kaplan, Harmondsworth, 1971, pp. 123–130, bes. pp. 125–128) zur Diskussion der Vor- und Nachteile der Feudalgesellschaft anregen lassen.

e) Schließlich können wir auch im Bereich des *Macbeth* verweilen und eine Filmversion abschließend als Ganzes betrachten und diskutieren bzw. einen Theaterbesuch zu *Macbeth* planen und besprechen.

f) Wir verfassen unseren eigenen *Macbeth.* Tomi Ungerers ironisch-kritische Darstellung eines modernen Ehepaares (z. B. Ungerer, Tomi, *Ausstellungskatalog,* Köln: argos press 1981, Nr. 24 oder Nr. 70) gibt dem Schüler eine Anregung, einen Paralleltext zu *Macbeth* zu entwerfen, in dem die wichtigsten Strukturelemente des Dramas wiederkehren. Eine solche Aufforderung zum eigenen kreativen Schreiben ist dem Schüler vielleicht ungewohnt. Sie kann ihm aber die innere Befriedigung vermitteln, die mit der schöpferischen Tätigkeit verbunden ist. Als solche stellt sie einen überaus wichtigen pädagogischen Impuls dar.

# Vorschläge für Klausuren

Neben der integrierten Lern- und Erfolgs-kontrolle, die Lehrer und Schüler durch die Anwendungsaufgaben im Unterricht erhalten, steht in unserem Schulsystem die offizielle, formelle Erhebung der Lernergebnisse, und zwar am besten am Ende einer Unterrichtseinheit. Da oft aber aus schulorganisatorischen Gründen eine Klausur geschrieben werden muß, ehe die Behandlung des jeweiligen Stoffgebiets abgeschlossen ist, werden zwei Vorschläge im folgenden kommentiert, von denen der erste an jedem beliebigen Punkt der Unterrichtsreihe zu *Macbeth* ausgeführt werden kann, während der zweite die Kenntnis des Werkes voraussetzt. Beide Klausurvorschläge orientieren sich an der (baden-württembergischen) Kombinierten Textaufgabe, sind aber abgewandelt und auf die Bedürfnisse des Schulalltags allgemein zugeschnitten. Sie kombinieren und integrieren die Kontrolle des Textverständnisses, der Sprachproduktion und der Reproduktion von linguistischen und literarischen Kenntnissen in der Fremdsprache – Lernkontrolle im statistisch validen Sinn wird damit nicht angestrebt.

## The Semi-Literate Shakespeare
(370 Wörter)

Der vorliegende Text enthält für eine Lerngruppe zu Beginn von GK/LK 12 keine außerordentlichen Schwierigkeiten. Die Lösung der Aufgaben setzt die Lektüre von *Macbeth* nicht voraus, der Text verbleibt aber thematisch in dessen Umkreis. Er befaßt sich mit der Geschichtlichkeit von Sprache aus unserer heutigen Perspektive. Die Klausur besteht aus zwei Teilen, einer Übersetzung Englisch-Deutsch und einem Teil mit Fragen zum Text – „Comprehension". Als Arbeits-zeit sind ca. 90 Minuten vorgesehen. Das einsprachige Wörterbuch kann benutzt werden, wenn u. U. auch nur, damit sich der Schüler mit diesem Hilfsmittel bei der Textanalyse genauer bekannt macht. Das dabei verfolgte didaktische Ziel ist die genaue Textkenntnis, die sich einerseits aus einer guten deutschen Übersetzung erschließen läßt, zum anderen der präzisen Beantwortung der Fragen zum Text zugrunde liegt. Die Komplexität der Zielvorstellung wird der statistisch eindeutigeren Überprüfung des „Textverständnisses" durch Mehrfachwahlaufgaben vorgezogen, weil sie vom Schüler integrierte Sprachproduktion verlangt, die ihm geistig und sprachlich lohnende Aufgaben stellt und dem Globalziel, ihn zur Kompetenz in der Fremdsprache zu führen, eher dienlich ist als die Isolation von Detailwissen in *multiple-choice*-Aufgaben.

## M. van Doren, *Macbeth*
(300 Wörter)

Der Klausurtext ist Teil der Einleitung zur *Macbeth*-Ausgabe des Verfassers. Zur Lösung der dazu gestellten Aufgaben muß der Schüler mindestens den ersten bis dritten Akt des Dramas, besser noch das ganze Werk kennen. Die Wortangaben bestehen aus gekürzten Wörterbucheinträgen; der Schüler muß die kontextuell am besten passende Bedeutung des Einzelworts selbst finden. Diese Anmerkungen helfen ihm vor allem, wenn er das einsprachige Wörterbuch erst zur Bearbeitung des zweiten und dritten Teils der Aufgaben, nicht aber zur Lösung der „Language Problems" benützen darf. 90 bis 120 Minuten sollten für die Klausur zur Verfügung stehen. Von den drei Teilen des Aufgabenapparats beziehen sich die ersten beiden ausschließlich auf den Klausurtext. Während der Teil „Language Problems" das sprachliche Verständnis – und zwar von Einzelbegriffen, ganzen Wendungen und grammatisch-stilistischen Erscheinungen – zu überprüfen sucht, stellt der zweite Fragen zur inhaltlichen Aussage. Es geht dabei nicht darum, die Fähigkeit des Schülers zur Textanalyse allgemein zu beurteilen, sondern das Verständnis des vorliegenden Ausschnitts abzusichern, so daß auch die Fragen im dritten Teil richtig interpretiert werden. Es ist darauf zu achten, daß der Schüler seine Antworten selbständig formuliert. In Teil II und III kann er entscheiden, welche der Fragen er beantworten will. Im dritten Teil schließlich soll er, von der Klausur ausgehend, seine detaillierte Kenntnis des *Macbeth* – der Text liegt ihm vor – beweisen, indem er überzeugend argumentiert und seine Stellungnahme mit Beispielen aus dem Drama belegt. Die erste der beiden Fragen (III, 1) ist additiv zu beantworten. In der Formulierung der zweiten Frage (III, 2) muß der Schüler die Opposition „instrument – victim" erkennen und schließlich entsprechend additiv oder dialektisch argumentieren; die Beantwortung dieser Frage erfordert mithin mehr Souveränität dem Text gegenüber als die erste.

*Das Bewertungssystem*

Die Bewertung beider Klausuren orientiert sich an den ministeriellen Vorgaben zur Literarischen Klausur an der Sekundarstufe II in Baden-Württemberg, insofern die inhaltliche und sprachliche Leistung der Schüler etwa gleich gewichtet werden, für Sprachrichtigkeit höchstens 20 Verrechnungspunkte (nach der üblichen Tabelle) zu gewinnen sind und für die Vergabe der 5 VP für sehr guten Stil die Bewertungsskala des Abiturerlasses zugrundezulegen ist. Die Umrechnung der VP in Notenpunkte bereitet keine Schwierigkeiten:

60 VP = 15 NP
48 VP = 12 NP
36 VP =  9 NP
24 VP =  6 NP
12 VP =  3 NP

Da die Klausurtexte einerseits überschaubar kurz sind, andererseits die möglichen Argumente und Beispiele aus *Macbeth* zum „Comment" sehr zahlreich und stark abhängig sind vom Zeitpunkt der Klausur, der Intensität und der Ausführlichkeit der Behandlung des Werks im Unterricht, wird hier auf einen allgemeingültigen Erwartungshorizont verzichtet.

**The Semi-Literate Shakespeare** (370 words)

If our images of reality are changing more rapidly and the machinery of image-transmission is being speeded up, a parallel change is altering the very codes we use. For language, too, is convulsive. According to lexicographer Stuart Berg Flexner, senior
5 editor of the *Random House Dictionary of the English Language,* "the words we use are changing faster today – and not merely on the slang level, but on every level. The rapidity with which words come and go is vastly accelerated. This seems to be true not only of English, but of French, Russian and Japanese as well."
Flexner illustrated this with the arresting suggestion that, of the estimated 450,000
10 "usable" words in the English language today, only perhaps 250,000 would be comprehensible to William Shakespeare. Were Shakespeare suddenly to materialize in London or New York today, he would be able to understand on average only five out of every nine words in our vocabulary. The Bard would be a semi-literate.

This implies that if the language had the same number of words in Shakespeare's time as
15 it does today, at least 200,000 words – perhaps several times that many – have dropped
out and been replaced in the intervening four centuries. Moreover, Flexner conjectures
that a full third of this turnover has occurred within the last fifty years alone. This, if cor-
rect, would mean that words are now dropping out of the language and being replaced
at a higher rate than ever.
20 This turnover rate reflects changes in things, processes, and qualities in the environ-
ment. A fact contributing also to the rapid introduction and obsolescence of words is the
incredible speed with which a new word can be injected into wide usage.
A significant example of language turnover can be seen in the sudden shift of meaning
associated with the ethnic term "black". For years, dark-skinned Americans regarded
25 the term as racist. Shortly after Stokely Carmichael proclaimed the doctrine of Black
Power in June 1966, however, "black" became a term of pride among both blacks and
whites in the movement for racial justice. Black was quickly legitimated when the mass
media adopted the new meaning. Within a few months, black was "in", Negro "out".

*Annotations:*
*machinery of image-transmission* – the author thinks of modern mass media
*code* – here: the ways in which we communicate, f. i. in signs, gestures, sounds, language
also.
*the Bard* – the author calls Shakespeare by that name

1. *Translate:* l. 8 to l. 21 ("Flexner ... usage.")
You can use your dictionary; but be careful, you may not find the word you need in it,
you may have to guess the right meaning from the context!

2. *Comprehension*
Answer the following question in all its parts:
What developments in the English language does the text mention?
– Refer to the changes (a) since Shakespeare's time
                        (b) in our time
– and (c) comment on their causes if the text mentions them.
Collect all the information in the text, but keep to it.
Do not add to it.
Do not quote! (150–200 words)

*Credits:*

| | |
|---|---|
| *translation* | *30 credits* |
| *comprehension* | *10 credits* |
| *language* | *20 credits* |
| | *60 credits* |

**Good luck!**

**Mark Van Doren:** *Macbeth* (ca. 300 words)

*Macbeth* is incomparably brilliant as it stands, and within its limits perfect. What it does it does with flawless force. It hurls a universe against a man, and if the universe that strikes is more impressive than the man who is stricken, great as his size and as his soul
5 may be, there is no good reason for doubting that this is what Shakespeare intended. The triumph of "Macbeth" is the construction of a world, and nothing like it has ever been constructed in twenty-one hundred lines.

This world, which is at once without and within Macbeth, can be most easily described as 'strange'. The word, like the witches, is always somewhere doing its work. Nothing is
10 as it should be in such a world. There is a drift of disorder in all events, and the air is murky with unwelcome miracles.

It is a dark world too, inhabited from the beginning by witches who meet on a blasted heath in thunder and lightning, and who hover through fog and filthy air as they leave on unspeakable errands. It is a world wherein "men must not walk too late" (III, 6), for the
15 night has grown terrible with ill-smelling mists and the stench of blood. The 'dark hour' that Banquo borrows from the night is his last hour on an earth which has lost the distinction between sun and gloom.

> Darkness does the face of earth entomb,
> When living light should kiss it.     (II, 4)

20 Darkness prevails because the witches, whom Banquo calls its instruments, have willed to produce it. But Macbeth is its instrument too, as well as its victim. And the weird sisters no less than he are expressions of an evil that employs them both and has roots running farther into darkness than the mind can guess.

*Annotations:*
*flawless* adj. without damages or weaknesses or shortcomings
*drift of* n. (a) a movement carried along by winds or currents
(b) the result of a 'drifting movement': f. i. *a drift of snow* = a heap of snow piled up by the wind
*murky* adj. dark and unpleasant; thick; shameful
*blasted* adj. cursed, full of dangers and evil
*errand* n. short journey
*stench* n. horrible smell
*gloom* n. (semi-)darkness; obscurity
*to entomb* v. to bury

**I.** Language problems (10 credits)
1) Find a *synonym or substitute* for the following expressions in italics:
a) "which is *without and within Macbeth*"
b) "*ill*-smelling mists"
c) "...an evil that *employs* them both"
2) *Explain* the following words in italics:
a) "...the air is murky with *unwelcome* miracles."
b) "...who hover through fog and filthy air as they leave on *unspeakable* errands."
3) Deal with the following stylistic problems: (5 credits)
a) "...the word... *is always* somewhere *doing* its work."
   What function does the Continuous Form in combination with the adverb 'always' fulfil here? Comment on it.
b) "...the witches... *have willed* to produce it."

(1) Why Present Perfect here? Comment on the use of the tense.

(2) Comment on the somewhat unusual usage of 'willed' here by pointing out what its common usage is.

**II.** *Comprehension* (about 5 credits for contents in each question)

Answer *two* of the following questions in a few sentences each. Show that you have understood the whole text, do not add to it. *Do not quote* from the text, but use your own words.

1) What does the author think admirable about the play?

2) How does Van Doren characterize the atmosphere of the play?

3) What part does "evil" (l. 21) play in *Macbeth* according to Van Doren?

**III.** *Comment* (about 10 credits for contents)

Answer *one* of the following questions from your knowledge of *Macbeth*. You may quote *Macbeth,* but the words of your quotations won't be counted; they add to the quality of your argument.

1) Van Doren talks about a *"drift of disorder in all events"* of the play: comment on this phrase and show that it is true by giving examples from the play.

2) In what way can Macbeth be called "the *instrument and victim of darkness"* (l. 20)? Comment on Macbeth's character and actions, so that it becomes clear why you agree or disagree with Van Doren.

*Comprehension and comment:* limit yourself to ± 500 words (350–550)

Please count your words.

Credits:

I.       15 credits

II.      10 credits

III.     10 credits

II+III.   20 credits for language

             5 credits for style

A total of 60 credits

# Literatur

*Textausgaben*

Dover Wilson, J. (ed.), *Macbeth,* (New) Cambridge Shakespeare, Cambridge, 1968.

Durband, A. (ed), *Shakespeare Made Easy, Macbeth.* Modern English Version Side by Side with Full Original Text, London, 1984.

Kennedy, R. B. (ed.), *Macbeth,* The Alexander Shakespeare, Glasgow, 1983.

Muir, K. (ed.), *Macbeth,* (New) Arden Shakespeare, London, 1982.

*Übersetzungen*

Tieck, D. (Übers.), *Macbeth,* Stuttgart, 1960.

Rojahn-Deyk, B. (Übers.), *Macbeth,* Stuttgart, 1982.

*Shakespeares Englisch/*
*Sprachgeschichtliche Aspekte*

Brook, G. L., *The Language of Shakespeare,* London, 1976.

Görlach, M., *Einführung in die englische Sprachgeschichte,* Heidelberg, 1974.

Pinsker, H. E., *Historische englische Grammatik,* München, 1978.

Scheler, M., *Shakespeares Englisch,* Berlin, 1982.

*Zeitgeschichtlicher Hintergrund*

Dale, V. K. G., *Shakespeare and the Age That Made Him,* Stuttgart, Klett, Best. Nr. 576100.

De Wulf, M., *Philosophy and Civilization in the Middle Ages,* New York, 1953.

Trevelyan, G. M., *A Shortened History of England,* London, 1963.

Trevelyan, G. M., *Illustrated English Social History,* 2 vol., London, 1964.

*Zur Interpretation*

Abrams, M. H., *A Glossary of Literary Terms,* New York, 1981.

Ahrens, R. (Hg.), *William Shakespeare. Didaktisches Handbuch,* 3 Bde., München, 1982.

Benecke, I., *Der gute Outlaw,* Tübingen, 1973.

Brown, J. R. (ed.), *Focus on Macbeth,* London, 1982.

Goethe, J. W., v., „Zum Shakespeares-Tag", *Goethes Werke,* Hamburger Ausgabe, Bd. 12, Hamburg, 1968.

Kott, Jan, *Shakespeare heute,* München, 1970.

Lerner, L. (ed.), *Shakespeare's Tragedies,* Harmondsworth, 1968.

Tillyard, E. M. W., *Shakespeare's History Plays,* London, 1962.

Van Doren, M. (ed.), *Four Tragedies,* New York, 1957.

Wain, J. (ed.), *Shakespeare, Macbeth. A Casebook,* London, 1983; darin besonders der Aufsatz von G. Wilson Knight, pp. 139–167.

*Aufnahmen auf Kassette*

Argo (Say 21)

Caedmon (Cp 231)

Music for Pleasure/EMI (TC-LFP 80105)

Tutor Tape Company (L/3)

Cleo Laine / John Dankworth, „Dunsinane Blues"; auf: *Cleo Laine Sings Wordsongs,* RCA Stereo, RL 25176 (2).

*Lektüreempfehlungen*

Die Literatur zu *Macbeth* ist so umfangreich und gut eingeführt, daß hier lediglich eine

Anregung gegeben werden soll, wo man sich schnell und doch zuverlässig über das Werk informiert.

Unerläßlich erscheint die genaue Lektüre des Vorworts und der Anmerkungen zur *(New) Arden* und *Cambridge Edition.* Über die wichtigsten Interpretationen zu *Macbeth* informiert man sich in den Anthologien von Brown, Lerner, Wain, die alle gut zugänglich sind.

Außerdem sei noch auf R. Ahrens Aufsatz über „Jan Kotts Analyse von Macbeth: Drama und kritischer Text" (In R. Ahrens, [Hg.], *op. cit.,* 3. Bd., S. 885 – 909), hingewiesen; denn dieser Beitrag arbeitet einige neuere kritische Aussagen zu *Macbeth* auf und macht außerdem einen didaktischen Vorschlag zur Behandlung des Werkes an der Schule, der von dem vorliegenden stark abweicht: Die Analyse von Shakespeares Stück bildet lediglich den „Rahmen" (S. 900) für diejenige des Textes von J. Kott. Man wünschte sich jedoch wenigstens den einen oder anderen Hinweis auf die praktische Durchführung im Unterricht.